本成果受西北民族大学重点学术专著项目、西北民族大学国家民委西亚东非研究中心科研项目资助

19世纪的埃及
现代社会改革家研究

马和斌 著

中国社会科学出版社

图书在版编目（CIP）数据

19世纪的埃及现代社会改革家研究／马和斌著 . —北京：
中国社会科学出版社，2019.1

ISBN 978 - 7 - 5203 - 4038 - 0

Ⅰ. ①1…　Ⅱ. ①马…　Ⅲ. ①政治家—人物研究—
埃及—近代　Ⅳ. ①K834. 117 = 4

中国版本图书馆 CIP 数据核字（2019）第 024593 号

出 版 人	赵剑英
责任编辑	范晨星
责任校对	周　昊
责任印制	王　超

出　　版	中国社会科学出版社
社　　址	北京鼓楼西大街甲 158 号
邮　　编	100720
网　　址	http://www.csspw.cn
发 行 部	010 - 84083685
门 市 部	010 - 84029450
经　　销	新华书店及其他书店

印　　刷	北京君升印刷有限公司
装　　订	廊坊市广阳区广增装订厂
版　　次	2019 年 1 月第 1 版
印　　次	2019 年 1 月第 1 次印刷

开　　本	710 × 1000　1/16
印　　张	17.25
插　　页	2
字　　数	266 千字
定　　价	75.00 元

中文摘要

18 世纪末，拿破仑（1769—1821）率法军对以埃及为代表的东方民族实施了武力侵略。随之而至的是埃及固有的生活模式与文化属性被外来文化所侵蚀与干预，并且将埃及拖入向现代化前进的行列。东方与西方、传统与现代、本土与外来诸矛盾滋生、蔓延，使埃及社会出现了诸如对抗、摩擦、斗争等不同类型的活动。

东西方两种不同类型的文化价值观相抗争了近一个半世纪，且埃及民众保家卫国、强国富民的意识斗争亦未停息。面对西方文化的侵蚀，埃及有志之士谋求介于传统与现代间的有效改革方式，积极应对西方蓄谋已久的挑战，推动社会发展。其中最具代表性的人物就是近代埃及社会改革家、宗教学家和教育家穆罕默德·阿卜杜胡（1849—1905）。他秉承阿拉伯传统文化精髓，借鉴理性思维针对 19 世纪后半叶埃及社会现状提出里程碑式的改革建议，付诸实践，推动社会进步，带动整个阿拉伯世界的社会变革。

穆罕默德·阿卜杜胡提出的教育、语言规范、司法、妇女权益和政党建设等改革理念，是近代埃及乃至阿拉伯世界最具代表性和相对完善的改革思想体系。该思想体系建构于社会基层，制定不同行业的规章制度，促使国家行政管理规范化，使社会建设有章可循，有据可依。穆罕默德·阿卜杜胡的改革思想不仅影响了埃及社会进程的发展，还对阿拉伯世界其他国家的现代化建设起到了积极的推动作用；需要特别说明的是，穆罕默德·阿卜杜胡的管理观和教育观，具有非常重要的前瞻性。

进入 21 世纪，阿拉伯世界受全球化思潮的影响日渐严重。当下的社会状况与19世纪埃及受法英侵略所处的环境非常相似。彼时，人们通过实践穆罕默德·阿卜杜胡改革思想，促进社会向良性方向发展，使社会环境有序改良，为国家富强民族兴旺奠定了基础。当前，阿拉伯世界处于一个动荡不安与低迷无助的状态，社会运行在十字路口。阿拉伯世界将走向何方，如何进行有效的社会变革，仍是一个沉重而复杂的议题。

鉴于这种背景，重议穆罕默德·阿卜杜胡改革思想就显得尤为必要与及时，希冀能从其改革理念中析出有助于埃及乃至部分阿拉伯国家走出政治、经济、文化困境的观点，不啻具有非常重要的现实意义。

Abstract

At the end of the 18th century, Napoleon began his military aggression against the oriental nations such as Egypt. As a consequence, there came the cultural corrosion of and interference with the traditional Egyptian lifestyle and culture, whichin effect, pushed Egypt into modernization. This was various conflicts between the East and the West, the traditions and the modernization, and the domestic and foreign ideologies were ever-growing and spreading which gradually brought up different social conditions such as confrontations, frictions, and struggles in Egypt society.

The rival of the two different cultural values lasted for nearly one and a half centuries, so did the Egyptians' endeavors to defend and develop their nation. Confronted with the corrosion from the western culture, some Egyptians with lofty ideas attempted to meet the deliberate challenges in a middle way between the traditions and the modernization so as to facilitate the social advances. One of the leading figures of such people is Muhammad Abduh (1849-1905), a modern social reformer, scholar on religion, and educationist. In accordance with the best of the traditional culture of Arab and the rational thinking, he proposed an epoch-making plan about the reform of the 19^{th-}century Egypt and tried to put it into practice, drive the social transformation in the whole Arab-Islamic world.

Abduh's suggestions on the reform of education, judiciary, Arabic language specification, party building, women's status, etc. made a most typical and rather complete system of social reform in modern Egypt as well as in the Arab world. Based on the needs of the base of the social system, and aimed at the different regulations across different trades, his ideological system helped to normalize the national administration and the social construction to such a state where everything had rules to follow. His idea of reform was a vigorous drive for Egyptian social progress, as well as for the modernization of the Arab world.

By the 21st century, the Arab world has been under the ever-growing influence of the idea of globalization, and there is a great similarity between its social situation today and that in the 19th century when that Egypt was suffering from aggression by Britain and France. At that time, Abduh's idea and practice of reform were fruitful in that the society was bettered to such an extent that there was a foundation for the national strength and prosperity. Today when the Arab world is in turmoil, low ebb and need for help. It has been a complicated issue as to where the Arab world leads and how effective social reforms can take place there.

In this case, it's more than necessary and significant to readdress Abduh's idea of reform since it's hopeful to draw from his idea enlightenment and revelation are capable of helping Egypt, and the whole Arab world as well, to get out of the existing political, economic and cultural predicament.

目　　录

Contens

导　论

一　论题的确定

2010 年年底，肇始于突尼斯的"政治和社会动荡"，几乎一度席卷阿拉伯世界。那场动荡迫使突尼斯总统宰伊努·阿比丁·本·阿里（1936—　）[①] 出逃国外；埃及总统穆罕默德·侯斯尼·穆巴拉克（1928—　）[②] 下野；西方国家军事干预利比亚内政，曾强硬执政 40 余载的穆阿迈尔·卡扎菲（1942—2011）[③] 政权被推翻。

沙姆地区，民众上街抗议，声讨不断，巴沙尔·阿萨德（1965—　）[④] 仍是叙利亚的执政者；内乱持续发酵，难民苦不堪言。

位于阿拉伯半岛的也门，总统阿里·阿卜杜拉·萨利赫（1942—　）[⑤]

[①]　突尼斯第 2 任总统。1936 年 9 月 3 日生于苏塞市郊的哈马姆·苏塞镇。他早年在圣·西尔军械学校等多国的军事学校学习，获电子工程师文凭。1958 年，开始服务军界和政界。1987 年 11 月—2011 年 1 月任突尼斯总统。

[②]　埃及第 4 任总统。1928 年 5 月 4 日生于曼努菲亚省米苏利哈村。早年在军事学校学习，1972 年出任埃及空军司令兼任埃及国防部副部长。1981 年当选埃及总统，任职至 2011 年。

[③]　利比亚政治家、军事家、政治理论家，革命警卫队上校，国家最高领导人。1942 年 6 月 7 日生于苏尔特市杰哈纳姆·卡扎法部落一个有柏柏尔人血统的家庭。1969 年 9 月 1 日领导"自由军官组织"推翻伊德里斯王朝，建立阿拉伯利比亚共和国（1977 年 3 月 2 日，易名为阿拉伯利比亚人民社会主义民众国），出任革命指挥委员会主席兼武装部队总司令。2011 年 8 月 22 日卡扎菲政权垮台，10 月 20 日在苏尔特逝世。著有《绿皮书》和《第三世界理论》。

[④]　叙利亚阿拉伯复兴社会党总书记、总统、武装部队总司令。前总统哈菲兹·阿萨德次子。1965 年生于大马士革。2000 年 7 月，当选叙利亚总统；2007 年及 2014 年连任，并进行社会改革。

[⑤]　阿拉伯也门共和国第 6 任总统，也门共和国首任总统。1942 年 3 月 21 日生于萨那省，1978 年当选阿拉伯也门共和国总统。

"让权"换取"豁免",但国内却不甚太平。在邻国的协助下,巴林社会方告平静一段时间。

当阿拉伯民众沉浸在推翻旧的强人统治,渴望新的"民主自由"的欢乐时刻,埃及首位民选总统穆罕默德·穆尔西(1951—)①却被军方罢免。叙利亚国内的政治争斗愈演愈烈,硝烟弥漫。……阿拉伯世界的所谓"民主之春"似乎更加漫长而寒冷。更有甚者,一股外来力量扶持起来的武装恐怖集团,肆无忌惮地对中东地区进行惨无人道的侵扰,且利用一切可以使用的媒介手段,妖魔化该地区传统文化及其属性,造成许多难以消除的恶劣影响。

事实上,阿拉伯世界的人们都在期待着一个伟大的社会变革时代的来临。尽管社会变革的方式各不相同,推陈出新,革腐创新,仍是时代变革的总趋势。无论是政治观念、社会制度、意识形态、思维模式、管理手段,还是执政方略、司法制度、行为准则、生活态度等,凡妨碍社稷民生、有损文化进步、甚至阻止人类向良性发展的思想、观点、行为、言辞都应彻底反对,使之向有助于社会发展、国家强盛、经济繁荣、百姓幸福的道路前进。

纵观不同时期世界历史,世界各地都涌现出了很多代表时代潮流的先行者。那些时代的弄潮儿,以特有的思想和观念引导人们同阻碍社会进步的陋习和观念作斗争。他们的思想、观点与理念,对所生活的社会能产生深远影响。笔者研读中国近现代史,发现中华民族近代社会改革的每项活动几乎都与梁启超(1873—1929)②先生有密切的关联;且他在

---

① 埃及高校工程学专家,2011 年任(埃及)自由与公正党主席。2012 年 6 月 30 日—2013 年 7 月 3 日任埃及第 5 任总统。后被埃及军方罢免。2015 年 5 月 16 日,埃及一家法院判其死刑。

② 梁启超,字卓如,号任公,等。广东新会人,中国近代维新派代表人物,著名政治活动家、启蒙思想家、教育家、史学家和文学家;戊戌维新运动领袖之一。其学术涉及多学科,以史学见长,著《中国近三百年学术史》《中国学术思想变迁史》等;《饮冰室合集》备受人们喜爱。戊戌变法(1898)失败后逃亡日本,创办《清议报》宣传维新思想,后辗转加拿大、美国等地,仍坚持政治夙愿,成为保皇派成员之一。1912 年 9 月 28 日返回中国,参与政治活动;研究中国传统文化,赴各地高校讲学。

推动社会向前发展方面做出了令后人敬佩的业绩。1891 年，梁启超入康有为（1858—1927）在广州创办的"万木草堂"① 学习，接受新知识、新文化。稍年长后，他便以年轻人特有热情和远大知趣，积极参与当时颇具革命性的"公车上书"②，及"戊戌变法"③ 等。流亡日本期间，他坚持办报宣传革命，以"饮冰室主人"之名撰写"新文体"文章，介绍和传播西方诸多理论。

　　反观梁先生生活的时代，传统势力与维新思潮交锋甚多，革命者积极应对西方殖民者远足海外开展民族传统文化自觉活动。史实证明，西方殖民者因后工业革命时代社会发展失衡，利用各种手段向东方输出"现代"文化，并逐步"侵蚀"东方传统文化。山东大学孟祥才（1940—　）教授认为："从戊戌变法至 1928 年，中国近代 30 年当中所发生的任何重大事件，几乎都在他（梁启超）的文章和著述中得到了反映，涉及哲学、史学、文学、经济、法学、道德、宗教等许多学科。"④

　　如果将研究触角延伸至近代阿拉伯世界的社会改革，唯有近代埃及

---

　　① 万木草堂是中国近代资产阶级维新派创办的著名学堂。清嘉庆九年（1804），广东邱氏家族在广州市中山四路长兴里 3 号修建邱氏书室，专供子弟到省城应试时居住。1891年（光绪十七年）康有为租借"邱氏书院"，创办万木草堂。聚徒讲学，宣传改良思想，开展政治活动。次年，该草堂迁至卫边街邝氏宗祠（今广卫路附近）。因求学者众多，1893 年遂迁至广府学宫仰高祠（今文明路广州市第一工人文化宫内）。上述三处学堂统称"万木草堂"。主讲中国学术源流、历史政治沿革与得失，西方历史、政治，注重体育和音乐教育。以"培植万木、为国家培养栋梁之才"为宗旨，以"志于道，据于德，依于仁，游于艺"为纲，施以德、智、体之教育。该学堂起初学生不足 20 名，后增至百余人，培养出一批维新变法人才。

　　② 清光绪二十一年（1895），康有为率梁启超等 1200 名举人在燕京联名起草了一份长达1.8 万余字的《上今上皇帝书》（史称"公车上书"），反对与日本签订《马关条约》。"公车上书"提出"拒和、迁都、练兵、变法"等主张，是维新派登上历史舞台的标志。

　　③ 即"百日维新"，清光绪二十四年（1898 年 6 月 11 日—9 月 21 日）发生的一项政治改革运动。光绪（1871—1908，1875—1908 在位）皇帝亲自领导推动的政治体制变革，希望走君主立宪的现代化道路；颁布经济、军事、教育、政治等方面的几十道新政诏令。但该变法受到以慈禧（1835—1908，1861—1908 为实际统治者）太后为首的保守势力的反对，后演变为政变；大量维新派人士被杀，运动失败。

　　④ 孟祥才：《梁启超传》，北京出版社 1980 年版，第 420—421 页。

学者穆罕默德·阿卜杜胡（1849—1905）① 不能忘却；更不能忽视他的改革思想与影响。无论是阿拉伯学界还是西方学界，都对穆罕默德·阿卜杜胡及其改革思想给予了高度的评价。这种无国界，跨越种族，超越信仰群体的评判话语，不断地敲打着包括笔者在内诸多人的学术神经，将研究视角转向学界对穆罕默德·阿卜杜胡的研究成果中，希冀能从中探究相关的间接或直接问题，并渴求从原始文本中获取足量信息与可靠答案。

研读史料，笔者发现了不少能反馈穆罕默德·阿卜杜胡思想的第一

① 中国学界最早将该名（Muhammad Abduh, الشيخ محمد عبده）翻译为"穆罕默德·阿布笃"，出自马坚（1906—1978）先生之手。据《学者的追求：马坚传》中记载，马先生留学埃及期间，谢赫伊卜拉欣·吉巴里（1878—1950）介绍"穆罕默德·阿布笃的《一神论》"给他。1933 年暑期，马坚着手翻译，3 个月完成。1934 年由上海商务印书馆出版《回教哲学》（见第 37 页，宁夏人民出版社 2000 年版）。1936 年，马坚又翻译了穆罕默德·阿布笃的《回教基督教与学术文化》。1939 年，学者马瑞图再次翻译了《一神论》（中华书局出版时确定书名为《回教认一论》），但译者还是沿用或借鉴了马坚先生的音译字。《埃及近现代简史》（生活·读书·新知三联书店 1963 年版）第 127 页有"穆罕默德·阿布笃"的相关信息。《中国伊斯兰百科全书》（宛耀宾主编，四川辞书出版社 1996 年版）第 388—389 页的"穆罕默德·阿布笃"词条。《阿拉伯近现代哲学》（山东人民出版社 1996 年版）中有专章介绍"穆罕默德·阿布笃的宗教复兴和改革哲学"。1996 年，蔡德贵与王佃利在《宁夏社会科学》期刊上撰文介绍埃及近代社会宗教改革家"穆罕默德·阿布笃"。国内学界论述现代伊斯兰主义代表人物时，仍使用该音译。可见，"穆罕默德·阿布笃"是中国学界对该名的第一种译法。1985 年，北京第二外国语学院张志华教授撰文介绍近代埃及伊斯兰改革派人物（《阿拉伯世界》1985 年第 4 期）时，用了"穆罕默德·阿卜杜"的音译词。笔者也曾借用张教授的译法在《黑河学刊》（2013 年第 1 期）撰文。这是该名在国内学界的第二种译法。《近代伊斯兰思潮》（宁夏人民出版社 1998）中有"穆罕默德·阿布杜的思想"的论述。马福元、马维真则沿用该种译音用词。此应为该名字在国内学界的第三种译法。笔者窃以为，阿拉伯语词语的汉译应先建立于阿拉伯语语的读音，如"Abu，أبو"的音译应为艾布，即"布"是阿拉伯语"بو"的音译词；而"卜"对应的阿拉伯语语音应是"ب，b"的静音译音词。"阿布笃"的译音似乎偏离了阿拉伯语字母读音的本身；抑或取笃信之义，这仅是一个猜测。马坚当初选择"阿布笃"这 3 个汉字作为音译的中文用词有何用意，无法知晓。张志华的"阿卜杜"好像没有译完，其阿拉伯语名字是محمد عبده，Muhammad Abduh，貌似只有音译，却无意译。此处的"阿卜杜胡"（عبده）实质就是"阿卜杜拉"（عبد الله）。"胡"（ﻪ）系阿拉伯语第三人称单数人称代词，指安拉，即安拉的仆人之意。该名字的音译应归至其本源——阿卜杜胡。简言之，阿拉伯语人名汉译，一般应采用音译为好；如果音译不能体现原名确切含义时，可以考虑音译和意译相结合的方法。此仅为笔者的粗浅认知，恳请众识家批评指正。

手资料。他曾聆听智者的教诲，参与反英殖民斗争而被流放至贝鲁特①。后赴巴黎继续开展反殖民宣传。赦免回到埃及后，他积极倡导并实践一系列社会改革。随着研读维度的延伸，笔者发现近代阿拉伯世界社会发展中无不折射着穆罕默德·阿卜杜胡改革思想的元素，其影响波及 19 世纪后埃及、阿拉伯世界的反殖民与民族独立运动。

史料显示，自公元前至 19 世纪末的漫长岁月，埃及一直处于被统治的境地，后经历多次外族入侵与统治。② 那时候，埃及民众失去了基本的生存权利，"当家作主"已成为他们世代追逐的梦想。2011 年以来，埃及政坛戏剧性的变化③，更凸显出国际大背景下，阿拉伯世界面临艰难的社会改革抉择。当下，部分阿拉伯国家社会矛盾重重，多种力量交错并存，各集团挖空心思维系各自利益，壮大自身势力。就阿拉伯世界社会的未来发展而言，穆罕默德·阿卜杜胡改革思想抑或能给出使其摆脱各种危机的良策与妙方。

阿拉伯世界正处于社会转型期，国家富强、政治民主、经济繁荣、人民幸福、社会稳定、环境和谐是民众共同的愿望。实现民族复兴的梦想，须依靠本民族优秀传统文化；立足地区实际，有效借鉴其他民族有益文化精华，利用他山之石，重振民族精神之魂，除陋纳新，寻求能使

---

① 黎巴嫩共和国政治首府，人口 200 万（2007）。公元前 15 世纪，那里就有人居住；历经腓尼基、古希腊、古罗马、阿拉伯、奥斯曼人的统治。635 年穆阿威耶（602—680）从罗马人手中夺取了该城的管辖权，1187 年萨拉丁（1138—1193）从十字军手中收复之，1516 年奥斯曼帝国素丹赛里姆一世（1471—1520）战胜马姆鲁克军，接管了它。1918 年 10 月 8 日，沦为法国殖民地。1926 年建国，该城才得以回归。

② 中国阿拉伯史学家纳忠（1909—2008）教授研究表明：公元前 1700 年，西可索斯人入侵埃及；公元前 941 年被利比亚族部落征服；公元前 8—前 7 世纪被努比亚人（苏丹人）占领；公元前 671 年被亚述人管理；公元前 525 年被波斯人征服；公元前 332 年马其顿帝国入侵；公元前 30 年罗马侵略并统治近 700 年，使基督教文化空前发展；641 年阿拉伯人大举进入埃及，输出伊斯兰文化；1517 年奥斯曼土耳其人入侵，统治近 300 年，因其不良管理措施使社会倒退不少；1789 年拿破仑率军入侵，强行输入西方文化；1882 年英国人对埃及殖民长达 70 余年，期间经历了穆罕默德·阿里王朝（1809—1952），拉开了近代埃及社会的序幕。据说，其首领是阿尔巴尼亚犹太裔而非埃及本土人士。对此，埃及人心里有难以诉说的苦楚、无奈和惋惜。参见纳忠《埃及近现代简史》，生活·读书·新知三联书店 1963 年版，第 2—30 页。

③ 2011 年 2 月 11 日穆巴拉克下台。同年 6 月 30 日，穆罕默德·穆尔西成为埃及历史上第一位民选总统，仅执政 13 个月 5 天，被军方罢免。

地区社会得以良性发展的策略；从思想和意识上摒弃腐朽的妄想与无为之举，精诚团结，共谋发展，维系安定，促进发展。鉴于此，再议穆罕默德·阿卜杜胡改革理念，恰逢其时。

穆罕默德·阿卜杜胡生于埃及，长于埃及，其社会改革思想的主实验区也在埃及。但因埃及特殊的地缘环境、爱资哈尔大学①恒久的影响力，他的思想可辐射到世界各地。历史昭示人们，政治流放让穆罕默德·阿卜杜胡思考埃及与其他民族现实生活的思绪更加活跃，巴黎活动受限使其对政治解决社会问题的热情锐减，随即转向"文化救国"的伟大构想之中，并为之付出了艰辛努力。获赦免回到埃及后，"赏赐的法官"职务让他发觉埃及司法界混乱无序，方着手进行改革，促成埃及档案业的兴起与发展。责任心尚未泯灭的穆罕默德·阿卜杜胡，把埃及贫困民众的幸福当作工作核心，慧眼审视社会现状，拒绝与保守者为伍，亦未与西方追随者为伴，而是采取基于社会现状进行适宜创新和改革的方法，最终形成了基于社会基层的改革思想体系。按现在流行的话讲，穆罕默德·阿卜杜胡改革思想蕴藏着与时俱进之特点。

穆罕默德·阿卜杜胡不仅是近代埃及著名的学者，还是颇有影响的改革家，也是规范社会进步的法学者，更是推动埃及现代教育的执行者与领导者。他被誉为近代阿拉伯世界社会改革的奠基人，曾于19世纪末绘制了埃及（阿拉伯世界）社会未来发展的蓝图。故，国内外学界对穆罕默德·阿卜杜胡的研究异彩纷呈，成果颇丰。笔者拟从中梳理相关成

---

① 世界最大的伊斯兰教科研学术机构，是继凯鲁万大学（859年修建于非斯城，主授伊斯兰教法）后建立的最早全球性大学之一，位于埃及开罗。伊历359年/公元970年5月24日奠基，两年后的972年斋月的第一个周五，法蒂玛王朝（909—1171）首任哈里发穆恩兹·丁（953—975在位）到此礼拜，要求开设伊斯兰教基础知识课程，并请求教师为其孩子们教授语言及法学知识。后增加较高层次的宗教学、阿拉伯语言学、天文学、逻辑学等课程，成为具有较高学术层次的人文学科大学。1961年，根据埃及总统颁布第103号政令，爱资哈尔增设了诸如经济、医学、工程及农业等课程，使其成为真正意义上的现代大学。该大学现有36个独立学院（开罗14所，其他城市22所），学科涵盖伊斯兰教、阿拉伯语言、法学、商学、农学、工学、文学、医学等，已形成一个多学科多层次的综合性大学。该校有独立的女子学院。早期的爱资哈尔仅是一个宗教性学校（清真寺）。其实，穆罕默德·阿卜杜胡时代，爱资哈尔仍未失去其本来特征，但为使文中表述的一致性，统一使用"爱资哈尔"字样，恳请谅解。

果，作为拙作撰写时珍贵的参考。

国外学界研究穆罕默德·阿卜杜胡的成果不少，主要有如下几类。

第一类，生平传记类专著。

19 世纪末，《光塔》期刊①的创办者穆罕默德·莱西德·里达（1865—1935）②撰写了 3 卷本《伊玛目穆罕默德·阿卜杜胡传》，1931年在开罗出版。该专著较翔实地记述了穆罕默德·阿卜杜胡的生平轨迹，收录了其文章及与人交往的信函等。是首部记述穆罕默德·阿卜杜胡生平传记的专著。

当代埃及著名作家阿巴斯·马哈茂德·阿卡德（1889—1964）③著《改革英才：穆罕默德·阿卜杜胡》，1961 年在开罗出版。该专著翔实记述了穆罕默德·阿卜杜胡的成长阅历与社会改革史料。

穆罕默德·欧玛尔（1931—　　）④博士，是当代埃及著名思想家之一。笔者曾于 2014 年 4 月初在开罗尼罗河大道的府邸拜访先生，就有关近现代阿拉伯社会改革问题进行了深入友好的交谈。穆罕默德·欧玛尔曾于 20 世纪 70 年代著述《穆罕默德·阿卜杜胡的生平与业绩》，主要论述了他的生平事迹与改革功绩。1978 年在黎巴嫩贝鲁特出版。

开罗大学法学教授阿卜杜·哈里姆·军迪撰写《伊玛目穆罕默德·阿卜

---

①　1898 年 3 月 15 日，穆罕默德·莱西德·里达创办，旨在进行社会改革宣传，阐述传统文化对理智、科学、人类福祉的观点，以消除人们的曲解，匡正人们生活行为。设文化信念、法学诠释、名家观点、域外风情等专栏，间或也刊登政治类文章。1904 年后受到普遍认可。该期刊每年一卷 12 期。因主编 1935 年 10 月 22 日去世，第 35 卷第二期停刊 7 个月，后由拜哈杰·勒·拜伊塔尔负责两期，仅刊登《古兰经》"优素福章"的注释，却再遭停刊近 3 年。1939 年 7 月 18 日，哈桑·班纳（1906—1949）主持复刊，1940 年第 10 期成为该刊的最后期。

②　现代伊斯兰主义者，现代伊斯兰思想奠基者。生于叙利亚，30 岁后赴埃及追寻穆罕默德·阿卜杜胡的步伐，秉承发扬其学术与改革思想。创办《光塔》刊物，撰《光塔经注》《穆罕默德的启示》等。

③　当代埃及诗人、作家。生于上埃及阿斯旺中产阶级家庭。做过编辑，1916 年出版第一部诗集《清晨的苏醒》。第一次世界大战结束后成为华夫脱党的喉舌作家。他曾向阿拉伯世界系统介绍欧洲文艺思想和理论。20 世纪 40 年代当选埃及参议院议员，1960 年获得埃及国家文学奖。他在文艺理论、诗歌、伊斯兰哲学、阿拉伯文化等领域颇有建树。一生共出版 60 余部著作。终身未娶。

④　当代埃及著名思想家之一、《爱资哈尔》主编、埃及爱资哈尔大学伊斯兰文化研究院研究员。其学术研究涉及诸多领域，著作等身；大部分作品被译为除汉语外的英、德、西、土耳其等文字。从 1958 年开始撰写第一部作品起，截至 2011 年年底共撰写了多达 250 部作品。

杜胡》，详细记述了穆罕默德·阿卜杜胡不平凡的一生，1978 年在开罗出版。

穆罕默德·欧玛尔博士校注的五卷本《穆罕默德·阿卜杜胡全集》，1993 年在开罗出版。其全面翔实地记述了穆罕默德·阿卜杜胡为社会改革所付出的艰辛努力与度过的难忘岁月。一是生平概述，包括求学岁月、流放颠簸、与政客的交往等。二是讨论埃及社会百态，亟待改革的社会问题与难点。三是对爱资哈尔进行教育改革与实践，设置课程，实践创新。四是与安东尼（1874—1922）① 进行学术对话和思想交流的史料。五是撰写《伊斯兰一神论大纲》，及注释《古兰经》。《古兰经》注释及内容被汇编在第四卷和第五卷中，占该专著五分之二的篇幅。该套著作是继《穆罕默德·阿卜杜胡传》之后，又一全面翔实反映他生平的佳作。

英国学者马克·萨迪格威克（1960— ）② 撰《穆罕默德·阿卜杜胡：穆斯林世界的缔造者》，2010 年由同一个世界出版社出版，是目前笔者见到的唯一的英语版生平专著。作者通过求学、参与政治活动、阿拉比反殖民运动及流放、巴黎、贝鲁特、返回埃及、穆夫提、法特瓦、逆境和结果等十章撰写而成。该作品从更多层面介绍了穆罕默德·阿卜杜胡的一生，其中还以西方人特有的视角及方法对其作了相关评论，不乏一些臆断性或欠公允的话语。

第二类，思想评论类专著。

---

① 阿拉伯世俗主义复兴者之一，著名新闻人、评论家、戏剧家、作家、政治家、社会活动家，生于黎巴嫩（原叙利亚）的黎波里基督教家庭，1897 年迁移至亚历山大，创办《奥斯曼帝国的社会》期刊，1907 年移居美国，继续办刊。1909 年返回埃及从事传媒工作，撰写时事评论。以研究伊本·鲁世德（1126—1198）的理性哲学见长，受法国史学家、语言学家勒南（1823—1892）的影响较深。他是奥斯曼帝国时期黎巴嫩著名的社会学家、政治家及学者之一，代表作有《伊本·鲁世德及其哲学》《宗教、科学与资本》等。他极力宣传 18 世纪欧洲理性思想，并认为天启宗教同源同宗，启示可理解成是历代先知传播宗教的标志，常人不具备这种能力。关于天启的问题，曾与穆罕默德·阿卜杜胡有过学术辩论。请查阅阿卜杜·勒阿蒂伊·穆罕默德·艾哈迈德《穆罕默德·阿卜杜胡政治思想研究》（阿拉伯文），埃及图书总局出版社 2012 年版，第 48 页。

② 1960 年 7 月 20 日生于伦敦，著名史学家，以研究传统伊斯兰、苏菲主义和恐怖主义见长。现任欧洲西方神秘主义研究学会秘书。曾在牛津大学的哈罗公学和沃赛斯特学院学习，获挪威卑尔根大学博士学位。1990 年侨居埃及，开始接触乃格式班底耶和玛尔叶米耶苏菲道统，却未加入。1996 年，又开始研究伊斯兰传统主义理论，并在开罗美国大学教授历史课程。2007 年，赴丹麦奥胡斯大学任阿拉伯伊斯兰研究协调人。其专著被译为法、意、西和拉丁语等多种语言。

开罗大学哲学教授奥斯曼·艾敏（1905—1978）[①] 博士撰《伊玛目穆罕默德·阿卜杜胡：埃及思想先驱》，1955 年首次在埃及开罗出版，1996年再版。该作品涉及穆罕默德·阿卜杜胡生平介绍、哲学观、改革措施、改革观对埃及和阿拉伯世界的影响等。附有人名索引。其中的穆罕默德·阿卜杜胡手稿、毕业证书、书信的影印件等是较珍贵的资料。

20 世纪埃及著名学者之一的阿卜杜·拉赫曼·穆罕默德·拜德威（1917—2002）[②] 著《伊玛目穆罕默德·阿卜杜胡与伊斯兰问题》，2005 年在埃及开罗出版。作者从较深层面论述了穆罕默德·阿卜杜胡对伊斯兰教、教育、政治、司法、妇女问题、家庭婚姻等社会焦点问题提出的改革意见。

穆罕默德·欧玛尔博士著《伊玛目穆罕默德·阿卜杜胡：以维新宗教振兴社会的改革家》，1988 年在埃及开罗的曙光出版社首版，1998 年和 2009 年两次重印发行。该专著包括穆罕默德·阿卜杜胡的生活片段、宗教改革、泛伊斯兰主义、社会革新——革命——再变革之观点、教育论、家庭与妇女问题、文学和语言创新等内容。

穆罕默德·欧玛尔博士还著述《伊玛目穆罕默德·阿卜杜胡的改革计划》，2009 年在开罗出版。该专著着重详细论述了穆罕默德·阿卜杜胡的"中间主义观"、知识观、理性地位与范畴、社会法则与律例，以及科学、国家与宗教问题等内容，是一部较系统客观全面介绍其改革思想的专著。

穆罕默德·拜哈（1905—1982）先生[③]是当代埃及著名思想家之一，20世纪 30 年代在德国汉堡大学攻读博士学位。1936 年撰写博士论文《穆罕默德·阿卜杜胡与埃及民族教育》，经修订后于 1999 年在开罗出版。该论文着重论述了穆罕默德·阿卜杜胡的国家思想的成因与实践；伊斯兰、人类、社会、国家与文化等多层次之间的关系；宗教和语言改革等议题。

[①]　1930 年赴法国索邦神学院学习，1937 年以"穆罕默德·阿卜杜胡研究"为题获得博士学位。把多部西方哲学名著翻译成阿拉伯语。

[②]　出生于埃及杜姆亚特省舒尔巴苏村。20 世纪 30 年代就读开罗大学文学院哲学系，1945 年获哲学博士学位。一生撰写 200 部著作。

[③]　埃及现代著名思想家之一，曾倡导进行改革。著有《现代伊斯兰思想与西方殖民之关系》。早年在当地学校学习，后到爱资哈尔大学求学。1931 年赴德国学习。20 世纪 50 年代担任埃及艺术和文学最高委员会主席，1962—1964 年担任埃及国家宗教部长。

  开罗大学哲学教授穆斯塔法·赖比布博士著《穆罕默德·阿卜杜胡思想之评价》，2010 年开罗出版。作者将研究视角置于埃及现代社会大背景之下，探讨穆罕默德·阿卜杜胡敏锐思想的现代意义，为当代埃及社会发展寻求富有建设性的参考观点。[①]

  除上述阿拉伯文专著论述穆罕默德·阿卜杜胡改革思想外，还有不少西方学者也倾注了心血专题研究他的一生。笔者搜寻到手的主要资料有：

  查尔斯·科拉伦斯·亚当斯著《埃及的伊斯兰教与现代主义：穆罕默德·阿卜杜胡开创的现代改革运动》，1933 年在开罗美国大学出版，2000 年牛津大学出版社再版。该专著是查尔斯·亚当斯 1928 年就读美国芝加哥大学旧约系时撰写的哲学博士学位论文的第一部分。[②] 该专著以记述穆罕默德·阿卜杜胡的生平为主，还阐述了他在社会改革中取得的业绩和遇到的困难。作者在其中严肃反驳了法国外交官阿尔伯特·奥古斯特·贾波里勒·哈腾（1853—1944）[③] 认为穆罕默德·阿卜杜胡的哲学思想"远离宗教"之说辞[④]，从另一个侧面还原了一个较真实的穆罕默德·阿卜杜胡。哈腾之说法可在《了解东方之研究》一书中看到相应的踪迹。

  当代英国史学家阿尔贝特·胡拉尼[⑤]著《开明时期的阿拉伯思想：

---

  ① ［埃及］穆斯塔法·赖比布：《穆罕默德·阿卜杜胡思想之评价》（阿拉伯文），埃及书籍总局 2010 年版，第 9 页。

  ② Charles C. Adams, *Islam and Modernism in Egypt*: *A Studies of the modern reform movement inaugurated by Muhammad Abduh*, Oxford University Press, 1933, (Preface) V.

  ③ 他生于法国埃纳（aisne）省，早年学习历史。1879 年进入法国外交部担任秘书。1886 年竞选埃纳省副省长，3 年后返回外交部；1894—1898 年任外长，曾力图改善法国与俄罗斯的关系。20 世纪 20 年代任国际联盟法国总代表，曾在"建议推动世界语使用大会"上投否决票，旨在提升法国在世界政治舞台上的地位。著有多部有关法国历史的专著。

  ④ ［埃及］穆罕默德·拜哈：《穆罕默德·阿卜杜胡》（阿拉伯文），埃及宗教部 1999 年版，第 12—13 页。

  ⑤ 英籍黎巴嫩裔史学家，天主教徒，在中东研究方面见长。曾在牛津大学莫德林学院完成了哲学、政治学、经济学和史学的课程；第二次世界大战期间就职于英国皇家国际事务研究院，后赴开罗任英国国务大臣。战后，在耶路撒冷和伦敦的阿拉伯事务办公室工作，期间协助筹建英美阿拉伯事务调查委员会。1948 年开始在莫德林学院、贝鲁特美国大学、芝加哥大学、宾夕法尼亚大学和哈佛大学等学术机构从事科学研究，培养了大批研究者。

1798—1939》，1962 年由牛津大学出版社出版。该专著用较大篇幅论述奥斯曼帝国后期政治腐败导致的思想僵化，而欧洲人的开明思想促使阿拉伯世界里出现了像里法阿·塔哈塔威（1801—1873）[①] 式的智者，里法阿·塔哈塔威首先接触了欧洲的自由思想，将其可取之处译介给埃及读者[②]，唤醒和催生了哲玛鲁丁·阿富汗尼（1838—1897）和穆罕默德·阿卜杜胡等一批社会改革家与思想家。

　　美国学者马尔科姆·科尔[③]撰《穆罕默德·阿卜杜胡与莱西德·里达伊斯兰改革的政治法律理论》，美国加利福尼亚大学出版社 1966 年出版。据悉，科尔先生于 1958 年撰写了长达 396 页[④]的一篇论文。该论文的议题是"穆罕默德·阿卜杜胡与莱西德·里达对重新解读伊斯兰宪法与法律理论的贡献"，是博士研究生学习期间的研究成果。该论文被美国约翰·霍普金斯大学图书馆所收藏。笔者手头现有的这本参考资料，是科尔 1958 年博士论文修订补充的成果。[⑤] 即便今天，任何读者尚能从中领略到作者对近代埃及改革家理论与行动的分析深度。

---

　　① 穆罕默德·阿里时代埃及文化复兴运动的先驱。16 岁进入爱资哈尔学习。1826 年被遣往法国攻读现代文化，先学法语，后专攻翻译。26 岁，返回埃及开设翻译学校，为埃及社会的文化复兴奠定了基础。1835 年，在开罗创办 5 年制的语言学校（今艾因夏姆斯大学外国语学院前身），为埃及年轻人教授外国语言。在 10 余年的翻译生涯中，大量译介了西方哲学、史学原著；还对埃及历史文献进行了整理与补正。由于当时埃及执政者对西方文化的态度变化，1850 年被遣赴苏丹开办语言学校。实质上是不想让他在埃及境内再传播法国思想家的某些观点。他在苏丹仍继续从事翻译工作。他一生秉承启蒙思想，将东西方文化的优秀成果通过翻译介绍给广大读者，为人类文化的交流做出了很大贡献。与中国近代学者严复（1854—1921）有着等同的社会贡献。

　　② ［埃及］阿卜杜·勒阿推伊·艾哈迈德：《穆罕默德·阿卜杜胡的政治思想》（阿拉伯文），埃及书籍总局 2012 年版，第 44 页。

　　③ 美籍教授，生于黎巴嫩贝鲁特，任贝鲁特美国大学某教研机构主席。1953 年师从希提（1886—1978）在普利斯顿大学学习，1958 年获约翰·霍普金斯大学博士学位，1962—1982 年在加利福尼亚大学洛杉矶分校从教。后一直在家乡贝鲁特工作。

　　④ 其中前言 38 页，正文 341 页，附录 7 页。详见 https：//catalyst. library. jhu. edu/catalog/bib＿257997/librarian＿view。

　　⑤ Malcolm H. Kerr, *Islamic Reform：The Political and Legal Theoriesof Muḥammad 'Abduh and Rashīd Riḍā*, California：California University Press, 1966, Pv.

英籍中东学者伊列·凯道瑞①的论文《阿富汗尼与阿卜杜胡：论现代伊斯兰无宗教信仰与政治活动者》，1966 年由劳特利奇出版社出版，1997年再版。基于西方政治视角，伊列·凯道瑞在其专著论述了哲玛鲁丁·阿富汗尼和穆罕默德·阿卜杜胡的早期交往，还在附件中列举了阿富汗尼与英国大使之间联系的信函，记录了其政治活动的真实性。② 该论文的字里行间中透析出作者刻意将西方启蒙思想视为哲玛鲁丁·阿富汗尼与穆罕默德·阿卜杜胡进行改革的源泉，鉴于 19 世纪下半叶埃及社会所处的特殊时期，关于这一点尚需商榷。

美国学者约翰·唐纳休③和埃斯波西托④主编的《变革中的伊斯兰：穆斯林视角》，1982 年牛津大学出版社出版。该作品仅用 4 页多⑤的篇幅就穆罕默德·阿卜杜胡对"伊斯兰（Islam）、理性（Reason）和文明（Civilization）"三者的态度与观点展开了论述。作者认为，穆罕默德·阿卜杜胡的观点是在西方对阿拉伯世界造成的危机（Crisis）背景之下，寻求身份（Reach for I-dentity）认同的积极反应。⑥ 因此，穆罕默德·阿卜杜胡被视为近代阿拉伯世界较为成功的社会改革者之一。值得肯定的是，该作品就事论事，直截了当地对所提出的问题作了较深刻的讨论，而未出现众人熟悉且略显冗长的传记式生平介绍。整个论述显得干净利索，没有拖泥带水的痕迹。

上述信息显示，多数学者以穆罕默德·阿卜杜胡生平为经线，把各时间段的具体事件当作纬线，编织了一幅镶嵌着各时段耀眼业绩的壮丽画卷。诚

---

① 英籍中东史学家，生于巴格达一犹太家庭。伦敦经济学院硕士研究生；就读牛津大学时的博士论文"英国与中东"曾批评英国政策制定者过分渲染第二次世界大战期间（伊拉克）阿拉伯民族主义倾向，尤其是劳伦斯（1888—1935）的消极观点。对此，汉密尔顿·吉布（1895—1971）教授责令修改，因拒绝未取得学位。他还批驳马克思主义历史民族观。1970 年，他又质疑汤因比（1889—1975）的学术观点。

② Elie Kedourie, *Afghani and Abduh: An Essay on Religious Unbelief and Political Activism in Modern Islam*, London. Routledge, Reprinted, 1997, p. vii.

③ 美国当代法学教授和经济学家，曾任黎巴嫩贝鲁特圣约瑟夫大学现代阿拉伯世界研究中心主任。

④ 美国乔治城大学宗教和国际事务教授，瓦利德·本·塔拉尔王子穆斯林与基督教徒理解中心创始主任。

⑤ 即第 24—28 页，第 28 页仅 4 行。

⑥ John J. Donohue & J. L. Esposito ed, *Islam in Transition Muslim Perspective*, Oxford University Press, 1982, p. 9.

然，穆罕默德·阿卜杜胡的业绩令人叹服，其改革思想对 19 世纪后半叶以来的阿拉伯世界的影响颇深。但绝大多作品均基于史料文本的研读，面对当前阿拉伯世界社会格局，研究百余年前思想家与改革家的特别观点，或许会给人们留下无尽的思索，以促使人们在捍卫传统文化的同时，有效地接纳外来文化中的优秀成分，为民族强大、社会稳定、经济繁荣等大业服务。

按常理讲，学界研究穆罕默德·阿卜杜胡的论文理应不会很少，但笔者仅获取了数量有限的几篇论文。关于穆罕默德·阿卜杜胡的英文论文主要有：美国学者瓦提考提斯的《穆罕默德·阿卜杜胡及穆斯林民族主义问题》①；马来西亚学者艾哈迈德·埃米尔、阿布迪·舒里叶和艾哈迈德·伊斯玛仪勒等人合著《穆罕默德·阿卜杜胡对现代社会之贡献》②，伊卜拉欣·艾布·拜克尔③的《穆罕默德·阿卜杜胡伊斯兰现代主义及其衰败因素的反思》，阿卜杜拉、阿里芬和艾哈迈德合作著述《埃及改革家及其对马来群岛古兰经文学注释手稿的影响研究》④；加拿大麦吉尔大学伊斯兰研究院 1994 年硕士研究生阿斯维塔·泰齐尔的论《穆罕默德·阿卜杜胡与伊斯兰律例的改革》⑤ 等。英语学术界对穆罕默德·阿卜杜胡的研究，在过去 20 余年中一直未间断。

专题研究穆罕默德·阿卜杜胡的阿拉伯语论文不多，有一定研究特点的论文更少。笔者发现专题研究穆罕默德·阿卜杜胡的阿拉伯语论文有：沙特阿拉伯乌姆古拉大学⑥博士研究生哈菲兹·穆罕默德·哈伊德尔·贾尔柏里的《穆罕默德·阿卜杜胡伊斯兰信仰观及其批评》。该论文

---

① http：//www. ramadhan. co. uk/ ~ salaam/knowledge/muhammad_ abduh. pdf.

② アシエンヅロナルオフメネゲメントサイネセゾアナドエグケサン （《亚洲管理科学与教育》），2012 年 4 月第一期。

③ 马来西亚国立大学伊斯兰研究学院神学与哲学系副教授。其论文见《应用科学研究》，2012 年第 8（9）期。

④ Arts and Social Sciences Journal, Vol. 2012：ASSJ-52, http：//astonjournals. com/assj.

⑤ 其中论述了穆罕默德·阿卜杜胡以"创制"的手法对当时现实生活中出现的新问题作了律例的新诠释。

⑥ 1981 年，沙特阿拉伯王国在麦加城创立的官办高校，以法学及阿拉伯语言文学的教学与研究为主，同时兼顾医学及应用科学的研究。该校有哲学学院、阿拉伯语言文学学院、教育学院、口腔医学院等 23 个独立学院；现有 2300 多名教师；2009 年在册学生达 4 万人。

完成于 1982 年。作者按照罕百里律例学派①的典型研究范式，对穆罕默德·阿卜杜胡《伊斯兰教一神论大纲》中涉及信仰的相关细节逐一作了评论。同时，他又批判穆罕默德·阿卜杜胡的理性观，断然质疑参与共济会②

---

① 因创始人伊本·罕百里之名而著称。该学派创制律例时，严格按照《古兰经》和圣训，很少使用类比和公议的律例准则，反对个人意见，特别反对穆尔泰齐赖学派的"意志自由论"，更拒绝艾什尔里的宇宙观主张。其是现代海湾地区通行的学派。参见宛耀宾主编《中国伊斯兰百科全书》，四川辞书出版社 1996 年版，第 209 页。

② 英语 "Freemason" 或 "Mason"，即自由工匠。其成员称为"美生"，强调"兄弟关系"。1717 年，英国出现了一个带有宗教色彩的秘密组织，宣传博爱、慈善思想，提倡美德，追求完美人生。该组织其实是共济会的雏形，是以犹太银行家和大垄断商人为核心的神秘盟会组织。高级俱乐部或会所是其成员的社交场所，凡有神论者且相信世界上存在唯一神者均可申请加入。其成员主要来自政治、文化、艺术、商业和宗教界，以社会改革的名义大肆进行政治活动。该组织有非常严格的等级制度，会所遍布全球；各会所享有平等的地位，总会所是共济会的最高组织形式。其终极目标是打破各国的主权体制，将全球组合成为该组织所控制的跨国区域，最终建立在该组织领导下的世界统一集权政府，建立全球新秩序。1723 年，苏格兰基督教牧师杰米斯·安德森（1679—1739）撰写了共济会的历史。两年后，本杰明·富兰克林（1706—1790）对"历史"作了修订，使之成为《共济会宪章》。据相关资料显示，加入该组织的政界大佬有：美国总统华盛顿、布什，日本首相鸠山一郎，苏联总统戈尔巴乔夫等。娱乐界明星有：美国流行歌手麦当娜，黎巴嫩年轻女歌手米尔雅姆·法勒斯等。此外也有马克·吐温等学界名人。该组织一直以来都不被各国政界和宗教界看好。天主教严禁教徒加入该组织；1978 年 7 月 15 日，爱资哈尔宣布禁止穆斯林加入该组织的命令，但摩洛哥、阿尔及利亚和土耳其尚未出台类似的政令。阿拉伯学界认为，共济会奉行世俗主义、自由主义观点，企图从思想、伦理、宗教等方面引诱人们走向堕落，并利用一切机会制造社会矛盾与事端，挑起民众不满情绪。该组织是西方殖民者侵蚀东方的主要产物之一，也是犹太复国主义者分裂阿拉伯国家的主要手段之一。拿破仑入侵埃及后，共济会进入奥斯曼帝国所管辖的大地。早在伊斯玛仪勒·帕夏（1829—1894，1863—1879 在位）时代，该组织就在埃及建立了秘密活动场所。1929 年年初，开罗第一家非政府组织——国际扶轮社的分支机构创建，以"超越服务"之名招募社员，迅速创建了 20 多个会所；之后又在巴勒斯坦建立 40 多个会所。至 1964 年，埃及1/4 的土地上出现了 80 多个与之相似的会所或俱乐部，后被取缔；20 世纪 80 年代，类似的组织在埃及政府的关注下再次以"慈善和服务大众"的名义继续开展各项活动，且日渐活跃。笔者研读手头现有资料后发现，西方学者撰写 18 世纪阿拉伯世界历史时，大都会对共济会留下浓墨重彩的一笔。1875 年，阿富汗尼受共济会英国总会前导师、英籍开罗副领事拉菲勒·鲍格的引荐，在开罗"东方之星俱乐部"结识了利亚德·帕夏，从此他开始了抱有各种梦想的政治活动生涯。随后，阿富汗尼以"博爱、平等与自由"的论调吸纳了很多青年人，尤其是爱资哈尔的年轻学子，在他们中间传播其政治主张。

详见《穆罕默德·阿卜杜胡全集》（第一册），曙光出版社 1993 年版，第一版第 26、39—40、140、617、619、629 页；Mark Sedgwick, *Muhammad Abduh*, London：Oneworld Publications, 2010, p. 19. Nikki R. Keddie, *Sayyid Jamal ad-Din al-Afghani a Political Biography*, Los Angeles University of California Press, 1972, pp. 92 –93；噶里布·本·阿里·阿瓦吉《现代思想流派在社会中的作用与穆斯林学者对其评价》（阿拉伯文，第一卷），金色时代书局 2006 年版，第 494—614 页。

的行为。这篇论文对穆罕默德·阿卜杜胡的理性观点提出批判①，是笔者见到的唯一的一篇对他提出质疑批驳的阿拉伯语文章。

国内学界研究穆罕默德·阿卜杜胡，始于20世纪上半叶。之后，民间学者对他的研究主要集中于译介其作品，持续了20余年。新中国成立后，停滞近30年。直至20世纪80年代，国内高校又有学者开始了对穆罕默德·阿卜杜胡的研究。之后，关于穆罕默德·阿卜杜胡研究的论文散见于各类学术期刊。

20世纪30年代，被国内民间教育机构派遣至埃及爱资哈尔大学留学的云南籍回族青年马坚②（1906—1978）先生，及同籍著名回族本土学者之一的马瑞图③（1896—1945）先生，开启了国内学界译介穆罕默德·阿卜杜胡遗作的先河，分别翻译了"雷撒来图·勒讨黑德"。马坚先生译之为《回教哲学》④，1934年商务印书馆出版；马瑞图先生译之为《回教认一论》，1939年中华书局出版。马坚先生还翻译了穆罕默德·阿卜杜胡的《回教、基督教与学术文化》⑤，1936年中华回教书局出版。也就是说，

---

①　［沙特］哈菲兹·穆罕默德·哈伊德尔·贾尔柏里：《穆罕默德·阿卜杜胡伊斯兰信仰观及其批判》（阿拉伯文），博士学位论文，阿拉伯乌姆古拉大学，1982年，第3页。

②　北京大学教授，现代杰出的中国穆斯林学者，阿拉伯语言学家和翻译家。云南个旧市沙甸人，字子实，别名穆罕默德·麦肯。他通晓汉、阿两种语言及文化，兼通波斯语、英语。1931年被选送至埃及爱资哈尔学习。期间，用阿拉伯语著述《中国回教概观》，翻译《论语》，得到埃及学界的好评。1939年回国，从事《古兰经》及阿拉伯文化的翻译工作。他先后在云南大学、北京大学东方语言系任教授，创建中国高校阿拉伯语教育的先河，从事教学与研究工作。1949年9月，出席中国人民政治协商会议；是第一、二、三、四、五届全国人民代表大会代表。马坚先生译著有：《回教哲学》《回教真相》《伊斯兰哲学史》等。参见李振中编著《学者的追求：马坚传》，宁夏人民出版社2000年版。

③　云南省玉溪人，字瑞图，名玉龙，别称"奥斯曼"。自幼随家父马安康（马联元三子，别名侯赛因）学习经典，1918年开始在云南、广州等地的清真寺担任教长。他生前刻苦自修，勤于著述，出版的译作有穆罕默德·阿布笃的《回教认一论》和莱西德·里达的《穆罕默德的默示》（中华书局1946年版），著《伊斯兰教经典问答》（北平牛街清真寺报社）等。参见宛耀宾主编《中国伊斯兰百科全书》，四川辞书出版社1996年版，第345页；马云良《马联元经学世家》，云南民族出版社2011年版。

④　清王朝至中华人民共和国成立之初，国内学界普遍使用"回教"。在1956年，该用法被统一更名为"伊斯兰教"。特此说明。

⑤　西方学者引用阿拉伯语原文时采用音译。如"Al-Islām wa'l-Nasrāniyya ma' al-ilm wa'l-madaniyya"。请参阅 Aleter Hourani, *Arabic Thought in the Liberal Age 1798–1939*, Oxford University Press, 1962, p. 147。

从 20 世纪 30 年代起，中国学人和读者方对穆罕默德·阿卜杜胡学术思想有了初步的认知。之后的 40 年当中，由于某些缘故，学界对他的研究处于停滞状态。

国内学界至今尚无研究穆罕默德·阿卜杜胡的专著。不少学者①将其置于近现代阿拉伯伊斯兰哲学，或近现代伊斯兰复兴运动中予以研究，却很少从较深层次论及他的社会改革思想与影响。20 世纪 80 年代中期后，有关穆罕默德·阿卜杜胡的学术论文在国内研究领域日益增多，主要有：北京第二外国语学院张志华教授的《近代埃及伊斯兰教改革派人物——穆罕默德·阿卜杜》，山东大学蔡德贵与王佃利教授的《穆罕默德·阿布笃的宗教改革和现代主义》，罕戈先生的《战后阿拉伯世界伊斯兰研究的发展与变化》，西北民族大学马福元教授的《浅谈穆罕默德·阿布杜的"存在神学"观》及《浅谈穆罕默德·阿布杜的"信仰理性"观》，上海外国语大学蔡伟良教授的《赛来菲耶思潮探微》，还有张维真先生的《试析穆罕默德·阿布杜的改革思想与理性思辨》等，均从不用层面和视角论及了穆罕默德·阿卜杜胡的改革思想、宗教观点、理性观等。

其实，国内学界对穆罕默德·阿卜杜胡的研究以描述性居多，论述性的较少。笔者认为，有关穆罕默德·阿卜杜胡改革思想与实践尚有一定的研究空间，特别是其改革思想对埃及社会尤其是现阶段社会之发展的影响，具有十分重要的研究价值。

二 研究视角与方法

本论题是基于文本的研究，利用阿拉伯语和英语等一手原始资料（传记、信函等），挖掘出能补充国内学界穆罕默德·阿卜杜胡研究成果中不足或尚未涉及的信息，梳理出 19 世纪末 20 世纪初阿拉伯民众的社会心理需求和生活依托，凝练出穆罕默德·阿卜杜胡改革思想及改革实践

---

① 参见李振中、王家瑛主编《阿拉伯哲学史》，北京语言学院出版社 1995 年版，第 428—437 页；黄心川主编《东方著名哲学家评传》，山东人民出版社 2000 年版，第 584—623 页。

之影响。

国内外学界不少学者曾将穆罕默德·阿卜杜胡界定为宗教学者①，其实这种认定不够准确。笔者认为，穆罕默德·阿卜杜胡不仅是一位出色的学者，也是一位难得的思想家、革新家、政治家，更是一位推动阿拉伯世界社会进步的实践者，理由如下：

第一，基于对近现代阿拉伯世界思想史和社会发展史的基础性研究，本书将议题置于穆罕默德·阿卜杜胡的改革思想对现代阿拉伯社会的指导意义研究。故本书是建立在基础性研究原则上的应用性研究的拓展案例。

第二，穆罕默德·阿卜杜胡改革思想的操作性很强，其观点不仅适合19世纪末20世纪初的埃及社会，更适应整个阿拉伯世界。他的改革思想具有普遍性，因而对其改革思想的深度挖掘及现实意义的研究是本书的重点，亦是突破点。为使本书有一个全新的视角，笔者撰写本书时，力求避免对参考文献特别是对阿拉伯语文献资料的搬家与堆砌，而是对埃及相关学者做相应的田野调研，获取能支持本书论点的评价。2014年暮春夏初，鄙人赴埃及实地考察，领略人文风采，倾听民意诉求。期间，专程拜访当代埃及著名思想家、《爱资哈尔》期刊主编穆罕默德·欧玛尔博士，艾因·夏姆斯大学语言学院教授穆罕默德·拉吉布·沃齐尔（1952—　）博士，及塔坦大学副校长阿卜杜克里姆·穆罕默德·哈桑·杰伯勒博士。笔者与3位学者就穆罕默德·阿卜杜胡改革思想及其现实意义作了深入交流，得到了他们的认同与肯定。他们认为"丰富翔实"的第一手阿拉伯义参考义献，对撰写高质量的论文极为重要；当前研究社会改革理念"必要且有益"，期望能看到中国学者对穆罕默德·阿卜杜胡改革思想及其现实意义研究的阿拉伯语论著。其实，在初次短暂造访埃及后，还继续与曾经联系的3位教授通过电子邮件或电话就埃及社会改革的问题进行了交流，为修订补充拙作再次积累有益的素材。

①　如阿拉伯学者称之为谢赫、伊玛目，这两个词汇有强烈特殊的色彩与含义。国内学者张志华、蔡德贵、王佃利、马福元等人的论文题目都确定了他宗教学者属性。抑或这些称谓是受阿拉伯学界特有的文化思维定式的影响。

第三，本书将重点关注穆罕默德·阿卜杜胡就社会改革问题与各界人士商议和沟通的信函的内容，探寻其中更有价值的信息；他研究阿拉伯语言学、阿拉伯修辞学的成果；他的政治、司法、教育等学术观点对埃及甚至阿拉伯世界的影响。穆罕默德·阿卜杜胡改革思想中的传统文化理念与他者因素，使其成为埃及社会现代化建设的主要影响力之一，对促使社会现代化良性发展，加强政治、经济、司法、文化、教育等领域的全方位改革的积极意义与作用。

本书的创新点：

第一，从深度和广度两方面研究国内学界仅限于穆罕默德·阿卜杜胡改革的基础性成果，诸如与国家对宗教事务的监管与督查机制、司法改革及其前瞻性的管理理念、教育改革与实践、家庭问题与妇女权益、政治观等。拟将穆罕默德·阿卜杜胡置于超越时代的改革家与思想家层面予以重点研究。

第二，穆罕默德·阿卜杜胡改革思想的当代现实意义。纵观当下，面对全球化的冲击，阿拉伯世界"到处充斥着无助之感"。另外，因"自尊自大、私欲作祟、社会责任心欠佳"的个体秉性凝聚成的群体特征等原因，使阿拉伯世界"忙于毫无意义和裨益的纷争，我们的精力已被鸡零狗碎的琐事、争斗、欲望和野心消磨殆尽"。[1] 对此，很多有良知的学者或政治家已经明显地感受到了，却因个体力量的渺小而无能为力。前埃及教育部长侯赛因·卡米勒·巴哈丁[2]先生曾尖锐地提出，"我们作为阿拉伯人和穆斯林，是进行反省的时候了。……要进行自我批评"[3]。他深究了出现类似症结的原因，人们对社会事务的理解滞后，则往往受人制约；刻意回避现实，对世界新格局的反应迟钝；社会精英奇缺，即使他们有超前的意识，但普通大众迂腐的状态使其思想难以得到很好的理

---

① 参见［埃及］侯赛因·卡米勒·巴哈丁《十字路口》，朱威烈、丁俊译，上海外语教育出版社 2005 年版，前言。

② 1991 年 5 月 20 日—1997 年 7 月 7 日任埃及教育部长，著《无身份世界中的爱国主义——全球化的挑战》《十字路口》等。

③ ［埃及］侯赛因·卡米勒·巴哈丁：《十字路口》，朱威烈、丁俊译，上海外语教育出版社 2005 年版，第 74 页。

解与领会。① 鉴于此，笔者试图将当下以埃及为代表的阿拉伯世界与19世纪初埃及的社会状况作时间跨度的比较，发现埃及社会在两个不同时段有极大的相似——处于一个十字路口，是屈从现状、甘于沉沦，还是超越挫折、奋发图强？为使埃及民众摆脱困境，19世纪末，穆罕默德·阿卜杜胡依据社会实际，提出了一系列社会改革的设想并付诸实践，取得了很好的效果。

于是，笔者大胆设想，如果学界能从昔日穆罕默德·阿卜杜胡社会改革思想中搜寻到有助于改变当下社会困境的指导性思想闪光点，应为本书的选题与撰写的初衷与愿望。

三　研究框架

本书由导论、正文、结语和附录4部分组成。导论将从论题的确定、国内外学界对该课题的研究现状、本论题研究拟解决的主要问题和突破性观点及主要框架等方面予以论述。

正文包含五章内容，分别是：

第一章为殖民者的文化侵蚀与反殖民应对，由奥斯曼帝国时期的阿拉伯社会状况、拿破仑率军入侵埃及概略和阿拉伯社会反殖民活动之兴起与发展等3部分组成。18世纪以来，奥斯曼帝国管理不力，阿拉伯世界各种社会思潮风起云涌，反对独裁，要求进步的呼声此起彼伏；西方的入侵让当政者感到难以应对，无能为力。然而，民间有识之士却旗帜鲜明地反对外来侵略者，提出武力对抗的同时，更要谋求维护传统文化，增强团结以抵御西方文化侵蚀。

第二章为穆罕默德·阿卜杜胡改革思想综述，包括其生平和改革思想之渊源与基础等3节内容。19世纪上半叶，埃及社会内忧外患，国力不济，军事软弱，思想混沌，文化停滞。寻求自强自立的愿望却在民间油然而生。穆罕默德·阿卜杜胡的成长伴随着埃及社会的命运而行，岁月磨难，流离失所，谋求进步，图谋改革。他决意从埃及的社会实际出

---

① 参见［埃及］侯赛因·卡米勒·巴哈丁《十字路口》，朱威烈、丁俊译，上海外语教育出版社2005年版，第74页。

发，充分利用绝大多数埃及信仰群体的优势，从加强宗教道德修养入手，逐步推动社会环境的改革，让人们生活得幸福美满，以拯救整个埃及甚至阿拉伯民众个性修养衰败的窘况。

第三章为论穆罕默德·阿卜杜胡教育和司法改革实践。该章包括穆罕默德·阿卜杜胡教育改革思想与实践、推动语言规范的具体作为、司法改革观和司法改革实践等 4 节。穆罕默德·阿卜杜胡的改革理念基于埃及社会状况，曾设想建立以强化民众的文化自信和伦理行为推动的社会改良行动体系；穆罕默德·阿卜杜胡研究了埃及 19 世纪末的教育资源和环境后，厘清其症结所在，并给出了解决那些难题的良策。他曾选择爱资哈尔大学为推动教育改革的实践基地，推行现代教育，进而推广至埃及全境与周边阿拉伯世界。为了使 19 世纪的人们能较好地使用语言，与人进行较好的交流和沟通，穆罕默德·阿卜杜胡率先垂范，用新型的手法对前辈学者的阿拉伯语文学作品作了注释，使语言行文流畅，文学风格更具现代气息。同时，他又立足埃及社会环境，慧眼发觉当时司法界滋生和蔓延着各类亟待解决的问题。于是，他开始进入基层司法部门，从基础事情做起，制定相应的规范性的法则，推动司法服务社会的理念，使之成为与宗教维新同步推进埃及社会进步的主要改革措施。

第四章为论穆罕默德·阿卜杜胡的妇女权益观与政治观。本章由 4 节组成，分别是穆罕默德·阿卜杜胡的妇女权益观概述与影响，以及其政治观简述及影响。18 世纪末，埃及的家庭问题与妇女权利，一直受保守势力的左右而成为阻碍社会良性发展的顽疾。因此，穆罕默德·阿卜杜胡试图让妇女从愚昧无知和腐朽固执的环境中得到解放，使她们享有生活权利，敦促妇女接受教育，享有与男人等同的继承权、婚姻权；同时，他还负责制定相关法规，限制男人多妻和无故休妻行为。

在政治方面，穆罕默德·阿卜杜胡提出了自由、协商与法律和谐共生共存的理念。其实，该思想是现代政治生态中最突出的表现形式，为后来埃及政党参与国家建设做出了历史性的贡献。

第五章为穆罕默德·阿卜杜胡改革思想的再审视，包含埃及社会现代化进程中的阿拉伯民族主义运动、穆罕默德·阿卜杜胡改革思想影响概述和穆罕默德·阿卜杜胡改革思想的现实意义等 3 节。实际上，该章是本书的总结。这一章论述了阿拉伯世界社会进程"苏醒——复兴——改良——重建"过程中的终极目标——"重建"。纵观历史，20 世纪 50 年代后凸显并红极一时的阿拉伯民族主义，与 21 世纪初以来涌现的中间主义思潮等，都或多或少继承和发扬了穆罕默德·阿卜杜胡权衡传统与现代、宗教与科学的理念，使埃及社会逐步走向现代化。

　　本章简要阐述了穆罕默德·阿卜杜胡改革思想是基于时代发展的选择与需要，说明其在宗教维新基础上的改革思想顺应了当时埃及社会发展的需求，他涉及多领域的改革蓝图将阿拉伯民族引向了一个崭新的时代，实用与前沿性的改革措施惠及社会各阶层，最后讨论了当下阿拉伯世界再审视穆罕默德·阿卜杜胡改革思想的意义。

　　附录包含穆罕默德·阿卜杜胡的学术历程、著作一览表、书信、国外学界的研究成果概略等 4 部分内容。依时序记述穆罕默德·阿卜杜胡的学术历程、主要研究成果。从第一手文献资料中翻译穆罕默德·阿卜杜胡与他人（学者、弟子、朋友等）的通信。笔者收集整理出了国外学界（主要是阿拉伯和西方学者）针对他的研究成果共 21 部（阿拉伯语 17 部，英语 4 部）的相关信息。

第 一 章

殖民者的文化侵蚀与反殖民应对

纵观中世纪欧洲社会发展史，不难看到因物欲膨胀而鼓动年轻人到东方寻"宝"，使用武力掠夺东方资源，展开文化殖民。十字军东征就是一个实例。1096—1291 年，欧洲某些利益集团假借某个貌似神圣的名义，实以政治、社会与经济为目的，向外扩张发动侵略劫掠战争。史料记载，1415 年，葡萄牙人武装占领北非的休达①，被认定是近代西方国家殖民北非的开端。之后，法、英等欧洲资本主义国家接踵而至，在非洲大陆疯狂开辟他们的资本市场。

殖民主义的本质，是强国利用政治、军事等手段抢夺、奴役弱小国家或地区，使其成为强国的殖民地，并通过一定手段以移民、援助等方式，有目的、有意识地推销自己的经济理念、政治价值、文化意识、价值观念和生活方式等。

面对法国等西方殖民者的众多做法，被殖民地区的人们已看清了他们的真实面目，以及隐藏在"仁义"面纱背后的可怕行径。他们积极应对，从心理上做足了准备，积极行动起来，与侵略者展开殊死斗争。

---

① 位于马格里布最北端，与摩洛哥在直布罗陀海峡附近的地中海沿岸接壤，面积约 18.5 平方千米。始于公元前 5 世纪，休达便是重要商道与军事重镇。罗马、西哥特、拜占庭、阿拉伯、柏柏尔人先后统治过该地。1415 年，葡萄牙国王若昂一世（1357—1433，1385—1433 在位。）占领休达。1668 年 1 月 1 日，西班牙国王卡洛斯二世（1661—1700）和葡萄牙国王堂·阿方索六世（1643—1683）在里斯本签订条约，葡萄牙把休达割让给西班牙；西班牙控制该地至今。

第一节 奥斯曼帝国时期的阿拉伯社会

一 突厥人的崛起

据记载，12 世纪中叶，突厥①游牧部落势力日渐强大。蒙古人西进时，突厥部落从呼罗珊②逃到亚美尼亚地区。当时，埃尔图格鲁勒（1191—1281）酋长受到塞尔柱部落首领——阿拉乌丁·凯基巴德一世（1219—1237）的赏赐，获得与拜占庭接壤的一块名叫萨库丹③的封地。从那时起，突厥人的生活逐渐由传统游牧向"文明定居"过渡。埃尔图格鲁勒的儿子奥斯曼（1282—1326）担任首领时，部落实力日渐壮大。塞尔柱人则转身甘愿俯首称臣。

1299 年，奥斯曼建立了自己的统治地位。后自称素丹④，使所建立的政权与他的名字一样流芳后世。1326 年 4 月 6 日，奥斯曼的儿子乌尔汗（1326—1359 在位）宣布主政，定都布尔萨城⑤。关于这段历史，费西尔（1906—1987）⑥ 在《中东史》中有较详细的记述⑦。

---

① 全球现约有 1.82 亿人使用突厥语族语言，大多自称是突厥人或者突厥人的后裔。他们分布在土耳其、塞浦路斯、阿塞拜疆、哈萨克斯坦、乌兹别克斯坦、土库曼斯坦、吉尔吉斯斯坦、蒙古国、克里米亚、俄罗斯、巴尔干，以及中国的新疆、青海、甘肃等地。见昝涛《现代国家与民族建构：20 世纪前期土耳其民族主义研究》，生活·读书·新知三联书店 2011 年版，第 42—49 页。

② 中亚历史上的一个地区，大概包括今伊朗东北部、阿富汗和土库曼斯坦大部、塔吉克斯坦全部、乌兹别克斯坦东部、吉尔吉斯斯坦小部分地区。历史上，该地曾经受波斯、古希腊、帕提亚、月氏、白匈奴、阿拉伯、粟特、塔吉克、突厥、花拉子模、蒙古、阿富汗等的统治。

③ ［黎巴嫩］穆罕默德·苏海勒·图谷师：《奥斯曼人的历史》（阿拉伯文），奈法斯出版社 2008 年版，第 25 页。

④ 阿拉伯语"السلطان"的音译，有酋长、首领、君王等多个含义，通用"素丹"。但国内有些学者也使用苏丹，与非洲苏丹共和国的名称音译同字，为免除混淆，拟首选使用"素丹"。笔者以为，该称谓表明执政者拥有的世俗权利，与伊斯兰历史上伍麦叶、阿拔斯王朝的哈里发（الخليفة）有本质性的区别，后者往往代表一种神圣的权利。

⑤ 位于安卡拉西北部，是土耳其第四大重镇，也是丝绸之路临近西方终点的主要城镇。

⑥ 美国中东家，1928 年获经济学学士学位，1932 年获历史学硕士学位，1935 年获美国伊利诺伊大学历史学博士学位。1937 年，在俄亥俄州立大学史学系从教，1955 年取得终身教授资格。著《土耳其的对外关系：1481—1512》（1948 年）、《中东的社会因素》（1955 年）、《中东史》（1959 年）、《中东军事：社会与政府的难题》（1963 年）。

⑦ ［美］费西尔：《中东史》（上册），姚梓良译，商务印书馆 1979 年版，第 222 页。

二 奥斯曼帝国的强盛

14 世纪末,奥斯曼人的势力迅速强大,一度取得了对巴尔干半岛①大部分地区的管理权。1453 年 5 月 29 日,素丹穆罕默德二世(1429—1481,1451—1481 在位)②率领武装力量进攻拜占庭首府君士坦丁堡,获胜。③ 从此,奥斯曼人便成为该地区的新统治者。至 15 世纪末,小亚细亚、巴尔干半岛的居民几乎都臣服奥斯曼人。

1516 年 8 月 24 日,奥斯曼素丹赛里姆一世(约 1466—1520,1512—1520 在位)④,凭借着前辈征服周边地区积累的丰富经验,指挥大队人马夺取沙姆⑤地区的管辖权。后来,该地区重镇阿勒颇⑥、大马士革⑦和贝鲁特等地的居民相继归顺。次年,叙利亚、黎巴嫩、巴勒斯坦全被纳入

---

① 其具有历史地理学的特点,指欧洲东南部处于亚得里亚海与黑海之间的地域。面积约 50.5 万平方千米,人口约 4900 万。包括今天阿尔巴尼亚、波斯尼亚和黑塞哥维那、保加利亚、希腊、马其顿等国家的全部国土,及塞尔维亚、黑山、克罗地亚、斯洛文尼亚、罗马尼亚、摩尔多瓦、乌克兰与土耳其的部分土地。其南部曾是古希腊文明的发源地。

② 奥斯曼帝国第 7 代君主,执政近 30 年。被赋予加齐、开拓者、凯萨等多个尊称。

③ [美] 斯坦福·肖:《奥斯曼帝国》,许序雅、张忠祥译,青海人民出版社 2006 年版,第 76 页。

④ 奥斯曼帝国的第 9 位君主。他是该帝国第一位称"埃米尔·穆米尼奈(أمير المؤمنين)"的君主。

⑤ 即بلاد الشام,今黎巴嫩、叙利亚、约旦、巴勒斯坦和以色列的统称。地理概念延伸至塞浦路斯、西奈半岛,核心地段为叙利亚。

⑥ 距叙利亚首都 310 公里,是世界上最古老的城市之一。公元前 19 世纪至公元前 16 世纪上半叶,是亚摩利人建立的耶木哈德王国(公元前 1810—公元前 1517)的首府。后渐成为赫梯(公元前 1600—公元前 1178)、阿拉米(公元前 11—公元前 8 世纪)、亚述(公元前 2000—公元前 605)、古波斯(公元前 559—公元前 247)、古希腊(公元前 1100—公元前 146)、古罗马(公元前 27—公元 1453)、拜占庭(359—1453)和伊斯兰文明的交汇地。930—1003 年,该城是哈姆达尼王朝的首府,且是奥斯曼帝国除阿斯塔纳和开罗外的第三大都市。该城自古就是重要的贸易之地,古代商道主要驿站。第二次世界大战后,成为当时叙利亚地区的经济中心,以纺织出名。该城现存 12 世纪以来的著名建筑、军事要塞等,1986 年被联合国教科文组织列入世界文化遗产名录,2006 年被阿拉伯世界确定为文化名城。

⑦ 叙利亚首都,曾是古代海陆重要的交通枢纽和贸易中心,亦是古代沙姆地区、小亚细亚、埃及和阿拉伯半岛之间重要的商贸集散地。公元前 3000 年,该城初具规模,是当时最古老的城市之一,至中世纪,该城一度成为手工业中心,经济贸易极为繁荣,专门经营刀具和佩戴物。大马士革古城现在有 125 处古迹,其中的标志性建筑是 8 世纪的伍麦叶清真寺。该城享有"阿拉伯世界古文物荟萃地"的声誉,古城区于 1980 年被联合国教育、科学及文化组织列入世界文化与自然遗产保护名录。

奥斯曼王朝管辖的版图。

1517 年 1 月，奥斯曼人凭借着胜利的喜悦一路向西挺进，消灭了马穆鲁克王朝①，攻占开罗②，使麦加和麦地那两座历史名城成为其名副其实的属地。基于此，帝国的统治者赛里姆一世以"两圣地的仆人"自居。后来，他们继续西进至阿尔及利亚、突尼斯、利比亚等地，对北非实施统领。

突厥人建立的奥斯曼帝国统治了埃及 400 年。18 世纪末，生活在埃及的突厥人不足万人。那些侨居的外来民众的人数与埃及本土居民的数量比较，几乎都看不到，但他们对这片土地的社会环境影响极大。至 20 世纪初，突厥语一度成为埃及上层统治者的通用语言。即便今天的埃及，奥斯曼人的建筑风格至今仍风韵犹存③。学界对此也有不少评论④。

1534 年夏，素丹苏莱曼一世（1494—1566，1520—1566 在位）曾率军进攻波斯，是年 11 月夺取巴格达⑤。16 世纪中叶，奥斯曼人的海上军

---

①　阿拔斯王朝时，哈里发拥有的奴隶成为哈里发的御用精锐骑兵部队。1250 年，埃及的阿尤布王朝被当时突厥籍的奴隶军人所取代，在开罗创建了自己的王朝，史称马穆鲁克王朝。1517 年被奥斯曼人所灭。

②　阿拉伯埃及共和国首府，非洲排名第 2 位、全球排名第 15 位的常住人口都市，2015 年常住居民达 950 万。开罗的历史可以追溯到公元前 3000 年，历经法老、阿拉伯帝国、法蒂玛、阿尤布、马穆鲁克、奥斯曼帝国及穆罕默德·阿里王朝的管辖。现代开罗的兴起被认为源自 969 年，融法老文化、阿拉伯文化、古罗马文化、奥斯曼土耳其文化、科普特文化等多元素为一体。尼罗河穿城而过，成为开罗一道亮丽的风景。它不仅是一座文化名城，还是一座世界性的旅游城市。

③　主要表现在一些宫殿和清真寺的建筑方面。

④　Jason Thompson，*A History of Egypt from Earliest Times to the Present*，New York. Anchor Books，Random House，Inc. 2009，pp. 211 – 212.

⑤　修建于 8 世纪下半叶，称为"和平之城"。它分外城、内城和禁城 3 层，有 3 道城墙。以紫禁城为圆心，城墙构成 3 个同心圆。城墙各有等距离的 4 道城门，4 条大街从中心区伸向城门，形似车轮辐条。禁城内有皇宫、官邸、清真寺、图书馆、花园等，是当时阿拔斯王朝（749—1258）的都城。后来的继任者，在该城广建清真寺、宗教学校、图书馆、天文台、客栈、驿馆、市场、浴室及市政交通设施，使该城进入全盛时期，成为阿拉伯帝国的政治、经济、贸易、文化和宗教中心。经济繁荣，交通四通八达，商贾辐辏云集，市场店铺林立，并设有专卖中国丝绸、瓷器等商品的市场。学者荟萃，文化昌盛。13 世纪中叶、15 世纪初、16 世纪 30 年代及中叶，受到蒙古人、奥斯曼人和波斯人的占领。现为伊拉克的首都。其语义是"上苍的馈赠"。

事力量有所增强，并向外扩张夺取了不少沿海城镇。史料记载，奥斯曼人于 1547 年攻占了阿拉伯半岛南部的亚丁①；1551 年，取得今天阿曼首府马斯卡特②的管辖权，1568 年占领也门南部多座城镇。奥斯曼人依靠自己的实力，在 20 余年时间里完全控制了阿拉伯半岛南部临近海洋的大部分地区。

16 世纪上半叶，奥斯曼人凭借其英勇善战的本性，攻占了高加索南部和匈牙利地区。16 世纪中期，一个横跨欧、亚、非三洲的奥斯曼帝国的军事实力已达鼎盛，管辖着幅员辽阔的疆土。特别是苏莱曼一世执政期间，帝国强大的军事力量威震四方。史料显示，奥斯曼帝国从 1282 年建立至 1922 年，共 640 年的历史，前后有 32 位素丹执政，均为奥斯曼的男性直系亲属。③

三 奥斯曼帝国管理层的忧虑

奥斯曼帝国军事上的扩张与获胜，使各时期的素丹们颇为得意。从 13 世纪初到 16 世纪 70 年代之前，帝国不论在政治、经济、军事、文化、商业等方面都取得了骄人的成绩。第 11 任素丹辞世（1574）的第 125 年以后，帝国却进入了"不光彩而可耻"④ 的时段，先后共有 12 位素丹执掌帝国政务，其中有 4 位"童子"⑤ 素丹。尤为突出的是，那些新生代的素丹们却未秉承先祖的治国谋略，在他们看来"追求享乐比履行政府职

---

① 也门海港城市，是阿拉伯海与印度洋的重要海上交通要道。其历史可追溯至公元前 7 世纪，希姆叶儿、赛伯伊、萨珊、阿拉伯等古代文化都在那里留下了痕迹。19 世纪上半叶，英国侵占该港口。现为也门的经济都市，成为地区与国际重要的自由贸易港之一；2017 年常住人口 176 万。

② 该城的人类社会活动的痕迹可以追溯到 6000 年前；早在 1 世纪时，该城就以东西方之间重要的贸易港口闻名于世。历史上，该地在不同历史时期由各异的地方部落与外来入侵者所统治。2015 年，该城人口达到 156 万。

③ ［美］希提：《阿拉伯通史》（下），马坚译，商务印书馆 1979 年版，第 853 页。

④ ［美］费西尔：《中东史》（上册），姚梓良译，商务印书馆 1979 年版，第 305 页。

⑤ 第 14 任素丹艾哈迈德一世，出生于 1590 年，执政于 1603 年，年仅 13 岁，在位 14 年。第 16 任素丹奥斯曼二世，生于 1604 年，执政于 1618 年，年仅 14 岁，在位 4 年。第 17 任素丹穆拉德四世生于 1609 年，执政于 1623 年，年仅 14 岁，在位 7 年。第 19 任素丹穆罕默德四世于 1642 年出生，执政于 1648 年，年仅 6 岁，在位 39 年。参见［美］费西尔《中东史》（上册），姚梓良译，商务印书馆 1979 年版，第 306 页。

责还要重要"①，纷纷将国家事务交由大臣处理。在此背景下，腐败滋生、堕落横行；帝国总督与地方官员矛盾迭起，"暴动"不断。例如，本应隶属于帝国中央管辖的沙姆地区，因地方官员与当地权贵的结盟，抑或中央政策在执行时产生了一些负面影响。② 虽然帝国中央政府对所辖地区进行了一系列的政策调控，但终因社会矛盾沉积太久，难以调和，人心背离，管理阶层大伤元气，使帝国社会难复昔日辉煌。

据记载，奥斯曼帝国的第 16 任素丹奥斯曼二世（1618—1623）和第 17 任素丹穆拉德七世（1623—1640）执政时期，一些思想家和政治家先后制定了相应的改革措施，曾派遣年轻人学习西方军事知识和技能，聘请法国军事教官训练帝国军人。此举开启了奥斯曼帝国向西方开放和谋求学习先进技术的先河。第 28 任素丹赛里姆三世（1761—1808，1789—1808 在位）则从行政管理、文化、经济、社会和军事方面进行了全方位社会改革，借鉴西方文明、军事经验，创建海军学校、工程学校，翻译军事技能专著。素丹赛里姆三世、马哈茂德二世（1785—1839，1808—1839 在位）和阿卜杜·麦吉德一世（1823—1861，1839—1861 在位）相继开展旨在涉及管理、金融、司法和教育领域的"坦兹玛特"③ 改革，和制订相关法规的"计划"性改革措施。改革活动从 1839 年持续到 1876 年。④ 奥斯曼帝国曾经的社会改革前后共经过了近半个世纪，从一个层面反映当政者想通过一定的改革举措，推动社

---

① ［巴基斯坦］赛义德·菲亚兹·马茂德：《伊斯兰教简史》，吴云贵等译，中国社会科学出版社 1981 年版，第 405 页。

② Suraiya Faroqhi, *The Ottoman Empire and the World around It*, London: I. B. Tauris & Co Ltd, 2004, p. 80.

③ 1839 年 11 月 3 日，奥斯曼帝国外交大臣穆斯塔法在皇宫花园对大臣、高级宗教人员和各国外交使节宣读改革政令，即《御园敕令》：保证所有臣民不分宗教信仰一律享有人身、名誉和财产不可侵犯权；确定固定税率，废除包税制；建立合理的兵役制度，兵役期 5 年；谴责卖官鬻爵与贪污受贿，对违者将处以严刑。参见王京烈《解读中东：理论建构与实证研究》，世界图书出版公司 2011 年版，第 14 页。其实，该举措旨在抵抗日益强劲的民族运动和外来势力，鼓励社会各阶层效忠奥斯曼帝国，以削弱民族主义潮流；同时赋予了非穆斯林和非突厥人享有平等与自由的权利。

④ ［黎巴嫩］穆罕默德·苏海勒·图谷师：《奥斯曼人的历史》（阿拉伯文），奈法斯出版社 2008 年版，第 400 页。

会的进步。

四 民众的觉醒与应对

奥斯曼帝国当政者进行社会与管理方面的改革后，虽然取得了一定的成效。但同时，奥斯曼帝国管辖地民众对当权者的社会管理能力与措施日渐不满，社会矛盾突出。当时，反独裁、反腐败、反殖民活动在各地悄然兴起。如发生在阿拉伯半岛的瓦哈比耶、苏丹的马赫迪，以及北非的赛努西运动等，被学界认为是近代阿拉伯世界民族复兴运动。上述诸多运动是民众自下而上自发组织且针对奥斯曼当政者的行政管理提出挑战，呼吁民族团结，倡导国家富强的一种文化觉醒活动。基于阿拉伯半岛和北非特殊的意识形态环境，诸民间活动均以宗教为精神纽带，前后持续了近两个世纪的文化复兴运动，首先将端正行为与纯洁信仰作为诸多运动的核心，通过涤荡心灵铸造团结与合作，共同反腐败、反独裁，梦想建立一个理想王国、智慧城邦。

7 世纪中叶以来，阿拉伯半岛的麦地那和麦加就已成为传统文化中心。随着正统哈里发的对外征服，传统文化中心逐渐从阿拉伯半岛腹地向外延伸，在历史上留下许多至今仍有一定影响力的历史文化名城。如沙姆地区的大马士革，两河流域的库法①、巴士拉②和巴格达，北非的菲斯③，尼罗河流域的开罗，甚至远及地中海西部安达鲁西亚的科尔多瓦④、

---

① 伊拉克的历史文化名城，离巴格达南 170 公里，距纳杰夫 10 公里。637 年，阿拉伯军事家赛尔德·本·艾比宛噶斯（599—674）曾在那里建立军营，并管理该地。50 年后，该地得到了较好的发展，成为现在城市的雏形。第 4 任哈里发时期，该地成为当时主要的政治中心。在阿拉伯文化体系中，书法艺术有以"库法"命名的，说明该地的文化底蕴受到社会的认可与厚爱。

② 伊拉克第 3 大城市，经济都市。2014 年常住人口为 150 万。其历史可追溯至 7 世纪上半叶，8 世纪时就是当时著名的文化名城，各学科名师汇集于此，研讨学问。

③ 摩洛哥王国第 4 大城市，创建于 808 年，是一座名副其实的历史名城。2014 年，常住人口达 112 万。现为著名的旅游城市。

④ 西班牙南部历史名城，8—13 世纪曾是文化中心之一。该城的历史远至腓尼基人和迦太基人，公元前 2 世纪，罗马人占领了该地，建立城市。6 世纪，西哥特人控制了该地。8 世纪初，阿拉伯人开始治理该地区，创建阿拉伯文化重镇。1984 年，联合国教科文组织将科尔多瓦历史地区作为文化遗产，列入《世界遗产名录》。

格尔纳达①、塞维利亚②和托莱多③，中亚的布哈拉等地。

　　18 世纪，阿拉伯游牧部落是社会的主要组织形式。众多部落构成了一个个不相统属的酋长国。④ 原始的部落游牧业和绿洲中微弱的农业是重要的经济形式。随着岁月的更迭，人们对伊斯兰的认知与坚守与伊斯兰初期相比较显得有所松懈，尤其在奥斯曼帝国统治后期，"穆斯林的精神家园麦加圣城也陷入种种享乐和物质追求中"。⑤ 据此可推测到，当时阿拉伯半岛的社会主流文化趋向昏暗，不敌昔日辉煌。

　　麦斯欧德·纳德威（1910—1954）⑥ 是巴基斯坦当代著名学者之一。他研究 18 世纪希贾兹地区社会状况，认为彼时人们在麦加可以找到"除安贫乐道之外的任何东西"。⑦ 纳德威的研究折射出一道镜像，18 世纪生活在阿拉伯半岛的人们，一方面对物质享受的依赖远远超越了精神追求与内心修炼；另一面，不少人尚未彻底与游牧部落的生活习性"决裂"，仍沿袭并效仿祖先的做法，出现了与彼时阿拉伯半岛的主流文化不协调的迹象。英国外交人士贝尔格莱福（1826—1888）⑧ 曾经描述道："内志

---

　　① 西班牙南部城邦，8 世纪中叶，阿拉伯人在此建立城堡。该城历史源于公元前 5 世纪，历经罗马人、阿拉伯人的统治。1233—1492 年，曾以格拉纳达王国的名义在历史上留下了记忆，以 1238—1273 年修建的著名的红宫著称，成为至今都受人关注的杰出建筑群。

　　② 西班牙南部一个有千年历史的城市，第 4 大人口大城。该城有很多历史建筑。

　　③ 西班牙中部历史名城，1986 年被联合国教科文组织列入《世界文化遗产名录》。534 年，该城曾是西哥特王国的首府。8 世纪为阿拉伯穆斯林管辖，曾创建托莱多翻译中心，将阿拉伯语文献资料翻译成拉丁语，丰富了那时及以后西方学术界的研究视野。

　　④ 王铁铮、林松业：《中东国家通史：沙特阿拉伯卷》，商务印书馆 2000 年版，第 62 页。

　　⑤ 马德：《近代伊斯兰复兴运动的先驱——瓦哈比及其思想研究》，中国社会科学出版社 2006 年版，第 23 页。

　　⑥ 当代南亚次大陆著名学者之一，早年活跃在毛杜迪创建的印度穆斯林学者联合会，后移居巴基斯坦。著《伊斯兰与社会主义》等。他首次用乌尔都语撰文介绍穆罕默德·阿卜杜·瓦哈比的生平，创办学校传播阿拉伯语言。其思想在南亚次大陆和阿拉伯世界受到普遍肯定。

　　⑦ ［巴基斯坦］麦斯欧德·纳德威：《穆罕默德·本·阿卜杜·瓦哈比：革新黑暗与阻断愚昧者》（阿拉伯文），阿卜杜·阿里姆·勒·布斯塔威译，沙特伊斯兰事务部伊历 1420 年版，第 35 页。

　　⑧ 生于英国威斯敏斯特，早年在查特豪斯公学求学。中学毕业后即赴印度旅游，在孟买加入罗马天主教会，被派往叙利亚，负责中东、北非的阿拉伯事务。期间，游历了叙利亚、阿拉伯半岛的内志、巴林和阿曼等地。返回欧洲后，将旅游所见撰写成书。1866 年进入英外交与公共事务部，负责多国（地区）事务。

人经常在树荫下或洞穴中，向精灵礼拜，崇敬死人墓地的祭品，并且还保存了一些古赛伯伊①时代的风俗习惯；另外，他们不重视伊斯兰的礼拜，不理睬天课、封斋和朝觐……"② 彼时，阿拉伯半岛崇拜陵墓的行为较普遍，且有些人的做法确已超出了教义和律例的规定。类似情况的出现与蔓延，说明18世纪阿拉伯半岛的社会主流文化流失严重，为非主流文化提供了生存的环境和"发展"的空间。究其原因，与当政者的治国方略缺失不无直接关系。彼时，阿拉伯世界社会内忧已达到前所未有的程度，有志者曾引导民众肃清恶习，向往理想的生活环境。

18世纪以来阿拉伯世界内忧外患。奥斯曼政府管理无能，对外（西方列强）割地赔款，对内（管辖区）独裁暴政，引发民众不满；众生渴望民族强大驱逐列强，梦想自己当家做主；期待复兴传统文化精髓，展示优秀文化成果。18—19世纪阿拉伯世界民众的梦想与追求，无疑是对抵御西方列强的文化侵蚀及其负面影响的最完美的诠释。

第二节 1798年以来的埃及社会简况

一 埃及社会境况

17世纪初，奥斯曼帝国政府限制所辖行省与西方交往。原因很简单，那就是其政治和军事实力不敌西方，尤其是法国。表面上看，奥斯曼帝国的这一政令维护了自身的安全；军事实力不敌，可远远地躲开而不临近对方，能避免很多麻烦。实际上，该政令却更加刺激了西方世界对帝国所辖地区的窥视与觊觎。最终，西方诸国都绕过奥斯曼帝国的领土，在印度等较远地区发展势力范围。

法国是最早瞄准埃及的西方国家。古埃及不仅是一个文化繁荣的国度，且土地富饶，经济发达。古埃及人以特有的智慧创造了一项项

---

① 公元前1200年至前275年，赛伯伊部落民众在阿拉伯半岛南部（也门）建立的王国，留给历史的记忆是著名的马里卜水坝。他们善于航海，经商；发展了自也门沿红海海岸北上，经麦加到今天约旦佩特拉的商道，并沿商道兴建了一些驿站，后来发展为重要的商镇和商业城市。赛伯伊人信仰原始宗教，崇拜星宿，也崇拜自己确定的力量神。

② ［叙利亚］莫尼尔·阿吉列尼：《费萨尔传》，何义译，商务印书馆1977年版，第8页。

独具匠心的世界奇迹。15 世纪初，奥斯曼土耳其人成了埃及的统治者。到 18 世纪，奥斯曼素丹的统治业已衰微，帕夏①形同虚设。整个埃及的社会环境不可与古埃及人曾经拥有的社会同日而语。据史学界研究显示，那时埃及水利失修，农田破坏严重。歉收之年，农民颗粒无收。与此同时，军队横行，盗匪蜂起……学校关闭，文盲普遍，迷信流行。

自 10 世纪以来，作为埃及教育文化中心的爱资哈尔，其教育环境与当下人对教育的理解尚有一定的差距。彼时的爱资哈尔教育沿袭着前辈开创的模式，仅是抱残守缺；包括伊斯兰学科的学习研究，也流于形式，自然科学如医学之探讨，更谈不到了。② 教育界是社会发展的最重要的基石，是社会进步的镜像。墨守成规，惰于开拓的教育环境，或多或少不利于社会的进步。

踏上埃及的土地，探索其神奇之处是许多西方人的梦想。自 17 世纪以来，英法在欧洲、北美、亚洲尤其在印度等地区斗得你死我活。大英帝国实际上控制着印度地区，而法国则只能哀叹印度及位于印度和欧洲之间的领地的丧失。③ 诚然，英国在印度的势力远大于法国。仅 1757—1780 年，英国就从孟加拉掠夺了价值达 3800 万英镑的财富。英国已称雄印度，而法兰西人须在气势上与之抗衡，才能使南印度洋地区的海事环境达到心理的"平衡"。解决这一问题的最佳途径就是扼守地中海，控制海上航线。按照军事战略与政治战略理论讲，"谁控制了埃及，谁就能取得战略主动权"。④

---

① 该词是突厥语"首长""长官"等词的音译，与阿拉伯语"埃米尔"同义。13 世纪，塞尔柱王朝率先使用这一称谓。奥斯曼帝国时期，该称谓最初是素丹的专门用词，指最高军事首领；后来泛指帝国内的高级文武官员。帕夏专属个人，不继承也不世袭。帕夏是专用的敬语，相当于英国的勋爵。帕夏的政治地位低于君王和沃齐尔，而高于贝克——相当于地方官员。参见国少华《阿拉伯伊斯兰文化——文化语言学视角》，时事出版社 2009 年版，第 128 页。

② 纳忠：《阿拉伯通史》（下卷），商务印书馆 1999 年版，第 418 页。

③ ［美］爱德华·萨义德：《东方学》，王宇根译，生活·读书·新知三联书店 2007 年版，第 285—286 页。

④ 参见李宏图、郑春生、何品《拿破仑帝国》，三秦出版社 2000 年版，第 88—91 页。

法国的海外势力不敌英国，且军事和商业行动也比英国逊色一些。但法国政界却满腹野心，为自己鼓劲加油，认为在气势上绝不能让英国小觑。于是，法军界便谋划一场新的海外扩张计划，决心从战略上彻底击败英国，迫使其从王牌殖民主义者的阵营中退出，最终将英帝国曾经的殖民地划入法国的势力范围。为此，法国专门组建研究机构，策划一个切实可行的远征方案。① 法军界盘算着远征埃及，占领苏伊士地峡，切断英国通往印度的一条通道；变埃及为法殖民地；为进一步夺取英王冠上最明亮的那颗宝石——印度②做着周密的设计。法政界与军界的共同野心很快达成一致。法国发动远征的理论观点业已确定，只是缺少具体的实施方案。

二　法殖民者入侵

1797 年 12 月 7 日，远征意大利而归的法国军事家拿破仑·波拿巴（1769—1821）③ 想着要再干一番大事。他渴望能重踏恺撒（公元前100—公元前44）④ 的足迹，誓将法国的疆界延伸到金字塔的脚下。学界认为，拿破仑计划派遣海路精兵到地中海，先占领马耳他群岛，后打入埃及，再进攻叙利亚，最后出兵印度，建立一个"东方帝国"。⑤ 其实，拿破仑对埃及军事远征的动机是要夺取埃及、威胁英国和显示法国的力量。⑥ 他曾动用一切可以使用的力量和能力，为实施他的设想做了大量的前期准备。第一，只有向埃及发兵才足以让他施展才华。第二，他谋划着以新亚历山大大帝的身份重新征服埃及。第三，他通过欧洲权威学者

① ［英］弗兰克·麦克林恩：《拿破仑传》，唐建文等译，世界知识出版社 2006 年版，第153 页。

② 李宏图、郑春生、何品：《拿破仑帝国》，三秦出版社 2000 年版，第 93 页。

③ 法国近代资产阶级军事家、政治家、数学家。法兰西共和国第一执政（1799—1804）、法兰西第一帝国皇帝（1804—1815）。1769 年 8 月 15 日生于法国科西嘉岛阿雅克肖的一意大利贵族家庭，1821 年 5 月 5 日病逝于圣赫勒拿岛。

④ 罗马共和国末期杰出的军事统帅、政治家，罗马帝国的奠基者、开创者。称"恺撒大帝"。

⑤ 李宏图、郑春生、何品：《拿破仑帝国》，三秦出版社 2000 年版，第 95 页。

⑥ ［美］爱德华·萨义德：《文化与帝国主义》，李琨译，生活·读书·新知三联书店 2001 年版，第 16 页。

的著作已对埃及有了足够了解。① 于是他挑选了数十位"饱学之士"② 随军向埃及挺进。

1798 年 5 月，拿破仑率众集结各类战舰约 400 艘，陆军 35000 人，从土伦出发前往埃及。是年 6 月 10 日，攻占马耳他岛。7 月 1 日抵达地中海南岸的亚历山大港。当晚 9 时，拿破仑的军队从亚历山大城的马拉布特③登陆。④ 法军神速入侵，令奥斯曼和马穆鲁克军队措手不及，虽有一些抵抗，但主要还是防守；缺少必要的强有力的进攻。20 天后，拿破仑的军队全面占领了亚历山大、开罗等埃及主要城市。

在军事上取得暂时胜利的法国军队的第二步，便设法在政治上要取得埃及本土民众对其的"认同"。于是，拿破仑发布"告埃及全体人民书"，声称伟大的法兰西军队来到埃及，是为了帮助埃及民众度过生活的苦难，旋即他又与爱资哈尔穆夫提⑤达成某种苟同。所有那些似乎证明了法军事侵略的首战告捷。彼时，爱资哈尔的穆夫提不得已宣布"法国军队是伊斯兰教的盟友"⑥；然而，埃及民众对穆夫提的言辞并不认可，埃及普通百姓更不买宗教权威的账。笔者认为，宗教权威面对强大的政治权力显得束手无策，为了苟且的颜面，不惜屈膝为当权者诠释某些违背常理的说辞。不论是面对外敌入侵，还是埃及国家当政者为了某些利益的需要，爱资哈尔的穆夫提都会很自然地"爱护他们的国家"。

---

① ［美］爱德华·萨义德：《东方学》，王宇根译，生活·读书·新知三联书店 2007 年版，第 103—104 页。

② 该团体有数学家、物理学家和画法几何的创始人加斯帕·蒙日（1746—1818）、数学家让·巴蒂斯特·傅立叶（1768—1830）、化学界的先驱克劳德·路易·贝托莱（1748—1822）、博物学家若弗鲁瓦·圣伊莱尔（1772—1844），及天文学家、民用工程、地理、制图、印刷、火药等专家，还有诗人、画家、音乐家、考古学家、东方学家和语言学家等 150 名之多的巴黎科学院的佼佼者。详见［英］弗兰克·麦克林恩：《拿破仑传》，唐建文等译，世界知识出版社 2006 年版，第 154—155 页。

③ 实为亚历山大城东北 23 公里处的阿布·基拉（ابوقير）。

④ 杨灏城：《埃及近代史》，中国社会科学出版社 1985 年版，第 21 页。

⑤ 阿拉伯语المفتي的音译，意为"应遵循生活律例的说明人"，专指精通律例且有能力对出现的社会新问题做出相应的创新型诠释。埃及、也门、叙利亚等国设有穆夫提职位，负责解释说明律例新问题，参与国家重大决策，为管理者做特别顾问。

⑥ ［英］弗兰克·麦克林恩：《拿破仑传》，唐建文等译，世界知识出版社 2006 年版，第 166 页。

那时埃及民众给了侵略者最"猛烈"的回击。埃及民众清醒地意识到，侵略者貌似"仁慈"的真正意图是欲将"埃及转变成现代法国"，继而进行"集体掠夺"。① 法殖民者从厚重的文化底蕴中无一遗漏地对埃及进行了彻底全面的"考古"与"勘查"，最终汇集成24卷《埃及记述》②及12本精美图录。那些"内容丰富，图片精美，装帧豪华"③的精美图集，为后来西方学界对埃及的全面研究奠定了学术理论基础；并且还为全面掌控埃及做足了基础铺垫。④ 基于"利益"基础上的全方位的西方话语体系，从各方面"引导"东方进入现代化；"且其'利益'的观念也将深入人心"。⑤

法兰西学者让·弗朗索瓦·商博良（1790—1832）⑥通过不断努力，系统研究古埃及的象形文字、通俗体文字和古希腊文字，于1822年9月29日向学界公布了其对古埃及诸文字的破译，被西方学界认为是埃及学研究的鼻祖。⑦ 9世纪，一位名叫艾卜·拜克尔的学者，就能解读一些古埃及的象形文字，并把其与当代科普特文字作对比研究。之后，伊拉克

---

① ［美］爱德华·萨义德：《东方学》，王宇根译，生活·读书·新知三联书店2007年版，第109页。

② 法国殖民者从1809年到1824年，挖掘、整理、汇编成包含对埃及的历史遗迹、文字、工艺技术，动植物，社会环境及民众生活习惯等的大型综合学术文献。该套文献为后来西方学界系统研究"埃及学"奠定了基础；Jason Thompson, *A History of Egypt from Earliest Times to the Present*, New York. Anchor Books, Random House, Inc. 2009, p. 223。

③ 颜海英：《守望和谐——古埃及文明探秘》，云南人民出版社2004年版，第3页。

④ 拿破仑为了达到对埃及全面的控制，曾邀请爱资哈尔清真寺的60位宗教学者到其军营做客，并以最高规格的礼遇做了接待。通过这些人的"宣传"，埃及土著居民随后似乎对其侵略的厌恶感减少了很多。其实，欧洲各国为了其利益的最大化，通过各类学会（基督教传教会、商业学会、学术学会、地理勘探基金会、翻译基金会、学校、使馆，甚至工厂等）向东方进行文化扩张和侵蚀。参见［美］爱德华·萨义德《东方学》，王宇根译，生活·读书·新知三联书店2007年版，第107、131页。

⑤ ［美］爱德华·萨义德：《东方学》，王宇根译，生活·读书·新知三联书店2007年版，第109页。

⑥ 法国历史学家、语言学家，是第一位识破古埃及象形文字结构并破译罗塞塔石碑（Rosetta Stone, حجر رشيد）的学者。

⑦ 令狐若明：《埃及学研究：辉煌的古埃及文明》，吉林大学出版社2008年版，第25—26页；［德］汉尼希，朱威烈等：《人类早期文明的"木乃伊"——古埃及文化求实》，浙江人民出版社1988年版，第16—24页。

学者阿卜杜·莱蒂福·巴格达迪（1162—1231）[1]就对古埃及的文字和古建筑有过研究，著《裨益与考究》。他主要对开罗吉萨地区的古迹、雕刻和植物等做了相关研究。继而，埃及史学家艾哈迈德·本·阿里·本·阿卜杜·勒嘎蒂尔·本·穆罕默德·马格利兹（1364—1442）曾专注于埃及史学的研究，完成了《古迹和书法记忆中的劝诫与考究》，1835 年在开罗的布拉格首版，成为研究埃及古代历史与文物的重要参考书。直至今日，该专著依然深受史学界的青睐。

　　长期以来，埃及学被西方国家所控制。19 世纪 30 年代，里法阿·塔哈塔维曾因埃及文物被西方殖民者掠夺而惋惜不已。稍后，他聘请德国学者海因里希·布鲁格施（1827—1894）向埃及青年讲授古埃及文字，希冀使埃及本土的埃及学研究有所发展。在埃及本土的埃及学领域率先做出成绩的是艾哈迈德·卡米勒（1851—1923）。他不但能用法语撰写古埃及领域的研究成果，还用其母语——阿拉伯语著述了该学科的诸多研究信息，但遭到时任埃及古文物局负责人、法国埃及学专家奥古斯特·马里耶特（1858—1881）的百般阻挠，致使刚开展了近 5 年研究的本土埃及学于 1874 年夭折了。[2]然而，艾哈迈德·卡米勒却没有因为热爱的行业遭受打压而不振。他继续在埃及学研究领域乐此不疲地工作着，并担任了开罗博物馆的助理馆员。后来，他主持的开罗博物馆总编目引起了西方学界的注意。1903 年，他加入法国埃及学研究所的研究工作，拓宽了他在该领域研究中的国际化视野。1910 年，他力荐在开罗大学文学院创建埃及学部。因故，该专业 3 年后被停止。艾哈迈德·卡米勒通过各种艰辛的努力，于 1923 年创建了埃及考古学校，担任首任校长。他曾经独自一人编撰了 22 卷的《阿拉伯语—法语—英语古埃及语词典》。他的继任者哈桑·本·艾哈迈德、卡迈勒·马拉赫、阿卜杜·勒穆哈辛·拜克儿等本土学者对古埃及文字的研究取得了前所未有的成绩。当下，以扎西·哈瓦斯（1947—　　）为首的本土学者，对埃及学的研究令世界

---

　　① 他曾任教于爱资哈尔，著名医学家、史学家、古埃及学家、旅行家。著有 20 余部各学科的专著。

　　② 王海利：《本土埃及学发展探析》，《西亚非洲》2013 年第 4 期，第 146 页。

所瞩目。①

史料记载，西方殖民者军事入侵埃及并开辟对埃及的全面研究之后，法英等国的探险家、旅行者、新闻记者、摄影爱好者，踏遍埃及大地，用最真实的"第一手资料"向外界展示埃及的原生态面貌。那些可靠的信息吸引了大批欧洲人寄居开罗和亚历山大。至19世纪70年代末，寄居埃及的欧洲人达10万人之多。② 那些欧洲侨民后来在埃及享有的特权，逐步影响并改变着埃及的社会结构、组织形式以及文化模式。

三 埃及民众积极应对殖民者

19世纪初，埃及社会由奥斯曼军事力量、本土军事力量——马穆鲁克军队，和英国军事力量等三方控制。事实上，被派遣到埃及的奥斯曼军事力量已成为一颗半死不活的"弃子"；马穆鲁克军队在抗法斗争中大伤元气，溃不成军；而英国军事力量主要盘踞在地中海沿岸一带，企图长久占据埃及。在那个特殊复杂背景下，一个名叫穆罕默德·阿里（1769—1849）③的年轻人，梦想先从军事上自强、自立，带领民众维护家园安宁。1805年7月，穆罕默德·阿里获得奥斯曼帝国素丹册封"帕夏"的称号。后来他自称埃及总督（Khedive，赫迪威）④。1867年，该称号才被奥斯曼帝国所认可，一直延续到第一次世界大战末。

穆罕默德·阿里拥有了军事和政治地位及权利后，为能适应当时社会需要且有效地应对西方列强的侵蚀，随即着手进行一系列社会变革，

---

① 参见王海利《本土埃及学发展探析》，《西亚非洲》2013年版第4期，第146—155页。

② Jason Thompson, *A History of Egypt from Earliest Times to the Present*, New York. Anchor Books, Random House, Inc. 2009, p. 244.

③ 19世纪奥斯曼帝国时期埃及阿里王朝（1809—1952）的创建者。阿尔巴尼亚人，早年经营烟草，1798年入伍，后被遣至埃及参与反法殖民者的斗争。1805年，他获得奥斯曼帝国素丹赋予的"帕夏"的称号，开始统治埃及。他以富国强兵为执政理念，在政治、经济、军事、文化、教育、医疗等方面进行了一系列的改革，被誉为"现代埃及之父"。

④ 奥斯曼帝国时，埃及地方最高行政长官的尊称。该词来自法语，即勋爵。

以期改变埃及民众面对西方文化挑战的困境与无奈。[①] 穆罕默德·阿里是第一个意识到西方技术的重要性，并有效地利用西方技术来为自己的目标服务的中东统治者。[②] 他领导埃及人民与列强斗争，于 1849 年去世。

有趣的是，现代埃及之父带着无限的遗憾离开他辛劳开辟的疆土之际，另一位寻觅着其足迹的年轻人降生了，继续沿着他开辟的反殖民道路走下去。历史似乎不愿让埃及反殖民斗争就此中断与停止。尽管如此，殖民者还是利用经济封锁迫使埃及外债逐年增加，后又以"顾问"身份参与埃及内阁事务。至 1876 年，埃及实际上已处在被外国占领的地位。[③]

美籍英裔犹太学者伯纳德·刘易斯（1916—　）认为："西方殖民者以其所谓的现代文明……从根本上摧毁了阿拉伯人传统的经济结构，并影响着每个阿拉伯人的生计和休闲、私人和公共的生活。"[④] 一般来说，人们将法国入侵视为埃及社会变革的主因之一，而笔者视之为埃及社会变革的外因。也就是说，埃及人从内心渴望社会变革，以求当家做主的权利。历史上埃及人曾臣服外族统治，他们的生活与文化都是在屈服之下苟且延续。特别在阿拔斯王朝以后，他们因钟爱传统文化而表面认同

---

　　① 穆罕默德·阿里进行的社会改革主要有：农业方面，利用埃及出产棉花和蔗糖的优势，兴办纺织厂和制糖厂，增加了收入，还为民众提供了工作的机会；军事方面，开办军事院校，筹备海军；医疗卫生方面，兴办医院，培训医师。见 Jason Thompson, *A History of Egypt from Earliest Times to the Present*, New York. Anchor Books, Random House, Inc. 2009, pp. 229 – 231。他还进行教育改革与投资。1812 年在开罗创办第一所学校。1816 年在宫廷内开设了一所工程学校，外国教师使用外国设备为 80 名学员授课。1833 年，创办军官学院预备学校——综合工艺学校，教师由两名法国人、两名亚美尼亚人和两名穆斯林组成。为使该工程学校有较多的生源，是年在开罗和亚历山大各设立了相应的小学。同时，各省都相应设立了地方性学校。1836 年，埃及仿照法国建立教育委员会，管理散布各地的 50 所小学和中学。这些学校的学生都是应征而来的，中学按照军队方式管理。应征的学生领取政府发放的薪饷和口粮。1839 年统计在校的非军事学校（语言、医药、农业、簿记）学生人数为 1215 名。至 1867 年，仿照西方建立的专门和普通教育体系基本完成。1826—1870 年，穆罕默德·阿里政府一直在巴黎保留着一个"埃及科学使馆"，专门负责派遣埃及青年到法国等国家学习技术的事宜。［英］阿诺德·汤因比：《历史研究》（修订插图本），刘北成、郭小凌译，上海人民出版社 2000 年版，第 378—379 页。

　　② ［美］斯塔夫里阿诺斯：《全球通史》（第 7 版），董书慧等译，北京大学出版社 2006 年版，第 431 页。

　　③ 纳忠：《阿拉伯通史》（下卷），商务印书馆 1999 年版，第 466 页。

　　④ ［美］伯纳·路易：《历史上的阿拉伯人》，马肇椿、马贤译，中国社会科学出版社 1979 年版，第 204 页。

外族民众的管理①，但内心仍很不悦。至 18 世纪末，西方列强的文化侵蚀硬生生地欲将传统文化从他们的生活之中彻底剥离，以期建立一种新型的生活模式。这个严酷的历史现实让所有埃及人悲愤不已，他们一方面要坚决捍卫传统文化，有责任使其发扬光大；另一方面则必须与外来入侵者进行不屈不饶的斗争，尤其是西方思想的译介与引进②迫使他们必须正视"外来文化"，且效仿甚至遵循西方文化。旧矛盾还未得到解决之时，新矛盾却迅速滋生与蔓延。新旧两种矛盾的双重考验，使埃及人梦想着砸碎当时的社会格局，描绘了建立一个"埃及人自己的家园"的划时代蓝图，继续传承与维系固有的阿拉伯属性的文化特质。尤其是年轻人，每当获悉新鲜理念便迫不及待地接受与分享，使之成为社会变革的主导因素之一。

第三节　阿拉伯学界反殖民思想的形成及影响

一　阿拉伯学界的觉醒

鉴于奥斯曼帝国管理者的无为与西方殖民者的武力入侵，使原本自给自足的东方民族（主要指印度、埃及等地区）的社会被拖入现代化的进程。从那时起，东方民族淳朴的民风遭到侵蚀，传统文化受到严重挑战，曾经美好的家园被占领。外来者俨然以"家长"的姿态向数千年生活在此的民众说三道四，甚至还管理他们的社会事务。当政者的碌碌无为和殖民者肆无忌惮的掠夺，刺激了一位远足求学的年轻人，他发誓定要将殖民者赶出东方大地，团结各地民众，建立统一的合作联盟，实现东方民族伟大复兴的梦想。他就是被誉为泛伊斯兰主义运动的倡导者、近现代阿拉伯民族复兴运动的追随者、反殖民斗争的勇士、著名政治活

---

① 指马穆鲁克王朝（1250—1517）和奥斯曼王朝（1299—1922）。

② 埃及近代史显示，西方尤其是法国文化在埃及传播的途径有以下几种，一是穆罕默德·阿里时代派出留学者译介法国学者的作品开启了以法国为代表的西方文化在埃及传播的先河；二是一些原籍叙利亚和黎巴嫩的基督教学者，因生活所迫移居亚历山大后，通过创办刊物介绍西方的理性主义、自由主义等；三是侨居在埃及的欧洲人以各种形式引导埃及本土人了解、接触、接受西方文化。

动家、近代阿拉伯报业媒体人士——赛义德·哲玛鲁丁·阿富汗尼（1838—1897）。

1838 年 10 月，哲玛鲁丁·阿富汗尼出身于今天阿富汗喀布尔近郊埃斯尔德·阿巴德村的一个殷实的传统家庭。阿拉伯学界认为，他是赛义德·阿里·提尔密济①的后裔，族谱源头可追溯至伊斯兰史上第 4 任哈里发阿里·本·艾比·塔里布（599—661，656—661 在位）。②该观点或许想说明，哲玛鲁丁·阿富汗尼有名门望族的血统。他名字前面的"赛义德"是现代阿拉伯语"先生"的含义，是一种"尊称"。基于阿拉伯文化释义，该词仅适用于具有圣裔血统的男性。

西方学界对哲玛鲁丁·阿富汗尼身世研究的结论，与阿拉伯学界的观点大相径庭。美国加利福尼亚大学历史学教授尼基·凯迪（1930—　）多年一直从事哲玛鲁丁·阿富汗尼的研究。她认为，哲玛鲁丁·阿富汗尼出生于波斯西北部哈姆丹的埃斯尔德·阿巴德③村，有波斯人的血统。因为，1869 年他自己才承认自己的阿富汗籍贯。④尼基·凯迪以为，当哲玛鲁丁·阿富汗尼在学术研究的积淀相对成熟后，欲进入阿拉伯世界文化研究主流群体时，才向世人那样宣称的。对于凯迪教授的观点，当代埃及学者穆罕默德·欧玛尔有他自己的见解⑤，并且不同意她的观点。

哲玛鲁丁·阿富汗尼的父亲——赛义德·塞弗泰尔是一个文化人，

---

①　他的全名是 "محمد بن عيسي بن سَوْرة بن موسي بن الضحاك"，824 年生于今天乌兹别克斯坦共和国南部的捷尔梅兹，892 年卒于故乡。他是著名的圣训学家，汇编的《提尔密济圣训集》是公认的六大圣训集之一。

②　［埃及］穆罕默德·欧玛尔：《哲玛鲁丁·阿富汗尼：东方觉醒者与伊斯兰哲学家》（阿拉伯文），曙光出版社 1988 年版，第 44 页。他的全名是阿里·本·艾比·塔里卜·本·阿卜杜勒·穆塔里布，麦加古莱什部落哈希姆家族人氏。他是先知穆罕默德的堂弟和女婿，是最早信仰伊斯兰教者之一。他在传统宇宙论、《古兰经》经注、生活律例等学科方面颇有建树。656—661年被推选为第 4 任哈里发。

③　地名学中较常见的"相同地名在不同地域的使用"现象。

④　Nikki R. Keddie, *Sayyid Jamal ad-Din al-Afghani A Political iography*, Los Angeles. University of California Press, 1972, p. 11.

⑤　［埃及］穆罕默德·欧玛尔：《哲玛鲁丁·阿富汗尼：东方觉醒者与伊斯兰哲学家》（阿拉伯文），曙光出版社 1988 年版，第 21—29 页。

与当地学者交往笃深，且又是彼时著名宗教革新者之一。① 哲玛鲁丁·阿富汗尼从小就在他父亲曾工作的格兹维尼学校②识字。8 岁时随父至德黑兰，在当地小学求学。1849 年，哲玛鲁丁·阿富汗尼曾前往伊拉克的纳杰夫③，在那里学习包括圣训、经注学、教义学、数学、医学在内的宗教和人文知识。由于哲玛鲁丁·阿富汗尼的聪颖和努力，4 年学习期间，他一直是当时众多学习者中最优秀的一名学生，谢赫穆尔泰堆个人授予他"伊贾扎"④。

1853 年，哲玛鲁丁·阿富汗尼受遣至印度，在加尔各答、孟买等地继续深造。期间，他首次接触到了除传统文化知识外的欧洲人文科学以及现代数学。⑤ 旅居他乡之时，哲玛鲁丁·阿富汗尼亲眼目睹了西方殖民者对东方人的凌辱⑥，心中萌发与之斗争的念头。

---

① Nikki R. Keddie, *Sayyid Jamal ad-Din al-Afghani A Political Biography*, Los Angeles. University of California Press. 1972, p. 12.

② 距今伊朗首府西北约 150 公里的一个历史名城。该城市曾在 16 世纪时为波斯帝国的首府，其中保存有 2000 多个历史文化古迹。

③ 位于巴格达东南部 160 公里，是伊拉克第 5 大城市。该城的历史可以追溯到蒙昧时代。2012 年，被选定为伊拉克文化名城。

④ 彼时，一般为传统文化学习的阶段性学历证书，或某学科领域研究达到一定程度可以获取的学术传承许可证，如阿拉伯语书法艺术、阿拉伯语诵读艺术等。该证书在当下阿拉伯世界仍然流行，即某学科导师私人授予学习者的学业传承证书。

⑤ ［埃及］穆·欧玛尔：《哲玛鲁丁·阿富汗尼：东方觉醒者与伊斯兰哲学家》（阿拉伯文），曙光出版社 1988 年版，第 45—47 页。

⑥ 1600 年，英、法、荷等新兴殖民者发起成立了东印度公司，美其名曰以便于处理殖民地的事务。各国都有所属的东印度公司。英东印度公司是 1600 年 12 月 31 日经伊丽莎白一世（1533—1603，1558—1603 在位）授权的一个股份制公司，享有在印的贸易特权。最初，该公司仅从事商业贸易，后演变为拥有军事武装的殖民代办。1612 年，英在印度西部的苏拉特设贸易站；1639 年，在东南部的马德拉斯建商馆；1668 年建孟买贸易站；1698 年购得加尔各答。英殖民者以该公司为掩护，对印进行无休止的侵略。1757 年，印沦为英的殖民地。百年（1857）后，全印人民发起反殖民运动。次年，英占领印全境。"英国东印度公司的官员在社交方面对印度人表现出如此的厌恶，致使骄傲的穆斯林对他们的这种态度感到愤慨。而英国人对印度人，包括印度教徒和穆斯林的典制、举止、风俗、文化、艺术的放肆的言谈和粗暴的批评，又加深了这种愤慨。"——笔者。参见［苏联］安东诺娃、戈尔德别尔格、奥西波夫主编《印度近代史》（上），北京编译社译，生活·读书·新知三联书店 1978 年版，第 63、154、443—500 页；［巴基斯坦］赛义德·菲亚兹·马茂德《伊斯兰教简史》，吴云贵等译，中国社会科学出版社 1981 年版，第 590—591 页；马克垚主编《世界文明史》（中），北京大学出版社 2004 年版，第 456—470 页。

四　哲玛鲁丁·阿富汗尼的活动

1857 年，哲玛鲁丁·阿富汗尼到麦加朝觐，产生了宣传"阿拉伯世界大同盟"的想法。遂创建"温姆·古拉①协会"，创办宣传刊物。他提出，将传统文化和社会改革结合在一起，呼吁人们联合起来，建立一个统一的"理想"国家，共同抵御西方殖民者的侵略。

麦加之行，使哲玛鲁丁·阿富汗尼从心底里意识到了"团结与舆论"的力量。没过多久，他的想法和名声便家喻户晓。然而，政客们对他却敬而远之；要么"友善"地劝离，要么"供养"使之避开政治。完成朝觐功课后，哲玛鲁丁·阿富汗尼又顺道造访伊拉克的纳杰夫和卡尔巴拉②；远行德黑兰，前往呼罗珊。作为一个有主见者，他周游各地，似乎与其身份不符。其实，哲玛鲁丁·阿富汗尼一直梦想着寻求一个志同道合者，协助他实现远大"理想"与抱负。

哲玛鲁丁·阿富汗尼认为，年轻人应该有报效祖国的理想与宏伟计划，不能辜负民众的厚望，应时刻准备为之效劳。于是，他返回家乡，满腔热忱地参与到喀布尔的各项活动之中。③ 在家乡逗留期间，哲玛鲁丁·阿富汗尼用阿拉伯语撰写《阿富汗历史补遗》。浏览那段历史，似乎觉得哲玛鲁丁·阿富汗尼以他自己的慧眼发掘了他的祖国隐约存在着一些有碍社会发展的不足，使满怀热情地用文字进行记录，并做相应提示。

同时，哲玛鲁丁·阿富汗尼还积极参加阿富汗的反殖民和反独裁的斗争，深受国王的器重。他与埃米尔·多斯特（1826—1839，1863—1868 在位）④ 相识，并成为至交；遂被任命为阿富汗第一首相。⑤

---

① 阿拉伯语 أم القرى，麦加城的别称。

② 位于巴格达西南部 105 公里，其历史远至巴比伦时代。680 年，伍麦叶王朝哈里发叶基德（647—683）率军与侯赛因·本·阿里（626—680）在此相遇，后者惨亡。该城便成为继麦加和麦地那之后什叶派的第三大圣地。

③ 蔡伟良：《哲马鲁丁·阿富汗尼的理性主义赛莱菲耶思想研究》，《阿拉伯世界研究》2010 年第 5 期，第 50 页。

④ 阿富汗史上，多斯特是将一个部落联盟转变成一个相对具有凝聚力的国家的奇才。参见〔阿富汗〕沙伊斯塔·瓦哈卜，巴里·扬格曼《阿富汗史》，杨军等译，中国大百科全书出版社 2010 年版，第 88 页。

⑤ 〔埃及〕穆罕默德·欧玛尔：《哲玛鲁丁·阿富汗尼：东方觉醒者与伊斯兰哲学家》（阿拉伯文），曙光出版社 1988 年版，第 48 页。

后因政客之间的权益博弈，他仿佛置身于一个左右为难的夹缝中，无奈只能选择背井离乡，一走了之。最后，只身前往印度栖身。

1868 年 12 月 11 日，哲玛鲁丁·阿富汗尼到达印度孟买。其实，英国殖民者对他早有耳闻，密切关注其行踪与活动。数月后，哲玛鲁丁·阿富汗尼的行囊被送到埃及的苏伊士港。由于资料不足，笔者尚未找到与之关联的确凿证据；依据惯性推测，哲玛鲁丁·阿富汗尼第二次寻求栖身他国，或因与政治牵连有关。

第一次踏上尼罗河水滋养的土地，爱资哈尔的学子们以前所未有的热情欢迎哲玛鲁丁·阿富汗尼的到来。他却声称要去阿拉伯半岛的麦加朝觐，去完成一个追寻正道者在有生之年必须践行的主命。① 但他的内心是想与奥斯曼帝国阿卜杜·阿齐兹·马哈茂德（1860—1876 在位）素丹会晤，协助其实施"正在进行的政府管理改革"计划②，以实现他胸中燃烧的政治抱负。当抵达今天的伊斯坦布尔（当时又称阿斯塔纳)③ 后，哲玛鲁丁·阿富汗尼确实得到了至尊的待遇。6 个月后，他被任命为奥斯曼帝国教育部最高委员会委员，从此便名正言顺地参与帝国内各项政治活动。

哲玛鲁丁·阿富汗尼曾热心又急切地向该委员会建议普及教育。然而，他自认为不错的"谏言"却遭到一些帝国权威人士的非议。也有人赞成他的教育改革意见。对于他的提议，支持者与反对者之间的辩论与斗争持续了数日，似乎任何一方都无意先停歇下来。最终，他还是明智的选择离开阿斯塔纳，以平息因他而起的政界与教育权威者之间的争斗。

---

① 阿拉伯语 "الفرضة" 的中文译义。

② ［黎巴嫩］穆罕默德·苏海勒·图谷师：《奥斯曼人的历史》（阿拉伯文），奈法斯出版社 2008 年版，第二版第 407 页；Nikki R. Keddie, *Sayyid Jamal ad-Din al-Afghani A Political Biography*, Los Angeles. University of California Press，1972，p. 59。

③ 今土耳其伊斯坦布尔的别称。有别于哈萨克斯坦的首都（1997）。1453 年奥斯曼帝国君王穆罕默德二世（1429—1481，1451—1481 在位）攻占拜占庭帝国的君士坦丁堡后，将其改称伊斯兰堡勒、伊斯坦布尔等。该城不但见证了管理者的治理，还反映了其经济文化发展的踪迹，故不同时代有各异的称谓。阿斯塔纳一词系波斯语 "管理中心" 的音译，是奥斯曼帝国统治者最看好的美称之一，有 "帝国要塞、君王门楣" 之意。参见［美］斯坦福·肖《奥斯曼帝国》，许序雅等译，青海人民出版社 2006 年版，第 79 页。

五　哲玛鲁丁·阿富汗尼在埃及

1871 年 7 月 31 日，哲玛鲁丁·阿富汗尼再次返回埃及。后来，哲玛鲁丁·阿富汗尼深受利亚德·帕夏（1834—1911）的厚爱。他获得了开罗城汗·赫里勒①的一套免费寓所，以及每月十埃镑的生活补助。② 在获得如此特殊关照顾的境遇下，哲玛鲁丁·阿富汗尼在埃及过着相对安逸的生活。从此，他身边聚集了很多年轻人。哲玛鲁丁·阿富汗尼为他们开设天文学、苏菲修养学、法学、逻辑学、哲学、信仰学、法学原理等课程。当时求教于他的年轻人反馈说，爱资哈尔很少能学习到如此广泛的学识。③

彼时的哲玛鲁丁·阿富汗尼，不仅能给他的学生们传授自由表达思想的精神，而更深层面还积极地充当了埃及民族和智力解放的先锋。④ 另外，像埃迪布·伊斯哈格（1856—1885）、刘易斯·萨班基（1838—1931），以及亚古柏·萨努阿（1839—1912）等叙利亚籍青年基督教人士，也受益于哲玛鲁丁·阿富汗尼以理性主义者（Rationalist）的视角对伊斯兰富有哲学性的诠释（Philosophical Interpretation of Islam）。上述诸位在他们后来的研究作品中均反馈出了哲玛鲁丁·阿富汗尼的"宗教启发（Religious Appeals）"思想对 19 世纪 80 年代埃及政治变革的影响。⑤ 这一

---

①　位于埃及开罗爱资哈尔清真寺与侯赛因清真寺间的一条有 600 年历史的商业街道，以独具特色的古老街区、异域市场、风味餐馆吸引着数以万计来自世界各地的游客。该街区是埃及众多文学家笔下社会百态的主要参照物。因巴勒斯坦赫里勒城商人远游开罗，居于此闻名；布尔吉王朝（1382—1517）哈里发布尔古格（1340—1399，1382—1389 在位，1390—1399 在位）据史料赐名。该街区曾是一个方形城，底层为花园，中层为商铺，高层为民居。但凡游客至此，必品尝这里最纯正的咖啡，购买当地民众手工制作的工艺品。现为埃及最著名的旅游景点之一。埃及著名作家纳吉布·马哈福兹曾著《从该街道之名看书》，揭示埃及家庭随社会变迁的变化。

②　［埃］穆罕默德·欧玛尔：《哲玛鲁丁·阿富汗尼：东方觉醒与伊斯兰哲学家》（阿拉伯文），曙光出版社 1988 年版，第二版，第 52 页。

③　［埃］穆罕默德·欧玛尔：《哲玛鲁丁·阿富汗尼：东方觉醒与伊斯兰哲学家》（阿拉伯文），曙光出版社 1988 年版，第 53 页。

④　［美］马吉德·法赫里：《伊斯兰哲学史》，陈中耀译，上海外语教育出版社 1992 年版，第 370 页。

⑤　Nikki R. Keddie, *Sayyid Jamal ad-Din al-Afghani A Political Biography*, Los Angeles. University of California Press, 1972, pp. 84–85.

信息基本反映出，彼时的哲玛鲁丁·阿富汗尼确实有一种远大的抱负与宽广的胸怀，不拘泥某个特定的集体或范围；只要是能有益于人类的想法，都毫不保留地传达出去。

当时，哲玛鲁丁·阿富汗尼还倡导使用通俗易懂的语言，鼓励年轻人用现代阿拉伯语撰写文章，力争在报刊上发表，使读者受益。今天看来，哲玛鲁丁·阿富汗尼的这些举措仅是引导追随者发扬其思想的起点。从其生活轨迹就能发现，哲玛鲁丁·阿富汗尼最初仅对宗教基础知识有所了解。旅居印度的加尔各答和孟买，他目睹了英国殖民者对印度民众的暴行后，便设想各民族团结起来共同驱逐殖民者的宏伟目标。为实现这一政治愿望，他周游列国，通过各种方式争取当政者的支持和草根民众的拥护。埃及是他实现政治抱负的理想沃土，内务首相利亚德·帕夏给予了他最高礼遇的呵护，爱资哈尔的学子们推崇其思想，让他有理由以辩证的哲学观点和理性视角团结各宗教信仰者，并得到他们的称赞。或许这是哲玛鲁丁·阿富汗尼实现政治抱负的第一步。

接着，哲玛鲁丁·阿富汗尼以敏锐的目光洞察到埃及新闻传媒的不足与缺陷。于是，他以前瞻性的视角，指出那些弊端的危害，并提出了不少超前的想法。此乃他实现政治愿望的第二步。为了让更多埃及民众知道其思想，必须要有一个传播媒介，当时最具效率的媒介就是报纸。因此，哲玛鲁丁·阿富汗尼就紧锣密鼓地开始了媒体人的生涯。这个华丽转身是他政治抱负的延续，也是实现其政治愿望的主要途径。据悉，哲玛鲁丁·阿富汗尼曾在埃及创办了《埃及报》《商业报》《东方明镜》等报刊。他以新型的文字表述模式，向僵化的官方报刊格调发出挑战，揭露其不足；宣传"自由、博爱、平等"思想，向独裁与暴政发起舆论攻势。① 为进一步实现其理想，哲玛鲁丁·阿富汗尼曾组建秘

---

① ［埃及］穆罕默德·欧玛尔：《哲玛鲁丁·阿富汗尼：东方觉醒者与伊斯兰哲学家》（阿拉伯文），曙光出版社1988年版，第56—57页。

密"自由祖国党"①，提出"埃及人的埃及"口号，为民主政治呐喊，反对独裁政府与外国势力的干预。该秘密组织的成员一度达到300人。②彼时梦想当家做主的埃及人不在少数，或许从某个层面反映了众人的愿望。当下对彼时民众的愿望再三思量，真怀疑那时的埃及人是否有能力和智力管理自己的国家。很时髦的口号背后隐藏着某种让人费解和看不透的东西。或许能说，那个响亮的口号是埃及人用自己的嘴巴说出了非埃及人的心声。值得注意的是，那时候"玛素尼"③活动④在埃及较为活跃。哲玛鲁丁·阿富汗尼的思想便通过该场所得到了良好的向外传递与输送。

穆罕默德·陶菲克·帕夏（1852—1892，1879—1892在位）⑤曾赞同哲玛鲁丁·阿富汗尼提出的民主和议会的建议。1879年年初，哲玛鲁丁·阿富汗尼与埃及公民的一位代表前往法国驻埃及领事处，在那里宣称"自由祖国党"是埃及的改革党。只有陶菲克替代伊斯玛仪勒⑥

---

① 1881年12月18日该党制定纲领，称该党派旨在维系埃及政府与奥斯曼帝国间的友好关系、推动埃及总督在所辖地区实施自由政策，政党要员对英法两国对该党的资金帮助深表感谢，并消除对上述两国政府的误会。该党是一个政治党派。其成员来自不同信仰者，具有平等的政治权利。该党的目标是推动埃及社会物质与精神层面的改革，坚持法律的公正，拓展公民的知识，倡导政治自由，提升埃及民众的生活。参见穆罕默德·欧玛尔校注《穆罕默德·阿卜杜胡全集》（第一册，阿拉伯文），曙光出版社1993年版，第一版第401—404页。据国内学者研究显示，阿富汗尼曾创建的党派比1893年成立的英国独立工党早10年，比1898年成立的俄国社会民主工党早15年。详见陈嘉厚等著《现代伊斯兰主义》，经济日报出版社1998年版，第106页。

② ［埃及］穆罕默德·欧玛尔：《哲玛鲁丁·阿富汗尼：东方觉醒者与伊斯兰哲学家》（阿拉伯文），曙光出版社1988年版，第54页。

③ 请参阅导论部分"共济会"的注释。

④ ［埃及］穆罕默德·欧玛尔：《哲玛鲁丁·阿富汗尼：东方觉醒者与伊斯兰哲学家》（阿拉伯文），曙光出版社1988年版，第58页；张秉民：《近代伊斯兰思潮》，宁夏人民出版社1998年版，第80页。

⑤ 他的全名是"Muhammad Taufik ibn Ismail Pasha ibn Ibrahim ibn muhammad Ali Pasha"，埃及阿里王朝第6任总督。

⑥ 该词语有多种译法，如伊斯玛仪、伊斯梅尔等。按照阿拉伯语的规则，第一种译法似乎没有把该词语（إسماعيل）的最后一个字母俩目的尾音译出，而第二种译法大概是借用了该词语的英语拼读法"Ismail"，笔者以为，英语拼读法未必是按照阿拉伯语的读音完成的，至少倒数第二个音节缺失了一个长音。按阿拉伯语音译为"伊斯玛仪勒"。下同。

（1829—1894，1863—1879 在位），埃及才有希望全面进行社会改革。①
以今天的视角看，对于常人而言，哲玛鲁丁·阿富汗尼彼时的举动很不
合常理，突兀、幼稚与滑稽。就因坐王朝第一把交椅的穆罕默德·陶菲
克对其提议感兴趣，便跑到外国领事那里游说，似乎太过于单纯与草率，
更不懂政治规矩。他自己代表谁和法国人讲话？遗憾的是，哲玛鲁丁·
阿富汗尼对实现其政治抱负急于求成，其言行使埃及当政者和英殖民者
和法驻埃及领事不悦。② 无奈，他还是选择了逃离埃及。哲玛鲁丁·阿富
汗尼在埃及生活了 8 年，结识了很多有志追求真理的青年，使其思想得
到了传播与延续。最终他选择远行欧洲，在巴黎、伦敦、慕尼黑、圣彼
得堡等地继续宣传政治主张。

六 哲玛鲁丁·阿富汗尼在西方的活动

1884 年，哲玛鲁丁·阿富汗尼与穆罕默德·阿卜杜胡在法国巴黎创
办阿拉伯语《坚柄报》③，宣传反殖民主义思想。该报作为"坚柄协会"
的宣传媒介，建立在一系列规章的指导之下。根据笔者发掘到有关"坚
柄协会"22 个纪要文件资料④显示，那时哲玛鲁丁·阿富汗尼主政该协
会，穆罕默德·阿卜杜胡充当助理，基督教神父以撒·泰勒任秘书，米
尔扎·巴基尔任翻译，阿富汗尼的侍从阿里夫·艾卜·土拉布、贝鲁特
的伊斯兰律例官杰玛勒·贝克、波斯内阁官员穆埃仪德·穆勒克、波斯

---

① ［埃及］穆罕默德·欧玛尔：《哲玛鲁丁·阿富汗尼：东方觉醒者与伊斯兰哲学家》（阿
拉伯文），曙光出版社 1988 年版，第 62 页；Nikki R. Keddie, *Sayyid Jamal ad-Din al-Afghani A Po-
litical Biography*, Los Angeles. University of California Press, 1972, p. 112。

② Mark Sedgwick, *Muhammad Abduh*, London: Oneworld Publications, 2010, p. 27.

③ 阿拉伯语 "العروة الوثقى" 之意译，见《古兰经》第二章第 256 节和第三十一章第 22 节。
国内有 "牢不可破的关系"（吴云贵、周燮藩：《近现代伊斯兰教思潮与运动》，社会科学文献出
版社 2000 年版，第 120 页）、"团结"（李振中、王家瑛主编：《阿拉伯哲学史》，北京语言学院
出版社 1995 年版，第 429 页；纳忠：《埃及近现代简史》，生活·读书·新知三联书店 1963 年
版，第 127 页）、"永不分离"（雷钰、苏瑞林：《埃及卷》，商务印书馆，2003 年版，第 232
页）、"坚柄"（宛耀宾主编：《中国伊斯兰教百科全书》，四川辞书出版社 1996 年版，第 392 页，
杨宗山撰写词条）等译法。笔者依该词之义，译为 "坚柄"。

④ 参见［埃及］穆罕默德·阿卜杜胡《穆罕默德·阿卜杜胡全集》（阿拉伯文，第一卷），
穆罕默德·欧玛尔校注，曙光出版社 1993 年版，第 659—712 页。

驻阿斯塔纳的外交官员哈桑·汗等人为团体成员。[①] 根据制度，但凡加入该社团者，均须对其"宪章"发誓，遵守规则，履行职责。

1889 年受波斯君王之聘，哲玛鲁丁·阿富汗尼曾主持波斯的"宗教和社会改革事务"。因他的言行触及当时波斯当政者的利益而人身自由遭受限制，后流亡巴黎和伦敦。哲玛鲁丁·阿富汗尼在伦敦和巴黎积极与政界和媒体接触，向他们宣传其主张和理想。虽英、法殖民者当局没有直接评价他的观点，至少对其想法没有产生厌恶情绪。哲玛鲁丁·阿富汗尼提出，"全体奥斯曼臣民应当在素丹的领导下团结起来"[②] 共同抵抗殖民者。从表面上看，该观点与殖民者的利益相左，但英国方面还是窃喜不已。1840 年的《伦敦条约》[③] 已确定了奥斯曼帝国对埃及的宗主权，且大英帝国与奥斯曼帝国有着密切的同盟关系。只要百姓认可并遵照哲玛鲁丁·阿富汗尼的号召，紧密地团结在奥斯曼哈里发的领导下，实则为大英帝国抗衡其他殖民者创造了新机遇，不论在经济上还是政治上都不是坏事。这种隐性背景使哲玛鲁丁·阿富汗尼的泛伊斯兰主义主张得到推崇，以至于后人将他确定为该思潮的开拓者。需要说明的是，其中的背景鲜为人知，在英殖民当政者的遥控与宣传之下，泛伊斯兰主义被包装成现代伊斯兰主义的前锋，深受学界的推崇与赞扬。

其实，"民族大团结"的论题在阿拉伯传统文化中早已定格。在 19 世纪那个特殊的社会环境中，哲玛鲁丁·阿富汗尼重提这一观点，只是为了唤起人们共同抵抗外来殖民者的勇气和决心。笔者在此借用日本学

---

① http：//www. alwaraq. net/Core/dg/dg_ topic？ ID = 236.

② 蔡德贵主编：《当代伊斯兰阿拉伯哲学研究》，人民出版社 2001 年版，第 92 页。

③ 1839 年英国唆使奥斯曼帝国对埃及发动战争，埃及遭受重创。于是，1840 年 7 月 15 日英召集俄（罗斯）、普（鲁士）、奥（地利）在伦敦召开会议，签订了要求埃及撤出苏丹和叙利亚南部以外一切地区的《伦敦条约》，并从 1840 年 9 月起直接对埃及进行军事干涉。在英军逼近亚历山大港的情况下，1840 年 11 月 5 日阿里被迫与英国签订《英埃协定》。埃及承认奥斯曼帝国的宗主权，军队由 13 万人裁减到 18000 人，关闭造船厂，接受 1838 年英国与奥斯曼帝国签订的条约。并规定英国在埃及享有贸易特惠权。这一协定签订后，埃及日渐成为西方列强的附庸，埃及走向半殖民地。该条约第一款授予穆罕默德·阿里家族世袭埃及的权力。参见杨灏城《埃及近代史》，中国社会科学出版社 1985 年版，第 104 页。

者羽田正（Haneda Masashi）先生①之言，论述哲玛鲁丁·阿富汗尼的泛伊斯兰主义思想形成的主要缘由。他说："哲玛鲁丁·阿富汗尼追求的正面的'伊斯兰世界'，尽管其强调'乌玛'即穆斯林共同体的一面，仍然是在 19 世纪欧洲的社会变动及其思潮的影响下被创造出来的。"②

1892 年，奥斯曼帝国素丹阿卜杜勒·哈米德二世（1842—1918，1876—1909 在位）授予哲玛鲁丁·阿富汗尼"伊斯兰长老"称号，被"款待"于阿斯塔纳城。素丹阿卜杜勒·哈米德二世本想借助哲玛鲁丁·阿富汗尼的威望维护其统治地位，以期获得世界各地穆斯林的支持。表面上，素丹"同意"哲玛鲁丁·阿富汗尼的观点，实际却并不看好他提出的主张和思想。因为该思想实质与素丹的统治有一定的冲突。据史料记载，哲玛鲁丁·阿富汗尼为了他崇高的理想与信念而终生独身。1897年，他病逝于阿斯塔纳。

七　哲玛鲁丁·阿富汗尼的主张传承与延续

哲玛鲁丁·阿富汗尼自幼热爱传统文化，秉承前辈思想精华呼吁人们团结起来建立"联盟"，以"乌玛"的形式共同反抗西方殖民者。这是他"两点一线"政治主张的基本理念，即反对西方殖民者对以埃及为代表的东方国家的武力入侵和文化侵蚀，建立一个基于传统文化指导下的政府，反对腐败与独裁，倡导自由与权利，主张通过协商与议会制建立一个让百姓满意的理想国家。为实现心中的理想，他通过创办《温姆·古拉》《埃及报》《商业报》《坚柄报》《世界之光》③ 等报刊，宣传民族自觉与自强的主张。哲玛鲁丁·阿富汗尼设想先以埃及为主体建立一个

---

① 羽田正教授，京都大学学士、巴黎第三大学博士，曾任东京大学东洋文化研究所所长，现为东洋文化研究所教授、东京大学副校长。研究领域为世界史、比较历史学，著有《イスラーム世界の創造》《モスクが語るイスラム史》《勲爵士シャルダンの生涯》《東インド会社とアジアの海》《新しい世界史へ—地球市民のための構想》等，合编《岩波イスラーム辞典》、*Asian Port Cities 1600 – 1800：Local and Foreign Cultural Interactions*。参见 http://www. iahs. fudan. edu. cn/cn/history_ id. asp? action = page&class_ id =85&id =156&type_ id =0。

② ［日］羽田正：《伊斯兰世界概念的形成》，刘丽娇等译，上海古籍出版社 2012 年版，第 92 页。

③ 李振中：《加马鲁丁与泛伊斯兰主义》，《阿拉伯世界》1992 年第 2 期，第 20—21 页。

理想国家，进而统一苏丹和波斯，最后统一奥斯曼帝国的全部领土，使人们摆脱西方殖民主义的统治。他认为，这个理想中的国家应以正确的生活规则和律例为治国大法，进行社会、政治方面的改革，以实现国家的富强。他的最高政治理想是使人们在生活信念、道德修养、政治追求方面恢复到正统哈里发时代的状态。后来，他又建议奥斯曼（土耳其）、波（斯）、阿（富汗）率先组成联邦。在现实社会中，他发现要建立一个统一的理想国家的主张很难实现，便作出了观点上的让步与调整，试图建立国家联盟，各国可以有自己的政府，但须以传统文化为精神同盟，以公正、协商为基础；唯《古兰经》是从。①

纵观上述观点，可以看出哲玛鲁丁·阿富汗尼倡导的泛伊斯兰主义思想政治主张的基本框架。反西方殖民主义和争取民族独立，实质上影射出了当时奥斯曼帝国统治者的无能、独裁与暴政。只有在传统文化的指导下，还百姓崇尚道德与坚守学识的社会环境，让人民参与到协商与合作的社会管理中，才是哲玛鲁丁·阿富汗尼认为的"理想国家"。

17世纪以来，欧洲国家尤其是法、英等老牌资本主义国家的扩张野心不断膨胀，他们不惜一切代价将军事势力延伸至东方诸国。随后进行各种无休止的掠夺与侵蚀，强行将西方的价值观推销给东方民众。即便在最近的20余年中，西方大国强行在东方推行所谓的民主，不惜以武力干预，完全不考虑东方诸地的实情，将本来平静如水的社会搅得混乱不堪。与此相对，东方各国特别是阿拉伯国家尚处于维系本地区生产方式与生活轨迹的基本环境，人民过着自给自足的原生态生活。以埃及为代表的阿拉伯世界近代史料信息反映，尽管法国殖民者"控制埃及的期限甚短，而其影响却颇为深远"。实际上，那是殖民者对阿拉伯国家"直接干涉的起点，它带来了十分严重的经济和社会后果"。② 彼时，埃及百姓面对突如其来的"洋枪与大炮"，一部分人以同仇敌忾的勇气誓死保护固有的传统文化不受侵蚀，而另一部分人则在愤怒的同时还怀揣一丝期待，

①　张志华：《近代泛伊斯兰主义创始人——哲玛鲁丁·阿富汗尼》，《阿拉伯世界》1986年第4期，第109页。

②　［美］伯纳·路易：《历史上的阿拉伯人》，马肇椿等译，中国社会科学出版社1979年版，第192页。

把侵略者当作期待的"救世主",幻想着拿破仑及其随从能把他们自己从困苦生活中解救出来,让他们有机会享受现代生活。前者像慈母呵护孩子般的心态,恨不得将阿拉伯传统文化注铅封固。后者似乎被外来者吹嘘的现代生活幻影搞得眼花缭乱,心神不安,挖空心思地在充斥着洋荤味的"面包夹黄油"中寻觅着"魔幻民主",并不择手段地与过去彻底地决裂,力求在砸烂旧世界的大手笔中以"血的代价"达到肮脏的目的。

埃及自 18 世纪末以来,社会中就出现了上述两种势力,其较量一直未停止,且愈演愈烈。而居于上述两股势力之间有着民族自尊的百姓,视国家和民族利益至上,维护家园安宁业已成为他们求生存的首要任务;有良知的知识分子更以高瞻远瞩的胸怀,号召众人坦然面对现实,积极应对外来侵略者的文化侵蚀和维护民族传统文化,他们认为这两者同等重要与迫切,不可偏废。

"对于法国军队入侵,埃及的马穆鲁克显然在思想和物质方面都没有做任何准备……但是埃及百姓表现得非常英勇顽强……让法军付出了巨大代价。"① 鉴于此特殊社会背景,文化精英们从 18 世纪末就开始了艰苦卓绝的斗争。维护民族传统文化反对外来思想的斗争,更是一场旷日持久的思想文化大争斗,不可与军事战斗相提并论。

---

① 陈万里、王有勇:《当代埃及社会与文化》,上海外语教育出版社 2002 年版,第 78—79 页。

第 二 章

穆罕默德·阿卜杜胡改革思想综述

　　19 世纪末，奥斯曼帝国内忧外患，国力不济，命途多舛；政治腐败，军事软弱，思想愚钝，文化停滞。西方的大炮使当政者束手无策，西方殖民者的行径使民众愤怒至极；西方殖民者的文化侵蚀手段刺痛了那时有良知的学界精英思变的神经，迫使他们痛下决心从"内因"中寻求民族自强自立的潜在元素。在这种特殊社会背景之下，穆罕默德·阿卜杜胡与青年人一道，共同成长，共同思索，共同前进，决意从思想与意识深处拯救阿拉伯民族。

　　穆罕默德·阿卜杜胡被誉为埃及近代社会改革的奠基者，他的思想与影响受到世界各地学者的肯定与好评。穆罕默德·阿卜杜胡的得意门生——穆罕默德·莱西德·里达先生评价他是"伟大和睿智的革新家、东方和伊斯兰的哲人"。[①] 美籍学者穆罕默德·宰克利亚·陶菲克（1941—　　）[②] 教授赞扬其是"现代埃及社会复兴与改良之先驱"。英国学者马克·萨迪格维克评价道：在阿拉伯和西方学界，穆罕默德·阿卜杜胡是公认的"伊斯兰现代主义的引导者"。[③] 埃及当代思想家穆罕默德·欧玛尔博士赞扬穆罕默德·阿卜杜胡是"以宗教革新推动社会进步

---

　　① ［埃及］穆罕默德·莱西德·里达：《穆罕默德·阿卜杜胡传》（阿拉伯文，第一册），法蒂莱出版社 2006 年版，前言部分，第 8 页。

　　② 侨居美国纽约的埃及学者，1983 年毕业于纽约大学应用数学专业，获博士学位。他擅长计算机应用，现供职于纽约的美国银行与美国联邦银行；业余时间主要从事哲学、天文学与社会学研究。

　　③ Mark Sedgwick, *Muhammad Abduh*, London. Oneworld Publications, 2010（Preface）, VI.

的复兴者"。埃及艾因·夏姆斯大学①当代埃及史学教授艾哈迈德·宰克利亚·舍勒格（1948—　）博士研究认为，穆罕默德·阿卜杜胡是近代埃及思想界著名的启蒙先驱之一。② 诸如此类评价很多，不胜枚举。

不论是亲身感受穆罕默德·阿卜杜胡教诲的弟子，还是当代西方和阿拉伯世界的学者，都给予他极高的评价，说明其改革思想及其实践深入人心，为社会发展与改良做出了极大贡献。穆罕默德·阿卜杜胡超越时代的改革观念与立足现实的超人胆略，成为推动和引导埃及社会现代化发展的主要因素之一。从20世纪30年代起，有关他的第一本研究专著问世，直至21世纪前10年，不断有学者撰文评价其改革思想；今后还会有更多的学者关注他的改革胆略与时代意义。

第一节　穆罕默德·阿卜杜胡生平简介

近代，阿拉伯民众深受西方殖民欺凌，埃及最为典型。面对殖民者的种种非人道行为，人们则站起来以不同的方式与之抗争，一方面积极应对西方的各种侵蚀，另一方面也在寻求突破自身缺陷。穆罕默德·阿卜杜胡是这场时代变革潮流中脱颖而出的耀眼先锋。他立志解放思想，创制完美理智；革新社会，使人享受美好生活。③ 一般来说，理智指人认知世界、理解概念、辨别是非、判断某种利害关系以及控制自己决断某件事情的行为能力。它指人所具备正确处理事务的逻辑思维能力和社会道德水准。

历史资料显示，穆罕默德·阿卜杜胡的成长经历了幼年求学期、接受苏菲大师的教诲、与哲玛鲁丁·阿富汗尼相遇相知、参与艾哈迈德·

---

① 埃及排名第三的综合性高等学府，1950年创建于开罗。现有27个独立学院和两个高等研究机构，有来自世界各地与埃及本国的10万名学生就读其中。该校的中文系有1000名学生，30多位埃及老师为学生讲授中文课程。

② ［埃及］穆罕默德·莱西德·里达：《穆罕默德·阿卜杜胡传》（阿拉伯文，第一册），埃及书籍总局2012年版，第7页。

③ ［埃及］穆罕默德·欧玛尔：《伊玛目穆罕默德·阿卜杜胡：以维新宗教振兴社会的改革家》（阿拉伯文），曙光出版社2009年版，第11页。

阿拉比（1841—1911）① 反殖民运动、流放贝鲁特、返回埃及等6个主要阶段。为叙事方便，笔者将他的人生阅历以时间前后与具体事件为主线划定成4个时期，并作相应的论述。

一　穆罕默德·阿卜杜胡的早年生活

第一阶段：求学生涯（1856—1877）。1849年，穆罕默德·阿卜杜胡出身于埃及布海逸拉省舍波拉黑特县麦哈拉图·纳赛尔村② 一个中产阶级家庭。③ 其祖父哈桑曾是村庄的头领，为人耿直，主持正义，不畏强暴，深受爱戴。1856年，穆罕默德·阿卜杜胡随家父识字。为了学到更多的知识，1862年被送到埃及西部省坦塔市的艾哈迈迪耶清真寺④ 背诵《古兰经》，开启了学堂教育的生涯。两年后，穆罕默德·阿卜杜胡开始学习宗教基础知识课程。因对所在清真寺教师的授课方式不满，1865年，他弃学回家；不久便结婚了。之后，他决意专司农活，过乡村里其他人一模一样的生活；发誓从此绝不再涉足枯燥无味的学问。然而，穆罕默德·阿卜杜胡的想法却遭到家父的极力反对。婚后40天，他极不情愿的再次"返回"清真寺。在隐瞒家

---

① 埃及近代军事家、政治家。埃及东部省人士，1849年入爱资哈尔学习。1853年服兵役，20岁后晋升受到重用。1882年任国防部长，是仅次于首相的军界2号人物。他曾领导埃及军人开展与英国殖民者的斗争，遭流放至斯里兰卡7年。1903年返回时带了一颗杧果树。今天埃及人品尝着鲜美的杧果，些许还能回忆那样一位时代的民族精英。重要的是，他的军事指挥才能在现代埃及军事上很受赞誉。

② قرية محلة نصر بمركز شبراخيت مديرية (محافظة) البحيرة.

③ ［埃及］奥斯曼·爱敏：《穆罕默德·阿卜杜胡：埃及思想先驱》（阿拉伯文），埃及文化最高委员会1996年版，第25页。

④ 位于埃及西部省坦塔市，是该市最大、尼罗河三角洲最著名的清真寺之一。该清真寺因抗击十字军的著名将士艾哈迈德·拜德威（1199—1276）的坟墓居于其中而驰名。艾哈迈德·拜德威是正统派苏菲修行者。他去世后，弟子阿卜杜·阿勒于13世纪70年代修建一个简易清真寺，众人却常在坟墓旁边的空地举办纪念活动。马穆鲁克王朝时修建了宣礼塔和谢赫·艾哈迈德拱北。现在的清真寺是伊历12世纪（18世纪）大阿里·贝克在谢赫艾哈迈德陵墓旁边修建的。当时还修建了阿卜杜·阿勒清真寺和伊玛目谢赫·穆贾希德的陵墓。1975年，该清真寺的维修被看作是近半个世纪以来最大的一次维修工程。2005年又作了全面修缮，面积达6300平方米。如今的艾哈迈迪耶清真寺，是集宗教活动和教育为一体、具有地方特色的重要文化场所。

人返回清真寺实情之际，他在异乡偶遇家父的舅舅——谢赫戴尔维士·赫多拉。[①] 这位苏菲大师善诱他研读苏菲修养读本。经过半个月的磨炼，穆罕默德·阿卜杜胡似乎能接受苏菲大师对生活看法的言辞。当时，谢赫戴尔维士鼓励他在苦难的生活中寻求快乐，培养他直面困苦的勇气和决心。他浮躁的心渐渐地平静下来，并能坦然面对烦恼，重新认知生活。当他第二次踏进艾哈迈迪耶清真寺时，获悉曾经让他很讨厌的老师已经过世。这件事触及了穆罕默德·阿卜杜胡的心灵，原来的厌恶情绪一下子烟消云散了。顿时，他有了想要学习的冲动，且学习兴趣较过去增加不少。反过来看，年少的穆罕默德·阿卜杜胡正处于少年叛逆期，烦恼、无聊、顽皮，甚至说的话与做的事南辕北辙，言行不一。令人庆幸的是，他遇见了人生难得的第一位导师，为他日后成为社会的栋梁植入了一粒美好的种子。

1866 年 2 月，穆罕默德·阿卜杜胡进入爱资哈尔。那时，爱资哈尔的教师依据学术兴趣与研究方向，自发形成了后来人们称谓的"保守派"和"苏菲派"两大阵营。这两种称谓是基于某一派学术研究的日常行为模式。前者人数众多，其代表人物有阿里什（1802—1882）、穆罕默德·艾布法多勒·吉萨威（伊历 1246—1346/公元 1845—1927）等；后者人寡势单，哈桑·里多瓦尼（伊历 1239—1310/公元 1823—1892）是该派的主心骨，但影响不小。彼时，保守派所讲授的课程多是经院式的古典作品，毫无新意。而热衷于苏菲道统修养的教师则注重学生的个性修养培养。这段历史记忆折射了 19 世纪后半叶爱资哈尔师资队伍的学术

---

① 英籍学者马克·萨迪格维克（Mark Sedgwick）研究显示，谢赫戴尔维士是当时利比亚西部麦德尼耶苏菲道堂的追随者。该道堂是 18 世纪宗教复兴与改革的基地，19 世纪在北非产生过巨大影响。创建者穆罕默德·麦德尼生于麦地那城，在摩洛哥的麦德尼耶苏菲道堂追随谢赫艾布·艾哈迈德·阿拉比·德尔噶维（1745—1825）求学，完成学业后返回故乡。后在利比亚西部创办麦德尼耶苏菲学校。在其儿子生活的时代，该道堂的追随者遍布利比亚、阿尔及利亚、突尼斯、埃及等地。参见马克·萨迪格维克《穆罕默德·阿卜杜胡》，同一世界出版社 2010 年版，第 4 页。其实，马克的表述应为"赛努西苏菲道统"。请参阅穆罕默德·欧玛尔《穆罕默德·阿卜杜胡的改革计划》，和平书局 2009 年版，第 13 页。笔者从《穆罕默德·阿卜杜胡传》第一册第 21 页看到，谢赫戴尔维士曾向穆罕默德·麦德尼学习，获取了沙兹里耶苏菲道统的知识。

研究和志趣已经泾渭分明，且各自为主、沟通与互补不足的状态。鉴于彼时的教育环境，穆罕默德·阿卜杜胡常穿梭在两派学者之间，只为汲取更多有益知识。对于那样的特别教育生态，穆斯塔法·阿卜杜·拉齐格（1885—1947）① 曾描述道，那时的爱资哈尔只停留在对前人学术成果的"修订、比较和提炼"。② 实质上，此评价表明彼时爱资哈尔的教育比较呆板，程序化、机械化模式明显，基本没有能激发学生智力的教学举措。值得庆幸的是，穆罕默德·阿卜杜胡还能跟随谢赫哈桑·塔维勒（1834—1899）③ 学习逻辑学和哲学课程④，使其知识面拓宽了不少；谢赫引导他从繁杂无味的教条之中寻找新的知识点，使他没有对爱资哈尔的教学环境彻底绝望。谢赫哈桑·塔维勒是穆罕默德·阿卜杜胡人生中的第二位导师。其人品与学品，让穆罕默德·阿卜杜胡获得了未曾学会的学识，也使他积淀了人生应有的美德。1877 年，穆罕默德·阿卜杜胡获准从爱资哈尔毕业。

二　结交哲玛鲁丁·阿富汗尼

第二阶段：与哲玛鲁丁·阿富汗尼的忘年之交（1871—1897）。1871年，哲玛鲁丁·阿富汗尼旅居埃及，与爱资哈尔的学子们谈论理想，谋划未来。从中获益最多者当属穆罕默德·阿卜杜胡。这段时间，成为他人生阅历中最耀眼的岁月。

哲玛鲁丁·阿富汗尼是 18 世纪以来在阿拉伯世界提出"自由"思想

---

① 当代阿拉伯哲学改革家，埃及爱资哈尔第 34 任谢赫（1945—1947）。他是阿拉伯哲学体系创始人，穆罕默德·阿卜杜胡晚年的学生之一，曾 8 次担任埃及宗教部长，撰写多部哲学专著。

② ［埃及］穆罕默德·阿卜杜胡：《古兰经教程》（阿拉伯文），谢赫穆斯塔法·阿卜杜·拉齐格供稿，文化大厦总社 2011 年版，第 10 页。

③ 19 世纪后半叶爱资哈尔开明型的学者之一，倡导思想独立。他的知识结构宽泛，不拘泥于仅对传统知识的秉承，能正确面对公众的不同意见。据李振中教授研究显示，谢赫哈桑·塔维勒除了给学生教授宗教和语言课程外，还精通数学、天文学等学问，常为学生解答几何方面的难题。参见李振中、王佃利《穆罕默德·阿布笃》，载黄心川主编《东方著名哲学家评传》，山东人民出版社 2000 年版，第 587 页。

④ ［埃及］阿卜杜·勒哈利姆：《伊玛目穆罕默德·阿卜杜胡》（阿拉伯文），知识出版社 1987 年版，第 15 页。

的第一人。他云游四方，所到之处，总有年轻人跟前随后，倾心聆听他
对生活的诠释与人生的感悟。哲玛鲁丁·阿富汗尼看到，爱资哈尔的学
子只把书本上的信息视为神圣的知识，这与其"心灵的智慧优于所有知
识"的愿望相差甚远。① 于是，他尝试着用较新颖的手法拓展学生的知识
结构。

在26年的交往中，穆罕默德·阿卜杜胡成为哲玛鲁丁·阿富汗尼忠
实的追随者②，汲取了其许多理念，并在社会改良活动中不断实践。哲玛
鲁丁·阿富汗尼可谓是他的人生成功道路上的灯塔，用双脚丈量东西方
大地③过程中获取的宝贵财富，带领他向世人发出呐喊，建立一个团结的
群体，将侵略者赶出家园。关于这一点，穆罕默德·阿卜杜胡曾说："我
的父亲给了我生命，我的两个弟兄与我共同分享；哲玛鲁丁·阿富汗尼
给了我生命，我却与穆罕默德、伊卜拉欣、穆萨、尔萨及众多先贤一同
参与经营。"④ 可见，穆罕默德·阿卜杜胡认为阿富汗尼教会他的是一项
神圣的伟大使命。

19世纪后半叶，哲玛鲁丁·阿富汗尼梦想实现的政治抱负确是一个
较超前的创举。他希冀能借助穆斯林为多数居住者的地方当政者之手推
动其理想，不料却屡屡受挫，事事不畅。但他初心不改，不愿轻易放弃
其主张和信念，便辗转各地寻求新的"合作"伙伴。阿富汗、奥斯曼帝
国、波斯的当政者均视哲玛鲁丁·阿富汗尼为座上贵客，用一些冠冕堂
皇的"虚位"以博取他对其政治败局的修补，或为其时局做"维稳"顾
问。然而，哲玛鲁丁·阿富汗尼在埃及的活动触及了当政者的敏感神经。

---

① ［埃及］穆罕默德·欧玛尔：《伊玛目穆罕默德·阿卜杜胡：以维新宗教振兴社会的改
革家》（阿拉伯文），曙光出版社2009年版，第27页。

② ［埃及］绍基·戴伊夫著：《埃及近代阿拉伯文学史》（阿拉伯文），知识出版社2004年
版，第220页。

③ 阿富汗尼曾游历了东方的印度、埃及、希贾兹、波斯、伊拉克、伊斯坦布尔（阿斯塔
纳），西方的伦敦、巴黎、慕尼黑、圣彼得堡。他在印度曾用波斯语撰写《驳无神论者》，以揭
露英国殖民者的险恶用心。参见穆罕默德·拜哈《现代伊斯兰思想与西方殖民的联系》（阿拉伯
文），（埃及）瓦哈柏书局1985年第11版（增补修订），第62—63页。

④ ［埃及］穆罕默德·欧玛尔：《伊玛目穆罕默德·阿卜杜胡：以维新宗教振兴社会的改
革家》（阿拉伯文），曙光出版社2009年版，第19页。

因他反对殖民者干涉埃及内政的言辞招致了不少非议①，1879年被逐出埃及。

1883年年底，穆罕默德·阿卜杜胡受哲玛鲁丁·阿富汗尼之邀，赴巴黎组建政治团体，旨在恢复埃及等地的传统文化制度；推动建立公正、透明、完美的管理体制。该组织的阶段性目标，就是想让埃及和苏丹尽快摆脱殖民统治。②哲玛鲁丁·阿富汗尼曾设想通过《坚柄报》向埃及、印度等地宣传他的反殖民主张与社团的宗旨。吴云贵研究认为，《坚柄报》"将向东方人解释衰落的根源及何以复兴，驳斥穆斯林不能朝向文明进步的谬论，向他们指明如何遵循先祖的原则，以图富强"③。

据记载，1884年年初，《坚柄报》邮寄回埃及，而百姓迫于某种压力要么不去阅读，要么机智地将报纸退回。即便是哲玛鲁丁·阿富汗尼的反殖民主张再次落地埃及本土，却也因气候不宜而未在合适的土壤中生根。由于法国当局的干预，《坚柄报》仅发行了8期就被迫停刊。当时，哲玛鲁丁·阿富汗尼及其同人陆续离开法国。1885年，穆罕默德·阿卜杜胡取道突尼斯回到贝鲁特。而哲玛鲁丁·阿富汗尼仍然周游波斯、阿富汗、印度、奥斯曼帝国等地，继续开展反殖民宣传。其间，他还不断通过书信和穆罕默德·阿卜杜胡进行交流，就某些问题进行协商，且给予具体指导。然而，临终前不久，阿富汗尼发现他自己一手栽培的穆罕默德·阿卜杜胡似乎无意按照他的主张行事，勃然大怒，于是写信质问。④笔者同情哲玛鲁丁·阿富汗尼的处境，也想对其最终未能如愿以偿的政治主张斗胆提出批评。哲玛鲁

----

① ［埃及］穆罕默德·拜哈著：《伊玛目穆罕默德·阿卜杜胡》（阿拉伯文），埃及伊斯兰事物最高委员会1999年版，第26页；蔡德贵、仲跻昆主编：《阿拉伯近现代哲学》，山东人民出版社1996年版，第41页。

② ［埃及］穆罕默德·莱西德·里达：《伊玛目穆罕默德·阿卜杜胡传》（阿拉伯文，第一册），法蒂莱出版社2006年版，第283页。

③ 吴云贵：《穆斯林民族的觉醒：近代伊斯兰运动》，中国社会科学出版社1994年版，第67页。

④ ［埃及］穆罕默德·欧玛尔：《伊玛目穆罕默德·阿卜杜胡：以维新宗教振兴社会的改革家》（阿拉伯文），曙光出版社2009年版，第39页。

丁·阿富汗尼的主张缺乏较为广泛的群众基础,上层路线的虚幻性使
他对各地政客们抱有太多的幻想。与之相对,穆罕默德·阿卜杜胡的
各项社会改革之所以能获得阶段性的胜利,主要原因之一就是他紧紧
抓住了埃及百姓的基本社会需求,赢得了普通民众的赞誉,社会改革
成功的概率也就提高了不少。

三 流放岁月的伟业

第三阶段:流放岁月(1882—1889)。1882年9月,穆罕默德·
阿卜杜胡因涉嫌参与反英殖民运动被囚3个月,后被流放至贝鲁特。
美国学者爱德华·萨义德认为:在古代,流放是特别恐怖的惩罚;不
仅意味着远离家庭和熟悉的地方,多年漫无目标的游荡,而且意味着
成为永远的流浪人,永远背井离乡;一直与环境冲突,对于过去难以
释怀,对于现在和未来满怀悲苦。……人们普遍认定,流亡是被完全
切断,孤立无望地与家乡分离。[1] 据记载,穆罕默德·阿卜杜胡受阿
拉比运动的牵连被迫回到家乡后,心情坏到了极点。因受当地警察的
监视,他偷偷地逃到亚历山大,流窜到开罗寻求昔日好友的帮助,均
无济于事。无奈,他向当时在开罗的媒体同事们求助,竟吃了闭门
羹。1883年3月14日,他写信给哲玛鲁丁·阿富汗尼,诉说心中的
苦闷,以及在贝鲁特的生活状况。[2] 4个月后,他再次给恩师写信汇报
流亡期间的生活。[3] 同年7月15日,穆罕默德·阿卜杜胡还给英国友
好人士写信,询问他被流放后埃及的社会环境。[4] 次年4月7日,穆
罕默德·阿卜杜胡收到英国友好人士从伦敦寄出的信函。4天后,他
在巴黎立即给英国好友复函。穆罕默德·阿卜杜胡在信中坦言,打算
接受创办刊物的建议;并反馈说,将在合适时候向印度同人们发出请

---

① [美]爱德华·萨义德:《知识分子论》,单德兴译,陆建德校,生活·读书·新知
三联书店2002年版,第44—45页。
② [埃及]穆罕默德·阿卜杜胡:《穆罕默德·阿卜杜胡全集》(阿拉伯文,第一
卷),穆罕默德·欧玛尔校注,曙光出版社1993年版,第625—630页。
③ 同上书,第631—633页。
④ 同上书,第635—636页。

求，请他们先保持克制，等待时机成熟时方可再次进行反英殖民斗争。① 笔者从他们之间的信函中发现，穆罕默德·阿卜杜胡在第 2 封信的结尾用"忠实的朋友"做称呼，足见他对英国友好人士的认可度在逐渐加深。

其实，从 1883 年年初开始，客居异乡的穆罕默德·阿卜杜胡就未停止对埃及社会弊端的抨击，不断揭露民众的生活陋习。他以犀利的视角撰文阐述埃及社会的各种病症。作为一个有良知者，他的诸多做法绝非是个人对社会的不满或有泄私愤的嫌疑，而是基于对深受殖民压榨的埃及社会的担忧与深思，是对社会负责的一种自然表现。今天看来，穆罕默德·阿卜杜胡的行为抑或为后来提出"文化改革与文明改革相结合是埃及社会改良的必由之路"之观点奠定了现实基础。

寄居贝鲁特期间，穆罕默德·阿卜杜胡始终将学习与研究视为生活的最重要部分。虽然穆罕默德·阿卜杜胡寄居他乡，远离亲人与故土，但闲暇之余仍坚持著书立说。他亲自示范并匡正阿拉伯语言的使用，力求让更多具备阅读阿拉伯语能力的人掌握较为通俗的语言风格，摒弃较早时候业已形成的华丽辞藻范式。其间，他用通俗的阿拉伯语校注了阿拔斯王朝时期的《玛卡梅》②，让读者更容易理解其中的含义；同时还注释了第 4 任哈里发阿里·本·艾比·塔里布的《辞章之道》③。该类型的杰作，是他为现代标准阿拉伯语使用规则树立的榜样，本书在后面章节有详细介绍。

---

① 参见［埃及］穆罕默德·阿卜杜胡《穆罕默德·阿卜杜胡全集》（阿拉伯文，第一卷），穆罕默德·欧玛尔校注，曙光出版社 1993 年版，第 637—638 页。

② 阿拉伯语"المقامات"的音译，集会、汇集之意，后演变为"集会上的演讲"，是阿拔斯王朝（750—1258）较流行的文体——骈文。参见王有勇编著《阿拉伯文献阅读》，上海外语教育出版社 2006 年版，第 410 页。穆罕默德·阿卜杜胡是注释和校注《玛卡梅》的近代第一人。1888 年伊历 9 月完成，1889 年在贝鲁特的一个天主教书局出版。

③ 阿拔斯王朝著名学者、诗人谢里夫·里达（969—1015）将第 4 任哈里发阿里的 238 场演讲、79 封书信和 488 句格言整理而成。涉及宇宙观、生活律例、阿拉伯语言文学、阿拉伯修辞等内容，成为后辈学者进行学术研究的主要引用文献之一。伊斯兰教什叶派认定该著作为民众必读书目之一。我国学者张志华先生将其译为汉语，宗教文化出版社 2003 年出版。

穆罕默德·阿卜杜胡在贝鲁特皇家学校给学生讲伊本·西那（980—1037）①的哲学，编写《伊斯兰一神论大纲》，在清真寺讲解《古兰经》。当时，不少基督教开明人士希望能到清真寺聆听他对"经文"的"理性"诠释。②也就是说，穆罕默德·阿卜杜胡对经文的理性诠释不仅让穆斯林受益，更让当时的基督教徒从中获取想要了解的真理。

四　实现理念，实施改革

第四阶段：旷世之举（1889—1905）。1889 年，穆罕默德·阿卜杜胡回到埃及，被安排在距离开罗以北约 50 公里远的班哈③，从事地方司法工作。对于这份与原本学识相差甚远的工作，穆罕默德·阿卜杜胡还是非常乐意地接受了，并全身心地投入其中，以极大热情力争做好相应工作。④稍后的时段里，穆罕默德·阿卜杜胡又在宰加齐格⑤和阿比丁⑥地方法院效力。19 世纪末的埃及当局，让穆罕默德·阿卜杜胡结束流亡生活；却又担心他再次惹是生非，便赏给他一个与其专业学识背道而驰的司法工作。两年后，穆罕默德·阿卜杜胡荣任埃及上诉法院的顾问。⑦这一职务的变化，证实了穆罕默德·阿卜杜胡在崭新的工作环境中取得了

---

①　中世纪阿拉伯著名哲学家、医学家、自然科学家和文学家。中亚布哈拉城塔吉克人氏，西方称为阿威森纳（Avicenna）。他生于今天乌兹别克斯坦布哈拉城的艾弗闪村，去世于今天伊朗的哈姆丹城。少年时在艾布·阿卜杜拉·纳伊里的指导下学习亚里士多德、欧几里得、法拉比、拉齐等人的哲学、科学著作。自学医术，18 岁成为名医。他是百科全书式的学者，其学说和著作对阿拉伯及西欧产生了重大影响。一生著有 200 多部专著，涉及哲学、心理学、逻辑学、医学、几何学、光学、语言学、文学和宇宙观等诸多领域。他的哲学著作有《治疗论》《知识论》，医学著作有《医典》等。

②　［埃及］穆罕默德·阿卜杜胡：《伊斯兰教一神论大纲》（阿拉伯文），曙光出版社 1993 年版，第 31 页。

③　埃及盖里尤比耶省首府，以出产蜂蜜著称，农业相对较发达。

④　穆罕默德·阿卜杜胡还是热衷做教师，他曾经在开罗大学的文学院当过老师，但被陶菲克帕夏拒绝了。

⑤　距开罗东北约 80 公里，为埃及东部省首府。

⑥　埃及开罗的中心，始建于穆罕默德·阿里王朝的伊斯玛仪勒总督时代（19 世纪中叶），是他当时主张修建的王朝办公所在地和埃及的首府。后来发展成为埃及的政治中心，王宫贵族的宅院、各国使节住所与各外国使馆均在此地。现在仍然是埃及政府各部门的所在地。

⑦　［埃及］穆罕默德·欧玛尔：《伊玛目穆罕默德·阿卜杜胡：以维新宗教振兴社会的改革家》（阿拉伯文），曙光出版社 2009 年版，第 38 页。

令人满意的业绩。

1891 年，穆罕默德·阿卜杜胡与志同道合者组建埃及高等教育委员会，针对埃及教育改革提出了一系列计划。该想法因故被搁置 10 余年。

1892 年，穆罕默德·阿卜杜胡与同仁们共同组建了慈善协会，开展普及教育、援助灾民等活动。他的系列改良活动从此展开了序幕。

1895 年，他与谢赫阿卜杜·勒克里姆·塞勒玛尼受命代表埃及政府参与了爱资哈尔的行政与管理改革，并制定了相应的改革规则。1899 年 6 月 3 日，穆罕默德·阿卜杜胡担任隶属于埃及最高宗教委员会的律例说明官（穆夫提）。他建议改良宗律例庭，倡议提高法庭工作效率。是月 25 日，穆罕默德·阿卜杜胡荣任埃及宪法商议委员会成员。

1900 年，他与有志之士创建了阿拉伯文献复兴学术社，负责出版了大量文献资料和阿拉伯语言学典籍。

从 1899 年 6 月起，穆罕默德·阿卜杜胡就义务为爱资哈尔的学生讲授"《古兰经》注"课，6 年风雨无阻。至去世前，他详细讲解了从"开端章"至"妇女章第 125 节"经文，为穆罕默德·莱西德·里达整理并完成《光塔经注》做足了前期准备。

值得一提的是，1903 年前后，穆罕默德·阿卜杜胡还前往沙姆、突尼斯、阿尔及利亚、苏丹、意大利及欧洲其他国家等地访问。他依据自己的学识，发布了很多关于法学问题的权威说明，并在报刊上撰文。他独立撰写或与人合作完成了多部专著，还翻译了赫伯特·斯宾塞（1820—1903）[①] 的法语版的《教育》。

1905 年 3 月，穆罕默德·阿卜杜胡因总督阿巴斯不支持爱资哈尔的改革计划，请辞爱资哈尔大学管理委员会委员一职。

1905 年 7 月 11 日，穆罕默德·阿卜杜胡在亚历山大城病故。他虽离开了人世，但其改革思想对阿拉伯世界的影响很大。

---

① 英国社会学家、哲学家。因家庭贫寒，未进入学校接受教育，但著述颇丰。1861 年著《教育》，提出快乐教育的理念。

第二节　穆罕默德·阿卜杜胡改革思想渊源

一　秉承历代先贤思想

6—9 世纪，许多阿拉伯文人与学者把《古兰经》看作是生活指南和行为规范。艾哈迈德·本·罕百里（780—855）[①] 认为，那些坚守《古兰经》为生活原则的人是"廉政的先贤"，溯源至穆罕默德的弟子、再传弟子和三传弟子中的贤哲和学者，简称三代先贤或前三代[②]，阿拉伯语称之为"赛莱夫"。坚持三辈先贤处事行为的人称为"赛莱菲耶"[③]，即"尊古派"或"循古派"。笔者以为，按时间概念确定先贤似乎有点片面。从7 世纪中叶至中世纪，众多学者都遵循"经训"原则行事，他们对传统文化核心的理解与实践成为后辈们效仿的楷模。因此，史上那些严格按照《古兰经》和圣训要求恪守传统文化的历代先贤和学者，都应在"赛莱夫"的范畴。

历史上，阿拔斯王朝哈里发钦定的跨文化传承与学术兼容活动[④]，让昔日游牧民族的后裔们知晓了来自古希腊、印度、波斯等民族的众多学科，通过译介让阿拉伯人理解了哲学、逻辑学的概念与基本规则。后来的学者将逻辑学运用到传统文化诸学科中，对相关理念提出质疑。百花

---

① 780 年出生于巴格达，后游学于希贾兹、也门和大马士革，投奔多位学者，成为著名的法学者，主张以《古兰经》为律例判断的主要依据，广泛引用圣训，尤其重视圣门弟子与再传弟子的判例，否认个人意见在解释与执行律例中的作用，较少使用"公议"，痛斥日常生活中的标新立异行为。特别反对穆尔太齐赖学派的"意志自由"和"《古兰经》被造说"。著有《穆斯奈德圣训集》《伊斯兰法学之途径》等多部大作。

② 努尔曼·马贤：《碧海探珠》（上册），宁夏人民出版社 2011 年版，第 60 页。

③ 近几年，国内学界也有人将之译为"萨拉菲"。

④ 阿拉伯历史上著名的"百年翻译运动"。该项活动始于伍麦叶王朝（661—749）时期的哈立德（634—704）和欧麦尔·本·阿卜杜·阿齐兹，因个人喜好，便命人将希腊语和科普特语的炼金术、占星术和医学等译成阿拉伯语。阿拔斯王朝哈里发曼苏尔（714—775，754—775 在位）、哈伦·拉希德（763—809，786—809 在位）倡导奖掖翻译，下令设立宫廷图书馆，聘请各地学者从事希腊、波斯、印度等民族的天文学、数学、医学、炼金术和文学典籍的翻译与研究。哈里发马蒙（786—833，813—833 在位）在此基础上设立"智慧宫"，由翻译院、科学院和图书馆组成，使该项活动进入到了一个辉煌阶段。翻译活动不但引介了其他民族优秀的文化成果，还培养了众多学者，进一步促进了阿拉伯文化的发展。

齐开，百家争鸣的宽松氛围，凝聚了不少学者潜心研究学术，异常活跃的学术活动与广阔的研究空间，催生了诸学派的产生与发展。

因阿拔斯王朝哈里发个人的喜好与推崇，穆尔太齐赖派①的"《古兰经》被造说"和"理性高于天启"的观点曾一度被看好。穆尔太齐赖派的"《古兰经》被造说"观点与传统学派认定的"《古兰经》是安拉无始永恒"的教义基本理论相悖，遭到了传统派学者的强烈反对。而传统派学者却遭到打压甚至囚禁，因为他们被怀疑蓄意反对"国学"。在那场学术争鸣中，传统学派的代表伊本·罕百里成为被批判的典型，遭监禁28个月。伊本·罕百里在遭受监禁和严刑时，仍据理力争，驳斥穆尔太齐赖派的唯理主张。

9世纪30年代，穆尔太齐赖派的唯理论如日中天，许多正统派学者迫于压力纷纷倒向哈里发一边，唯伊本·罕百里例外。虽厄运缠身，但矢志不渝，被奉为当时学界反理性的先锋与勇士。他为正统学派众学者树立了捍卫信念的典范，也确定了引领"循古思潮"的斗士地位。

那种回归传统文化思想建立在对先贤们遵循信仰体系的原则之上，被学界称为"赛莱菲耶"派。有关学术理论，国内②外学界有不少的论述，鉴于篇幅的缘故，不展开叙述。

然而在现实生活中，提起"赛莱菲耶"，人们总觉得与"保守、僵化"有着某种说不清道不明的瓜葛，甚者还会用"恐怖"等字眼加以修

---

① 阿拉伯语"المعتزلة"的音译，"分离"之意。8—12世纪宗教哲学派别，西方学者称"唯理主义"派。其学说经历了两个主要阶段：第一，伍麦叶王朝时期，提倡人类意志自由，对其他政治派别提出批评。该派别的学说主要在巴士拉和巴格达等地的宗教学者、知识界传播，后普通市民和什叶派也接受了其观点。第二，阿拔斯王朝时期，该派别学者艾布·胡栽勒（752—849）提出信仰的五项基本原则，以唯理主义思想论证宇宙观；届时，该派还吸纳了基督教和摩尼教的某些观点，认定"理性是信仰的最高原则"。哈里发马蒙（813—833在位）为了当时的政治和宗教需要，接受了该派提出的"《古兰经》被造说"理论，视其为"国学"；穆尔台绥姆（833—842在位）、瓦西格（842—846在位）继续支持该派的学术观点。穆泰瓦基勒（847—861在位）时，该派失宠。后裂变成20多个分支，至12世纪该派别的学说销声匿迹，退出了学术舞台。

② 参见努尔曼·马贤《碧海探珠》（上册），宁夏人民出版社2011年版，第61—62页。

饰。① 埃及当代学者穆罕默德·欧玛尔博士认为，对赛莱菲耶误解的原因很多，主要是人们对赛莱菲耶思想形成缘由及其主要观点不甚了解，或是基于某种需要而信口雌黄草率作出的论断。前一种界定多出自阿拉伯学者群体，而后一种比喻主要来自西方学界。

历史上，赛莱菲耶学派从 8 世纪 90 年代至 20 世纪 70 年代，先后涌现出了 40 多位著名学者。② 众学者们秉承伊本·罕百里树立的"唯经训"原则，对类比、注释等涉及生活律例、宇宙观问题的做法不予接受，特别必要时才许可用类比法解决律例疑难。赛莱菲耶学派从一开始就将"经训"置于宇宙观和律例判断的最高标准，像个人意见、类比、注释、理智、苏菲的体验等都不能作为律例和宇宙观判断的标准。抑或这就是为什么今天秉承该学派的学者常把生活中不甚符合宇宙观或律例原理的行为判定为"异端"的缘故。因为他们不能从典籍中找出与今天社会上出现的新问题相对应的内容，更不能提出解决诸多新问题的方法。

众所周知，伊本·泰米叶是实践赛莱菲耶思想最彻底的学者之一。他自幼秉承父辈对罕百里法学派研究的成果。因学识超群，他 22 岁时就接替了去世的父亲在大马士革圣训学校任教。1292—1305 年，伊本·泰米叶撰文著书批判苏菲派和教义派，反驳什叶派和其他宗教的学说，驳斥希腊哲学、逻辑学和穆斯林亚里士多德哲学家们。1306 年，因批判苏菲学派伊本·阿拉比③的"存在单一论"和指责崇拜圣陵，被叙利亚总督遣送至开罗，监禁 5 个月。1312 年，他返回大马士革，潜心研究法学。伊本·泰米叶认为，他自己已具备法律创制的条件和资格，

① ［埃及］穆罕默德·欧玛尔：《赛莱夫与赛莱菲耶》（阿拉伯文），金字塔商业印务社 2005 年版，第 7 页。

② ［埃及］穆罕默德·欧玛尔：《伊斯兰思潮》（阿拉伯文），曙光出版社 2011 年版，第 137—139 页。

③ 苏菲派著名宇宙观专家、哲学家。1165 年生于安达鲁西亚（今西班牙）的穆尔西亚，8 岁时全家迁至塞维利亚，成年后到北非各地求学，后在突尼斯受雅莎米和法蒂玛的影响接受了苏菲主义学说。1201—1202 年在麦加朝觐期间加入卡迪尔苏菲教团，开始著述《麦加的启示》。1230 年定居大马士革，1240 年 11 月 6 日去世。其主要观点是"存在单一论（وحدةالوجود）"，认为安拉是独一的绝对存在，是宇宙万物的本原。

根据《古兰经》、圣训和"类比"对某些法学问题提出个人的独到见解。[①] 1320 年，他用类比的推理方法解释律例中有关休妻的律例，因他的解释与逊尼派四大律例学派的主张相悖，又被囚禁。次年出狱，仍坚持己见。[②] 据说，伊本·泰米叶在被囚禁的岁月，仍笔耕不辍，笔墨被没收后，还利用囚室中的炭灰继续写作。可见，伊本·泰米叶的行为，与伊本·罕百里反对穆尔太齐赖派的唯理论有异曲同工之妙；至少说明他们对已认定的原则不会轻易更改。有人简单地将伊本·罕百里视为赛莱菲耶思想的奠基者、伊本·泰米叶是该思想的推动者。其实，该思想的宣传与发展经历了几代甚至几十代学者坚持不懈的努力，旨在让人们的信仰回归到最纯真的时代，以《古兰经》和圣训为日常生活指南。当下，罕百里法学派的主张是阿拉伯海湾诸国的主流法学理论。

纵观历史，18 世纪末，埃及是第一个受西方文化冲击的阿拉伯国家。国难当头的危急时刻，一些人竟"拿法国佬的钱"[③] 替侵略者的非人道行为叫好，成为殖民者在埃及本土的舆论工具之一。作为埃及社会文化主阵地的爱资哈尔，学者们要么守旧僵化至极[④]，要么像谢赫阿卜杜拉·谢尔噶维（1737—1812）[⑤] 和谢赫穆萨·塞尔西[⑥] 等人一样为侵略者献媚。政客们为了一己私欲，借助手中的权力武器，以非常规手段随时随地

---

① 马福德：《近代伊斯兰复兴运动的先驱——瓦哈卜及其思想研究》，中国社会科学出版社 2006 年版，第 66—68 页。

② 宛耀宾主编：《中国伊斯兰百科全书》，四川辞书出版社 1996 年版，第 648 页。

③ ［埃］穆罕默德·艾尼斯、赛义德·拉加卜·哈拉兹：《埃及近现代简史》（中译本），商务印书馆 1980 年版，第 40 页。

④ ［埃］穆罕默德·莱西德·里达：《穆罕默德·阿卜杜胡传》（阿拉伯文，第一册），法蒂莱出版社 2006 年版，第 2 版，第 5 页。

⑤ 1793—1812 年任埃及爱资哈尔第 12 任谢赫，著述多部。

⑥ 两者曾经是为法国殖民者效力的埃及上层宗教人士。拿破仑入侵埃及后，便挑选爱资哈尔十位宗教学者组成了一个委员会，其中阿卜拉·谢尔噶维是该委员会的头领。参见穆罕默德·阿卜杜勒·穆纳埃姆·侯法吉《千年爱资哈尔》（第一卷，阿拉伯文），爱资哈尔学院图书馆 1988 年版，第 151 页；郭应德《阿拉伯史纲》（610—1945），经济日报出版社 1997 年版，第 238 页。另见穆罕默德·阿卜杜·穆奈阿姆·胡法吉博士《千年爱资哈尔》（上册，阿拉伯文），爱资哈尔大学院系图书馆 1988 年版，第 151 页；弗兹·萨利哈《爱资哈尔大学的长老》（阿拉伯文），阿拉伯语语言出版发行公司 1997 年版，第 11—18 页。

随心所欲地绑架宗教权威，使之成为他们统治的推手或说客。彼时，爱资哈尔最高学府中的学者根据各自对社会环境与学术生态形式的理解，自然形成了泾渭分明的两个难以融合的阵营。

在彼时特殊的环境中，智者便开始思量，要使传统文化能实现现代化，就可与西方竞争；否则就需要恢复到麦加时期的状态，以便更好地与西方战斗。① 要实现传统文化现代化，时机尚不成熟；而让传统文化恢复到麦加时期的状态，对 19 世纪的埃及人而言不是一件难事。因为，固有的传统文化底蕴与生活信念基础，足够让人们的生活回归到真理模式。

事实上，穆罕默德·阿卜杜胡的改革理念之一就是"从传统禁锢中解放思想，以人们未出现分歧之前的先辈的方式理解传统文化精髓，回归到获取真理的原始状态"②。笔者以为，穆罕默德·阿卜杜胡亦是赛莱菲耶思想传承过程中不可或缺的中坚力量。

二 理性思维的再实践

穆罕默德·阿卜杜胡改革思想的第二个源泉是对"理性"的再实践。19 世纪后半叶，人们对传统文化的认知与穆罕默德·阿卜杜胡对传统文化的认知有较大的差异。对此，他指出："应重视智慧，因为它不仅是最主要的人类资源之一，而且对现实也很重要。"③ 埃及当代思想家穆罕默德·欧玛尔认为，穆罕默德·阿卜杜胡生活的时代，许多文人将奥斯曼时代僵化的思想认定为金科玉律，不愿放弃又不敢怀疑。彼时，还有人以追求西化的世俗风潮为荣。整个埃及社会处于两极分化的局势。面对如此困窘，穆罕默德·阿卜杜胡尝试着寻求一种新型的方法，以弥合固守者与开化者之间的时代裂痕。这便是介于两者之间的"中间思

---

① ［美］爱德华·萨义德：《文化与帝国主义》，李琨译，生活·读书·新知三联书店 2003 年版，第 45 页。

② ［埃及］穆罕默德·欧玛尔：《伊玛目穆罕默德·阿卜杜胡：以维新宗教振兴社会的改革家》（阿拉伯文），曙光出版社 2009 年版，第 45 页。

③ 同上。

维"——宗教革新学派。① 确切地说，穆罕默德·阿卜杜胡选择了一条符合埃及社会现状的改革之路。固守传统者将传统文化的神圣性置于万事之巅，不容有任何质疑之举，甚至还阻止对其思辨；顺从该观点者则更加确信其神圣性。因此，固守者与其顺从者首先成为革新活动的最大阻碍。随着西化势头的不断扩大，很多人变得更加保守与屈从。这种可怕的思想混乱状态，令穆罕默德·阿卜杜胡倍感煎熬和痛心。

基于此，宣传解放思想成为向上述两类人群挑战的最好武器，或将成为与之斗争的最主要方式、获取革新成功的最佳条件。穆罕默德·阿卜杜胡确信，在宗教方面提出某种大胆的想法，是需要勇气、胆识和敏锐洞察力的。追求真理者应是坚韧者，矢志不渝，不被眼前的困难吓倒。他认为，理性是安拉赋予人类的财富，更是传统文化的本源之一。理性能矫正过失，减少迷茫，维系世界秩序。尊重理性，科学使用理性是人类最重要的潜质之一。② 其实，中世纪著名学者安萨里（1058—1111）③曾对人们盲目守旧和追逐理性两个极端提出了严厉的批评。对此，日本学者简井俊彦（Toshihiko Izutsu，1914—1993）④ 在专著中明确指出，"只固守传统的教义而无视理性的人是蠢人；只依赖理性而不顾《古兰经》和逊奈的人是迷失前进方向的人"。⑤

在那种特殊的社会背景之下，穆罕默德·阿卜杜胡更加相信理性能帮助世人解决当时意识领域中出现的混乱状态，借助理性正本清源，驱逐邪念。因而他将理性界定为改变当时社会意识形态的制胜法宝。理性是获取科学的良师益友，探寻宇宙奥秘的研究者，尊重现实的召唤者，

---

① ［埃及］穆罕默德·阿卜杜胡：《穆罕默德·阿卜杜胡全集》（阿拉伯文，第二卷），穆罕默德·欧玛尔校注，曙光出版社 1993 年版，第 64 页。

② 马和斌：《穆罕默德·阿卜杜胡宗教改革思想研究》，《阿拉伯世界研究》2014 年第 4 期，第 103 页。

③ 中世纪著名宇宙观家、哲学家、法学家、教育家，正统苏菲主义的集大成者。他著有多部专著，惠及后人。

④ 日本东京庆应义塾大学名誉教授，曾任庆应义塾大学文化和语言研究所教授，并在伊朗德黑兰大学和加拿大的蒙特利尔大学做兼职教授。他精通阿拉伯语、波斯语、梵语、巴利语、中文、俄罗斯语和希腊语等 30 种语言。

⑤ ［日本］简井俊彦：《伊斯兰教思想历程——凯拉姆·神秘主义·哲学》，秦惠彬译，今日中国出版社 1992 年版，第 96—97 页。

加强自身修炼和提升工作效率的寻求者。他还认为，理性能让民众以正确的途径获取传统文化知识，同时还能学会生活技能。① 理性是人类潜力的精髓和支柱，又是人们获取正确信念的主要途径之一。

穆罕默德·阿卜杜胡将实践理性确定为五点要务：第一，理性是获取正确信仰的途径。第二，如果绝大多数学者认为理性与律例相左时，理性判断优于律例表面含义。这种情况需要对生活律例做两方面的关注，即正确理解律例的论证过程，且将此看作是对安拉负责任的作为；阐释律例须坚持语言规则，即遵循阿拉伯语语法和语义规则，再进行符合逻辑的推理。第三，理性必须远离违背传统文化宗旨的肆意言论和违背教义行为。第四，理性须遵循世界规律。第五，理性必须坚守传统文化原则。② 可见，穆罕默德·阿卜杜胡对理性的论断是基于传统文化原则和律例两个层面。对于传统文化信念问题，穆罕默德·阿卜杜胡认为没有商议的余地，因为传统文化信念原则不容置疑。而对于律例，他认为基于阿拉伯语言规则前提下，遵循传统文化信念原理与世界运行规律，可以利用理性推演和诠释律例问题，使普通民众在履行律例时不再感到困难。某日，笔者与一贤士谈论穆罕默德·阿卜杜胡时，其某些改革观点被认为存在"前后不一致，自相矛盾"的嫌疑。稍后审视此评论，笔者在大脑里似乎理顺了其中的症结。如果不将传统文化信念与律例两者混淆，问题的"出入"貌似就很明显。

19 世纪末的很多埃及学者，不很认可穆罕默德·阿卜杜胡提出的理性观。有甚者把"理性探索看作是违反经训的新生异端"。③ 事实上，穆罕默德·阿卜杜胡的举措旨在再次唤醒人类的理性④，对当时僵化的思想界提出划时代的挑战，刺激智者思考民族的未来。

---

① ［埃及］穆罕默德·阿卜杜胡：《穆罕默德·阿卜杜胡全集》（阿拉伯文，第二卷），穆罕默德·欧玛尔校注，曙光出版社 1993 年版，第 318 页。

② ［埃及］阿卜杜胡：《穆罕默德·阿卜杜胡全集》（阿拉伯文，第三卷），穆罕默德·欧玛尔校注，曙光出版社 1993 年版，第 301—305 页。

③ 张维真：《试析穆罕默德·阿布杜的改革思想与理性思辨》，《高原》（民间刊物）2009年第 4 期，第 72 页。

④ 马福元：《浅谈穆罕默德·阿布笃的信仰理性观》，《西北第二民族学院学报》2008 年第 5 期，第 72 页。

理性（Rational），指能够识别、判断、评估实践理由以及使人的行为符合特定目的等方面的智能或能力。人的这种能力源于对事物规律做较全面的考虑和判断，综合运用逻辑推理对事物做客观分析，避免急躁、片面、草率的结论、理性通过具有说服力的论点与论据发现真理，通过符合逻辑的推理而非依靠表象获得结论、意见和行动的理由。古代中国学者将理性界定为人的涵养性情或道理。西方哲学界或将理性视为神的属性，且人也具备拥有理性的本性；或认定理性是知识的来源；或将理性认定为人的认知的一个过程，或视为一种经验。而经验是大众认知事物的通常路径，有人将这种过程称为世俗行为。其实，把理性理解为世俗有点牵强。

笔者窃以为，虽然理性的内涵仅是人认知事物的智能，而在现实生活中，理性涉及人类生活的诸多方面，如意识形态、社会交往、生产消费、人际关系、法规制度，甚至跨文化交际、文明对话等。需要说明的是，在人际交往活动日益频繁，相互依赖、影响和制约的程度越来越大的情况下，生活方式与价值观念很可能产生碰撞、冲突，最终达到融合。特别是在多元文化交流的初期阶段，相互产生不理解或观念相左是在所难免的，理当保持清醒的头脑，做符合客观的推断，切莫片面、急躁、粗暴行事，否则就可能产生严重的后果或不可弥补的损失。若发现存在差异，相应的沟通、对话、协商极为重要，不论是经济领域还是意识形态领域都应以理性的态度处理相关事情。

理性主义（Rationalism），是建立在承认人的理性可以作为知识来源的理论基础上的一种哲学方法，高于并独立于感官的感知。古希腊哲学家苏格拉底（公元前469—公元前399）[①] 认为：人首先要认识自我，然后才能去认知世界。"自我"是理性的一部分，属于灵魂的范畴，具有超越理解的属性。在苏氏看来，理性不仅是思考行为，而且还是人的觉悟对五种本质认知的变化过程。其实，理性论曾经是古希腊哲学中最耀眼的学术观点之一；随着古希腊文明的传播，理性观也被世界各地的学者

---

① 古希腊著名思想家、哲学家和教育家。他被誉为是西方哲学的奠基人。

借鉴并推广。人们普遍认为，理性主义随法国哲学家笛卡尔（1596—1650）① 的理论而产生，于 17—18 世纪在欧洲大陆传播；后被世界各国学术界所引用。笛卡尔认为，人类可以使用数学的方法（即理性）来进行哲学思考。他相信，理性比感官更可靠。

17 世纪中叶以后，荷兰籍犹太裔哲学家斯宾诺莎（1632—1677）② 和德国哲学家莱布尼茨（1646—1716）③ 在试图解决笛卡尔提出的认知及形而上学问题的过程中，使理性主义的基本方法得以发展。一方面斯宾诺莎及莱布尼兹都认为，原则上所有知识（包括科学知识）可以通过单纯的推理获得，另一方面他们也承认现实中除数学之外，人类不能做到单纯用推理得到别的知识。18 世纪中后期，哲学家康德（1724—1804）④ 对上述 3 位哲人的理性主义学说提出异议，认为一切科学知识必定从经验开始，但不能从经验中出发，要形成科学知识有赖于人类思维主体的先天条件。这就是构成一切知识的先天形式。他著述《纯粹理性批判》，用"先验感性论、先验逻辑论、先验分析论、先验辩证论和先验方法论"将经验与理想融为一体。

理性主义基于不容置疑的"天赋概念"基础之上，运用逻辑思维的方法对事物进行自上而下的演绎推理，使之达到某种理想的结论。该过程不参照个人的任何意见或与之关联的任何经验。依据上述界定，可知理性主义有两个最突出的特点。第一，知识和真理来源于某个"天赋概念"，这个天赋概念是不言自明的、无须证明的，就像"过两点只有一条直线"那么简单。它是颠扑不破的真理，不容否定，不容修改。某些理

---

① 法国著名哲学家、数学家、物理学家。他对现代数学的发展做出了重要的贡献，因将几何坐标体系公式化而被认为是解析几何之父。他还是西方现代哲学思想的奠基人，是近代唯物论的开拓者且提出了"普遍怀疑"的主张。他的哲学思想深深影响了之后的几代欧洲人，开拓了所谓"欧陆理性主义"哲学。

② 被称为近代西方哲学史上最重要的理性主义者之一。

③ 德国哲学家、数学家。研究领域涉及法学、力学、光学、语言学等 40 多个范畴，在微积分学方面颇有建树。

④ 德国哲学家、天文学家、星云说创立者之一；德国古典哲学创始人，唯心主义和不可知论者；德国古典美学奠基者。被认为是对现代欧洲最具影响力的思想家之一，启蒙运动最后一位哲学家。

性主义者甚至把直觉作为"天赋概念"的来源。第二，注重演绎思维，也就是自上而下逻辑推理思维。既然"天赋概念"正确性不容置疑，那么根据"天赋概念"所推出来的定理、推论等也必然是正确的。否则，如果跟"天赋概念"发生了矛盾，那就一定是错误的。

　　理性主义的特点表明，实证与经验被从其属性与范畴中剥离出去。西方学界的培根（1561—1626）[①] 和休谟（1711—1776）[②]，从另一个层面论证了感觉经验在人类认识中的作用，即所称的"经验理性"。该概念的出现是对"天赋理性"的应对与批评。黑格尔（1770—1831）[③] 也对康德的观点作了批评，提出了"思辨理性"之观点，使之达到"自觉的理性与存在事物中的理性的和解"。[④]

　　阿拉伯语的"عقل"（A'gal），有思考、思维、理解等基本含义，而理智、智慧和理性为该词的衍生含义，指人判断是非曲直的能力。与该词有关联的"عقلانية"（A'glaniyah），有理性主义或理性论之意义。有学者以为："造物主赋予人社会生活中的信仰、生命、理智、繁衍与金钱等基本要素，因而理智成为自然人现实生活与信念的不可或缺的基本条件。"[⑤]传统文化鼓励人们通过大脑的活动实现思考的目的，通过心智的锻炼培养思维的能力，最终实现认知真理。学界把理性置于一个相对较高的地位，因为它是人们走向幸福生活的一种有效途径，也是人类获得生活真谛的主要能力之一，只有通过连续不断的学习才能达到这个能力。学界研究显示，《古兰经》中有49处、圣训中有200多处涉及"理性"的话题；且历代学者都对理智作了独到精辟的论断。可见，阿拉伯传统文化是推崇智慧的。有学者将数学、工程学、音乐、医学等界定为与理智有关的学科，是有一定对道理的。

　　历史上，穆尔太齐赖派是最早接触并大胆使用理性主义原理的。他

---

①　英国中世纪著名学者之一，在文学、哲学、自然科学等诸多学科颇有建树。

②　苏格兰哲学家，曾学法律，从事过商业活动。1734年，他首次到法国，便开始研究哲学。他是经验理性主义者之一，著有《人类理解研究》。

③　德国近代客观唯心主义哲学的代表、政治哲学家。

④　［德］黑格尔：《小逻辑》，贺麟译，商务印书馆1980年版，第43页。

⑤　详见 Http：//www. riydhalem. com. research/1/62_tyar_aqli. pdf
د. سهل بن رفاع بن سهيل العتيبي: التيار العقلي لدى المعتزلة وأثره في حياة المسلمين المعاصرة.

们借助古希腊的逻辑推理论证"认主唯一",用理性论诠释有关造物主属性的一些经文。该派学者认为"人的理智能够解释、分析和协调不同经文的含义"①。据记载,穆尔太齐赖派学者在后期的学术活动中,将理性论据视为宇宙观和律例论证的主要参考依据,且将理性置于学术研究及传播的巅峰,以此获得当政者的青睐与推崇。对于穆尔太齐赖学派,西方诸多学者都给予了不同形式的研究与评价。英国东方学者约翰·施泰纳(1840—1901)②认为,该派是传统文化中自由思想的先驱。德国现代学者亚当·梅茨(1869—1917)③与哈密尔顿(1895—1971)④认为该派是思想自由和启蒙的传播者。⑤虽然穆尔太齐赖派在 12 世纪后消亡,但其秉承并使用的理性观对后来学界尚有一定的影响。

　　历史上,与穆尔太齐赖相对应的是艾什尔里学派⑥。该学派认为信仰高于理性,主张"人们对事物的认知和判断,必须以《古兰经》和圣训为依据,理性仅作为认识真主的一种工具,它无法获得真理性的认识。理性的运用不能违背信仰,必须以理性维护信仰"。⑦从表面上看,学术界的理性问题争鸣从穆尔太齐赖派主张的巅峰逐渐回落至艾什尔里派主张的"中间"地带。基于《古兰经》和圣训的原则,学界研究理性问题

---

　　①　［埃及］艾哈迈德·爱敏:《阿拉伯伊斯兰文化史》(第四册,中译本),朱凯译,商务印书馆 1995 年版,第 23 页。

　　②　英国作曲家和风琴手,牛津大学音乐教授。

　　③　德国著名史学家,瑞士巴塞尔大学东方语教授,伊斯兰研究奠基者。1892 年获巴塞尔大学闪米特语言文学方向博士学位,1922 年出版了用德语撰写的《伊斯兰教的复兴》。该专著被译为阿拉伯语。

　　④　即苏格兰东方史学家 Sir Hamilton Alexander Rosskeen Gibb。他生于埃及亚历山大城,4 岁时返回苏格兰,1913 年入爱丁堡大学学习闪语族语言,1922 年在伦敦大学东方及非洲研究学院获得阿拉伯语言硕士学位,后留校任教,1933 年晋升为阿拉伯语言教授。1937 年被聘为牛津大学圣约翰学院阿拉伯语言客座教授,1955 年获得哈佛大学终身教授。著述颇丰。

　　⑤　［沙特］阿里·本·哈桑:《理性论者:现代穆尔太齐赖派的萌芽》(阿拉伯文),麦地那阿萨里客居者工作室伊历 1413 年版,第 56—57 页。

　　⑥　中世纪伊斯兰教逊尼派哲学流派,因创建人艾布·哈桑·阿里·艾什尔里(873—935)而著称。他 40 岁时脱离穆尔太齐赖派转向正统派,初期该派采取调和宗教与哲学、理性与信仰、命定论与意志自由的折中观点,后经各代学者的不断完善和发展,使该派的思想体系得到公认,特别是在 11 世纪后该学派的主张得到大力传播。参见穆罕默德·欧玛尔《伊斯兰思潮》(阿拉伯文),曙光出版社 2011 年版,第 165—197 页。

　　⑦　宛耀宾主编:《中国伊斯兰百科全书》,四川辞书出版社 1996 年版,第 58 页。

旨在充分挖掘智慧潜质，为学术研究服务。

中世纪著名的阿拉伯史学家伊本·赫勒敦（1332—1406）[①] 认为，"理性是度量真理的衡器，其标准须是不能掺杂任何荒谬的公理。理性是有界限的，但不可超越信念、复生日、派遣圣人之实际情况，以及神的属性之本质等问题"[②]。史实可鉴，每当开明盛世之时，百家争鸣，理性自然就会受到热捧；但遭遇独裁横行，人们的思维和理性被扼杀或抑制之时，混沌蔓延，思想枯竭，愚昧行为大行其道，科学理性被无情地抛弃。穆罕默德·阿卜杜胡所处时代，正是人们的理智被禁锢的昏暗岁月，呼吁重启理性是人类文明所需，是社会发展的必然。

第三节 穆罕默德·阿卜杜胡改革思想的基础

一 学识积淀

穆罕默德·阿卜杜胡是19世纪末20世纪初倡导并实施社会改革的主力军之一。他的思想形成包含秉承传统文化精髓、理性思维的社会实践、吸收多元文化中的优秀成分，以及埃及社会特殊现实所需等4个方面。

学界有人将穆罕默德·阿卜杜胡的改革思想渊源仅归结为继承"赛莱菲耶思想"与理性创新两个方面，这是毫无疑问的，十分肯定的。但笔者以为，穆罕默德·阿卜杜胡对多元文化的广泛涉猎和甄别，为其思想形成做了极为重要的铺垫。假如没有对西方文化的了解，他恐怕很难与安东尼进行友好的学术争辩之后撰写《伊斯兰教、基督教与学术文

---

① 中世纪阿拉伯著名哲学家、史学家，生于突尼斯。8世纪随阿拉伯军队出征安达鲁西亚，后迁移至北非，辞世于开罗。他精通经训、宇宙观、生活律例、哲学和历史等诸多学科，通晓阿拉伯语言学和文学。1352年，他开始步入政治生涯，因谗言被迫隐居。1378年，他撰写著名历史哲学大作《阿拉伯人、波斯人、柏柏尔人及其同时代者之史鉴》，以翔实史料察古今社会之变，究国家治理之乱，从哲学之国度论述了阿拉伯国家和民族史。其第一部"绪论"是该作之精华所在。其学说被欧洲学界称为"人类历史哲学和社会学的奠基人之一"，阿拉伯学界称之为"伊斯兰划时代的史学哲人"。

② ［阿拉伯］伊本·赫勒敦：《绪论》（阿拉伯文），戴尔卫士·祖外迪校注，时代书局出版社2010年版，第431页。

化》，应对法国政客对传统文化的肆意歪曲而书成《科学文明的伊斯兰教》① 那样令人赏心悦目的佳作，也不会在伦敦与英国陆军大臣进行面对面的智力交锋，指出殖民者不得人心行为对被殖民地社会造成危害的恶果。

人类社会因武力冲突和思想交锋而进步，学界对这一点已达成共识。武力冲突刺激了被征服者保家卫国的天性，思想交锋成就了许多引导社会改革的精英。那些曾经呼吁社会改革精英们的思想并非像闪电与雷鸣一样瞬间消失殆尽，而恰如恒久的引擎长久地引导着社会前进的步伐。人类历史上涌现出了众多对社会发展产生过积极影响的改革家，其耀眼的思想与理念让人们受益匪浅。笔者研究的对象，就是对 19 世纪以来阿拉伯世界社会发展产生过重大影响的人物。

二 社会需求

18 世纪末以来，穆罕默德·阿卜杜胡生存的平静祥和环境与传统文化受到外来生活模式的冲击。许多人在悲愤中忍受着殖民思想的不断侵蚀，原本未见过的古怪文字成为小孩子"必须了解"先进文化的首选工具。当政者为积极应对外敌输入的洪水猛兽般的生活模式，不得不派遣年轻人赴国外学习先进知识。然而，当那些被遣者回到埃及后，却表现出全盘接受与选择吸纳两种状况。前者的言行令埃及人痛心不已，却又无能为力。该状况似乎在告诉人们，一种令人痛恨、生畏的思潮已经来临，与传统文化共同抢占埃及。

鉴于这一特殊背景，智识者便开始思索民众的未来，在无数次痛定思痛的探索之后，有人提出应在秉承传统文化根基的前提下，有限地接受外来文化并将其优秀成果引至本土民族未来发展中，逐渐形成一种介于传统文化与外来文化之间的社会发展模式，以维系埃及民众适应现代化发展的诉求。即便如此，作为当时该想法的提出者，为赢得更多人的支持，必须恪守传统文化，并从根基上向世人阐明传统文化中的核心与精华，以此引导人们的日常生活行为。

---

① 系穆罕默德·阿卜杜胡应对法国外长哈腾的学术辩论作品，成文于 1901 年。

　　萌发社会改良思想源于穆罕默德·阿卜杜胡丰富的生活阅历、异常活跃的思维、心系民众的普世情怀。穆罕默德·阿卜杜胡从小就敢于向传统和权威说不，身处逆境仍孜孜不倦研读各类知识，向世人宣传先进理念；面对殖民者的无理观点，慷慨陈词予以反驳，始终将民族利益放在首位。而对同胞爱心备至，通过各种方式引导他们提升生活质量，提高文化修养；让他们意识到生活陋习的严重后果。穆罕默德·阿卜杜胡将社会改良视为人生的不懈追求和奋斗目标。

　　穆罕默德·阿卜杜胡以其睿智的目光对埃及社会作了全面的审视，发现当政者"不为政"较普遍，员工消极怠工现象突出；司法执行中的不公正情况司空见惯，人们对之熟视无睹，甚至听之任之；广大民众个性修养缺位较大，教育环境极差。总之，19世纪末的埃及，存在着诸多的社会弊病。那样一个千疮百孔的社会，实质上给穆罕默德·阿卜杜胡提供了施展才华的绝佳环境。他以崇高的社会责任心在那块滋养着他的良知的大地上，开展着极为艰辛的各类社会改良。穆罕默德·阿卜杜胡从接受教育时便获得了正统文化的精髓，利用其智慧正确批判了古人对传统文化诠释的局限性或片面性，通过自己不断的努力，用能符合大众接受度的言辞将原本晦涩的公理明了化、大众化，不仅赢得了当时叙利亚人的肯定，更受到当地基督教徒的青睐。为了进一步充实其学识结构，穆罕默德·阿卜杜胡又涉足西方文化，从中获取能使自己视野更加宽广的有益信息。最终，他将在埃及实践其伟大的改革理想。

第 三 章

穆罕默德·阿卜杜胡教育及
司法改革概述

　　教育是人类社会进步的最重要的推进器，能使人们摆脱愚昧的困扰，向文明迈进。自人类有历史记录以来，教育一直是备受人们关注与推崇的永久命题；历代学者对教育提出了许多真知灼见的理论。蔡元培（1868—1940）先生认为，"教育是帮助被教育的人给他能发展自己的能力，完成他的人格，于人类文化上能尽一分子的责任，不是把被教育的人造成一种特别器具。"其实，一个民族的教育不是一朝一夕的事情，而是国家层面的巨大工程。教育旨在塑造完美个性人格，在传承优秀民族文化方面勇于担当，乐于奉献，戒除急功近利。

　　不论是西方国家还是东方地区，自古人们投入教育事业中的精力远远大于其他方面。教育是民族兴旺与国家强盛的基石。一般情况下，世界上的任何一个国家，都会制定相应的教育法则，并通过专业人员根据社会需要进行全面实施。其实，在独立国家概念尚未出现之前，普通人对待教育的态度是先壮大自己，再晓谕他人。也就是说，历史上个体的教育观念在民族发展与进步过程中也有着非常重要的作用。人们提出先进的教育理念，在有限的能力范围内进行尝试，推广教育观点，秉承优秀的民族文化。

　　基于此，学者们利用一系列行之有效的教育手段，通过业已成熟的民族文字和语言将前人创造的文化成果记录在人类文明的史册之中。19世纪末，穆罕默德·阿卜杜胡在其生活的埃及提出教育改革理念，反映出彼时埃及学界知识分子对民族未来的担当与责任。虽然他的教育改革观主要针对埃及社会，但在今天看来，其教育理念业已惠及了包括埃及在内的整个阿拉伯世界。

第一节 穆罕默德·阿卜杜胡教育改革思想

一 19 世纪末以前埃及的教育环境

据史料显示，穆罕默德·阿卜杜胡自幼接受教育的环境不尽如人意。概括起来讲，彼时的埃及教育环境令人窒息，知识老化，律例古板，老师沉浸在乏味的照本宣科中，学生则被要求认真阅读教科书的旁注和背记冗长的原文，年轻人固有的探索天性被扼杀。更有甚者，教师根本不顾及学生是否对所讲内容感兴趣，或者是否具备接受所讲授知识的能力。很多教师在照本宣科式的讲授中寻求自我陶醉，学校的教育秩序处于半瘫痪状态。所有状况是基于穆罕默德·阿卜杜胡在清真寺学习时的感受与在爱资哈尔求知时的思考。这是埃及那个时期教育的表面状态，产生这种犹如半凝固状的教育环境有其深远复杂的因素。

18 世纪末，当法国殖民者声势浩大地踏入尼罗河谷地，古埃及人民勤劳与智慧的杰作被拿破仑的随从洗劫一空；而且还迫使他们效仿或追随法国文化的足迹。半个多世纪后，一些富有民族情感者誓死要恪守祖先留下的文化印迹，随着西方殖民程度的不断深入，他们的做法愈加偏激与固执；有的人甚至不惜以牺牲生命为代价看守祖先们用阿拉伯语撰写的文化精髓。虽然一些历史文物被挖掘甚至被运出埃及，但前辈们遗留下的文化典籍仍是埃及本土人的看家宝物。那些人作茧自缚式的保守措施未必能让年轻人掌握对抗殖民者的有用知识和真正本领。也就是说，当时的很多埃及人尤其是埃及学者，擅长坚守而不会出击，更不具备还击的战略战术。其实，自遭受法国殖民者的文化侵蚀，当时的埃及政府也曾经谋划着增加教育投入，选派优秀青年到法国、意大利等国家学习先进技术。能够获选的年轻人数量不多，学成回到埃及后发挥的引领作用的影响毕竟有限。因为整个埃及民众的教育水平还是相当的落后。

1863 年，伊斯玛依勒（1829—1894，1863—1879 在位）继任成为埃

及与苏丹总督后，便着手进行社会改革，以使埃及成为欧式国家。① 教育方面，伊斯玛依勒总督率先筹办了与埃及传统教育不同的新式学校，破例创办了两所女子学校，让社会上层人士的女孩接受近代学校教育。在19 世纪中叶的埃及，创办女子学校是破天荒的大事。稍后，他又颁布政令，允许农家子弟进入国立学校学习；任命贤者为教育的改进和发展出谋划策。

在伊斯玛依勒的欧式改革思想的引导下，当时埃及社会教育兴旺景象蔚为壮观，不但政府出资办学，且私人、地方甚至外国社团也积极投入到修建学校和培养学生的伟业之中。伊斯玛依勒总督执政期间，埃及在校注册学生数每年净增加约 1 万人；学校数量由 1862 年年初的 185 所增加到 1879 年的 4817 所。② 17 年时间里，学校净增加了 4632 所，年均增加 272.5 所。不论是那个时代还是当下，政府每年投资兴建 272.5 所各类学校，确实是大手笔。另外似乎也反映出那时埃及的基础教育十分薄弱。19 世纪末，埃及的学校教育已具备学前教育、小学教育、中学教育和高级（职业）教育 4 个不同层次。

由于当时特殊的社会环境，不少埃及人都期盼着子女能在官办学校里学习，并获得一技之长，日后有机会在政府部门谋一份差事③，以使家庭生活状况有所改善。史料记载，19 世纪后半叶埃及的教育层次主要有以下几种类型。

第一，私塾教育：该层次学校遍布埃及城乡，有隶属于埃及教育部门管辖之下教育机构的分校（国立学前教育类型的学校）和由民间人士捐款资助的私立学校两种类型。据记载，前者曾被许诺，能得到相关教育经费的资助；穷人的孩子则只能在后一类学校接受教育。该类教育的教师大多由精通律例的法学者担任，主要教学生背诵经典名篇，以及读、写、算等简单知识。至 1898 年，埃及的民办学前教育机构达到 6648 所。

---

① 参见阿尔法·阿卜杜胡·阿里《伊斯玛仪勒时代的开罗》，黎巴嫩埃及书局 1997 年版，第 36—42 页。

② 雷钰、苏瑞林：《中东国家通史埃及卷》，商务印书馆 2003 年版，第 206 页。

③ ［埃及］穆罕默德·阿卜杜胡：《穆罕默德·阿卜杜胡全集》（阿拉伯文，第三卷），穆罕默德·欧玛尔校注，曙光出版社 1993 年版，第 115 页。

遗憾的是殖民政府根本就没有为这些民办学校提供任何经济资助。

　　囿于当时埃及底层民众对私塾教育的信赖，而其数量和教育设施难以满足社会需求，在民众的强烈要求下，殖民政府不得不把国立学前类型教育改为 4 年制的初级教育，其实改制后的学校还不及小学教育水平。埃及教育委员会承诺，拟从政府税收之中拿出部分资金资助民办学校。即便如此，殖民时代仅有 10% 的埃及孩子能接受学前教育和初级教育。

　　第二，小学教育：与私塾教育相比，19 世纪末埃及的小学似乎只是为那些家庭殷实的孩子开办的。该类学校的学费昂贵。小学学制 4 年，背诵经典名篇仍为主课。除此以外，阿拉伯语、历史、地理、数学和绘画等也是必修课，外语课程须从英语或法语中任选一门主修。据记载，1882 年埃及全国有 28 所小学，至 1914 年增加至 32 所。也就是说，英殖民者管理埃及的 32 年中，仅增加了 4 所小学。

　　第三，中学教育：1898 年以前，埃及中学教育的学制是 5 年，后缩短为 4 年；1905 年又改为 5 年。该类型的教育主要培养政府机关需要的实用性人才，以及为准备进入高一级别继续深造者提供强化式教育两部分组成。[①] 英国殖民期间，埃及仅有 6 所中学。因殖民者强行将英语确定为授课语言，遭到埃及人的强烈反对。1908 年，阿拉伯语重返学校课程教育授课语言地位。该类型的教育模式只为培养政府职员，忽视对学生人格的教育和对生活与工作责任感的培养。[②]

　　第四，高级教育：该类型的教育主要是职业教育，如医学、药学、法学、工程学、教育学、农学、商学等，以培养政府需要的高级人才为宗旨。当时埃及的教育与社会现实所需相差甚远，缺少大学研究与发明的精神。穆罕默德·阿卜杜胡为这类教育开出的修正药方是，应以培养有益于社会的良好职业素养为终极目标，注重科学研究，适当增设一些具有现代特色的课程，如经济、社会、艺术等。

　　从上述埃及教育类型看到，从 19 世纪的最后 20 年至 20 世纪初，埃

---

　　① ［埃及］穆罕默德·福兹·阿卜杜·麦格苏迪：《穆罕默德·阿卜杜胡教育思想及教育发展之端起》（阿拉伯文），埃及复兴书局 2007 年版，第 143 页。

　　② ［埃及］穆罕默德·阿卜杜胡：《穆罕默德·阿卜杜胡全集》（阿拉伯文，第三卷），穆罕默德·欧玛尔校注，曙光出版社 1993 年版，第 120 页。

及的教育类型呈现金字塔式的倒挂模式，以教授、背诵经典名篇的学前教育占据教育系统的塔底，数量庞大而教育实际质量不佳。第二层是专为家庭殷实者开办的小学教育，普通家庭孩子对此可望而不可即，虽有一定的教育内涵，但受益者甚少。第三层是中学教育，能进入该类型学校者更是寥寥无几，因为只要获得入学资格者，毕业后就不愁谋不到政府部门的小差事。最后一层，也就是最顶层的职业教育，主要为殖民政府培养高级白领。不论是底层次的私塾教育，还是顶端的高级教育，所反馈给普通百姓的信号仅是极具功利色彩的职业培训，而未达到培养人格与社会责任感的真正教育目的。从彼时起，埃及的教育就存在着很大的功利性，穆罕默德·阿卜杜胡对此持批评意见。

二 埃及教育面临的挑战

19 世纪末，埃及社会的贫困阶层数量相对较多，而那些赤贫家庭的孩子和孤儿接受教育的问题尚未引起时任总督的关切。英国殖民者的政策不允许初级教育的毕业生在普通中学深造，就读高级中学（职业技校）更是无望。该种做法实际上为学生进入两类较高级的学校制造了人为的等级标识与难以逾越的人为阻碍。殖民者的政令导致埃及文盲率从 1798 年的 91.7% 上升至 1898 年的 98.3%。① 殖民者对这一"成果"似乎早有谋划，且作为其对东方殖民的主要任务进行长期有准备的实施。对于该情况，英国外交职员詹森②曾一针见血地指出，"外国统治者以罕见的一致性和不寻常的目的性、顽固性，力图尽可能少让民众受教育（即使不得不做，也是实施一种非传统教育）；同时，力图制造社会核心文化分裂"③。西方殖民者对埃及教育环境了如指掌，组织松散的教育制度以及传统、平静和落伍的教育模式，应在"温和善良地疏忽"中任其衰亡。他们推行完全西化语言的新式教育，目的是不再培养有"潜在危险性"

① ［埃及］穆罕默德·福兹·阿卜杜·麦格苏迪：《穆罕默德·阿卜杜胡教育思想及教育发展之端起》（阿拉伯文），埃及复兴书局 2007 年版，第 140—141 页。

② 英国外交记者，中东问题专家。贝鲁特《新政治家》期刊印度加尔各答记者站专栏作家，著《战斗的伊斯兰》。

③ ［英］G. H. 詹森：《战斗的伊斯兰》，高晓译，商务印书馆 1983 年版，第 74 页。

的年轻人，而是足以维持殖民政府机构运转的"职员和技工"。英殖民者干预埃及管理之后，一些原本运行正常的传统学校，因得不到政府的财政支持逐渐衰败。等政府的财政拨款到位、官方督学到岗，大批埃及传统学校已被忽视了 15 年。[①] 站在历史长河中，15 年弹指一挥间。但对于教育而言，这 15 年时间便是人为地造就了一代文盲，而且还可能因此而间接地再次影响到文盲的后代，使他们不愿或没有条件接受教育，其中暗藏的惨状更为可怕。

殖民者对待被殖民地人民的教育一般实施 3 种基本政策：第一，忽略传统教育，使穷苦孩子因政府提供的教育经费迟迟不到位或无资格进入较高一级的学校而失去继续学习的机会，最终导致新生代文盲；第二，培植亲善新精英，利用外语、生活模式和思维习惯，甚至缔结婚约等手段逐步培育，使之成为外表与被殖民地人无异而内心极力为殖民者大唱赞歌、文化根基被全部根除、"民族自信心和文化自尊心"[②] 被剥夺者；第三，为被殖民地极少数人群提供工作机遇，表面上看，这些人工作体面，收入稳定，实际上是殖民者用极其廉价的成本雇用的为他们卖命的打工仔。现实给人的教训是惨痛的，只有身临其境者才会领悟到其中的真伪。穆罕默德·阿卜杜胡权衡各方利弊后，果断提出理性救国，理性救民的宏伟蓝图。他看透了传统学者中蔓延的僵化思想，毅然给出了用理性根治僵化的良药。只有百姓认可其理性观对亘古流传下来而略显僵化的思想与行为有疗效，自然而然地将生活志趣转向学习技术、利用他人之长以弥补自己的不足，进而在全社会兴起学习先进知识和技术的风尚，才能使埃及民众信服其主张。

三　教育改革思想简述

穆罕默德·阿卜杜胡认为，要提高埃及民众的文化程度，启迪他们的智慧和引介社会需要的新型知识才是当务之急。只有如此，才能让殖民者离开尼罗河馈赠的大地。穆罕默德·阿卜杜胡对埃及的社会状态及

---

① ［英］G. H. 詹森：《战斗的伊斯兰》，高晓译，商务印书馆 1983 年版，第 77—78 页。

② 同上书，第 90 页。

教育需求有自己独特的看法，教育乃民族复兴之本。该观点的产生或许与他曾受教育的环境有某种关联。

穆罕默德·阿卜杜胡的教育理念，涵盖道德修养教育与大众教育两部分。对于 19 世纪末 20 世纪初埃及的社会状况，他确定了"以宗教改革推动生活变革"的宏图，且将教育视为推动社会改革的基础。

穆罕默德·阿卜杜胡研究 19 世纪埃及的私塾教育状况后认为，"该类教育机构的绝大多数教师是只晓得背诵经典名篇，而不懂其义的律例学者，惯用机械性背诵经文的教学方法，不能让学生摆脱愚钝"①。因此，只有让那些具有法学专长的教师的认知水平得到提升，教学方法得到改善，该类学校的学生才能获益。他建议为学生们增加一些简单的算术、语文课程，甚至还可以开设爱国主义教育课程，让学生们熟知所生存国家或者地区的基本信息。

穆罕默德·阿卜杜胡分析 19 世纪末 20 世纪初埃及的小学教育状况后认为，彼时的小学教育任务主要服务于政府，即为政府部门培养从事普通职业的职员。小学的绝大多数学生对所授课程一知半解，若欲进一步弄明白所学知识的来龙去脉，就必须询问家长或他人，以期从精通者那里获得帮助；但没过多久便又全忘记了。鉴于彼时埃及简单技能人才匮乏的现实，穆罕默德·阿卜杜胡建议在小学开设一些实用性的算术或计算类型课程，或单一性的专业技术课程，提供理论与实践相结合的教学方法，让学生学会诸如度量衡器械的操作与应用，每周安排一天时间到相应的农、工、商单位实训实习，并接受行业专家的指导，使学生们了解各行业的行规与约定。假如基于这种教育模式，小学毕业生就不难获得某类职业的工作。通过学习期间知识与具体工作相结合的方式，使他们从小就养成良好道德修养，完善人格魅力，遵守规章制度，崇尚手工劳作成果，提升人格品位。②

---

① ［埃及］穆罕默德·阿卜杜胡：《穆罕默德·阿卜杜胡全集》（阿拉伯文，第三卷），穆罕默德·欧玛尔校注，曙光出版社 1993 年版，第 118 页。
② ［埃及］穆罕默德·福兹·阿卜杜·麦格苏迪：《穆罕默德·阿卜杜胡教育思想及教育发展之端起》（阿拉伯文），埃及复兴书局 2007 年版，第 142—143 页。

第二节　穆罕默德·阿卜杜胡教育改革
和阿拉伯语语言规范实践

一　教育改革实践总纲

鉴于 19 世纪末埃及教育的特殊背景，穆罕默德·阿卜杜胡与有志之士于 1892 年共同发起成立"慈善协会"，旨在为埃及的孤儿提供生活与成长环境，为赤贫少年提供免费求知的理想之地。该协会主办的学校，除教孩子们基本的文化知识外，还鼓励他们循着父辈的足迹学会一种生活技能，以培养他们诚实独立的生活理念。① 该举措至少能为那些因家庭变故失去求学机会的儿童提供一个识字的机会，抑或也会引导和鼓励其他人为社会发展做一些力所能及的善举。

穆罕默德·阿卜杜胡对于埃及世俗教育，提出主导性的改革意见。他认为，培养优秀的国民是个人与社会的共同愿望，能够开启个性智慧，实现民族优秀文化的复兴与繁荣。建立统一的教育制度，明确教育目的，应通过制订教学大纲、教学计划，确定严谨的教学态度与科学的教学方法。加强对教育职业的培训，改善教学行政管理手法，更新教课内容，督促教育质量的提高，便是实现教育目标的主要方式。

基于埃及特殊的社会背景，穆罕默德·阿卜杜胡试图将普及传统文化知识作为国民基础教育的必修课程。他又强调国语（阿拉伯语）学习的重要性与不可替代性。穆罕默德·阿卜杜胡坦言，学习外国语言是获取有关知识的工具，而非目标。② 他还提倡学习艺术、音乐课程，以提升个人的生活品味；提出知识是建立在理论与实践基础上的复合体，如缺少实践，所学知识对社会和个人的益处极为有限。穆罕默德·阿卜杜胡对教育环节的实施者——教师，提出了极高的职业要求，要具备良好的职业道德修养与操守，完美的人格，熟知教育艺术的重要性，能精心准

---

① ［埃］穆罕默德·阿卜杜胡：《穆罕默德·阿卜杜胡全集》（阿拉伯文，第三卷），穆罕默德·欧玛尔校注，曙光出版社 1993 年版，第 183—185 页。

② ［埃及］穆罕默德·福兹·阿卜杜·麦格苏迪：《穆罕默德·阿卜杜胡教育思想及教育发展之端起》（阿拉伯文），埃及复兴书局 2007 年版，第 151 页。

备每一讲的内容，运用适当的教学方法让学生受益。

二 基础教育类型及规划

穆罕默德·阿卜杜胡在精心研究埃及民众对传统文化的认知后，将其划分为劳动者、职业者和知识分子3类。他依据每类的人员组成、职业结构、教育程度、自身修养等，开出了拟进行教育的课程、授课方式、训练类型等。

第一类以工商农从业者为主，该群体几乎都是文盲。穆罕默德·阿卜杜胡指出，理应为该群体进行普及性教育，使其掌握基本人文与宗教知识即可。拟开设读写算等扫盲型课程，让他们学会识字、简单阅读，基础数学运算。另外与之匹配的还需设置传统文化基础信念、简明教义与律例知识，特别要涉及生活陋习与不道德行为的律例案例；此外还要教授简明历史、先知与哈里发传记史等。

第二类职业者，是在教育、军队、司法、医院等部门的从业者，他们有一定的文化基础，能坚守职业道德，有良好的责任心。针对这类人群，穆罕默德·阿卜杜胡认为开设较前类人群稍难且还能训练智力的课程，如逻辑学、辩论技巧和研究原理、基于理性与断然证据间的信仰理论知识、高级道德修养、文化史等教程，假如授课语言以阿拉伯语为主，将会使之受益颇多。

第三类是以小学和中学的教师与辅导员为主体的知识分子群体，知识结构与前两类相比较优秀，虽他们每个人差不多都能讲授两至三门课程，但还须为他们开设经注学、阿拉伯语言学、圣训学、道德修养与生活礼仪、法学原理、古现代史、演讲艺术、哲学等高级课程。需要指出的是，该群体的教育必须建立在有助于提升知识结构和改善工作策略的基础上，以阿富汗尼的学术观点为教育指南，旨在培养有较好知识结构和道德修养的人才。①

上述信息折射出穆罕默德·阿卜杜胡提出的教育改革，是基于对埃

---

① ［埃及］穆罕默德·阿卜杜胡：《穆罕默德·阿卜杜胡全集》（阿拉伯文，第三卷），穆罕默德·欧玛尔校注，曙光出版社1993年版，第81—86页。

及社会的全方位考虑，普及基础教育，促进中层教育，提升高层教育；且他所设计的教育类型与课程，以加强民众个性修养为基础，以促进民众的知识结构和提升文化涵养为终极目标。埃及当政者为了积极应对法国殖民者的入侵，虽在军事、技术等方面作了彻底改革，但穆罕默德·阿卜杜胡认为，那些所谓的教育改革只是治标不治本的肤浅教育变革，不能解决根本性问题。从较短时间内看，那些军事及工程技术教育或许能起到应急的作用。从长远角度考虑，要彻底根除民众长久积累的劣根性，必须先匡正他们的心灵，引导他们积极向善，加强品行修养。

三　公共教育改革实践

基于上述观点，穆罕默德·阿卜杜胡认真研究了埃及公共教育状况以及坐落于开罗、具有近千年教育历史的爱资哈尔的教育模式后，拟订了进行教育改革的计划和步骤。

18 世纪末至 19 世纪上半叶，埃及的教育仅局限于技术教育（培训），甚至没有任何改良道德、心灵的教育形式。通常，临近考试时学生才把教学的内容背记熟，并能写到试卷上即大功告成；他们的大脑和智力方面一片空白，压根儿就没有什么思想。人充其量也仅是一个长着头颅的躯体，一个能工作的器械。[1] 爱资哈尔是一所普通的宗教学校，无教学规章制度，老师只管埋头教书，不关注学生对课程是否理解，也不考虑授课是否有益于学生的道德修养；授课内容多与律例有关，或远离实际的信条；教师们针对有争议的问题，也不愿查询原典求证可靠依据。[2] 爱资哈尔的教育改良必须逐步进行，改变现有教育制度。须先在简单易行的实施方案下进行，如凡是注册的学生必须上课否则取消考试资格，每位教师必须掌握学生上课的情况、逐步观察学生对课程的理解情况；修改教学计划，增加课程，补充缺失的传统礼仪，提高学生道德修养水平；大学校长应检查相关改革的执行过程；确定期末考试制度。所有这些设

---

[1]　见［埃及］穆罕默德·阿卜杜胡：《穆罕默德·阿卜杜胡全集》（阿拉伯文，第三卷），穆罕默德·欧玛尔校注，曙光出版社 1993 年版，第 114 页。

[2]　同上书，第 116 页。

想均应以简单的方式执行而不得与教育改良大方向相左，并在特制公告栏中向全体教师和学生公布。①

从 972 年开始，爱资哈尔（最初为清真寺，后发展成为综合性的大学）就致力于伊斯兰教育，主要接受来自埃及、叙利亚、土耳其等地的青年②求学，成为当时的文化中心。埃及爱资哈尔的学术与文化地位兼顾了聚集与辐射两大功能，如果该校的教育模式可为学子们提供启迪思想、开发智力的课程，社会作用不可估量。

穆罕默德·阿卜杜胡认为，假如爱资哈尔的行政管理制度和教学政策有所改进，在现行的教学大纲中增设一些现代科学类型的课程，其社会功效就堪比欧洲大学。穆罕默德·阿卜杜胡还深信，如果爱资哈尔能够进行教育改革，就会引导律例变革。同时，若将传统文化的属性赋予现代化的信息，该大学势必会走在引导社会发展前沿的高等学府，其改革一定能影响到埃及甚至整个阿拉伯世界。③

正是由于这一思考，穆罕默德·阿卜杜胡希望将爱资哈尔作为其教育改革的试点。首先，他请求能得到爱资哈尔谢赫穆罕默德·安巴比（1824—1896）④ 的帮助，在当时的教学大纲中增设人文学科的课程。其次，谙熟法学的谢赫以娴熟的二传手方式，将穆罕默德·阿卜杜胡的"伟大的构想"上呈时任埃及总督陶菲克（1852—1892，1879—1892 在位）⑤。在穆罕默德·阿卜杜胡的心里，他设计的爱资哈尔教育改革计划是提升民族文化素养千载难逢的绝佳机会，但遗憾的是，总督对之却不以为然，最终计划搁浅。

穆罕默德·阿卜杜胡设想在爱资哈尔传统课程之外，设置一些世俗

---

① ［埃及］穆罕默德·阿卜杜胡：《穆罕默德·阿卜杜胡全集》（阿拉伯文，第三卷），穆罕默德·欧玛尔校注，曙光出版社 1993 年版，第 114—124 页。

② 资料显示，埃及爱资哈尔于 1955 年开始招收女性学生研习伊斯兰教原理，1962 年设立独立的女子学院。

③ Charles C. Adams, *Islam and Modernism in Egypt: A Studies of the modern reform movement inaugurated by Muhammad Abduh*, Oxford University Press, 1933, p. 71.

④ 埃及爱资哈尔第 22 任谢赫（1882—1896），著名伊斯兰法学家，遵行伊斯兰教沙斐仪律例学派。

⑤ 现代埃及国父穆罕默德·阿里帕夏之曾孙，其父为伊斯玛仪勒，祖父为伊卜拉欣。

性的课程，以引导学生获取生活所需的社会与自然科学知识，拓展思维模式，启迪智力。他深入调查后认为，爱资哈尔传授给学生的哲学课程仅停留在字面含义，针对某些关键性话题，则无深层次的辩论能力。爱资哈尔相对死板的教学模式，不能为学生智力的发展提供较理想的环境，而且类似的课程不能使学生获取更多的知识。通常，爱资哈尔仅为学生提供一些典籍名称，关于其内容的确切信息恐怕无从知晓；尤其像史地、自然、化学、算数等能满足世俗需要的课程均在被禁之列。彼时爱资哈尔所能提供给学生的仅是一些单调乏味与现实生活脱节的古老素材。也就是说，当时埃及的高等教育似乎是纯理论性的学院式教育。令人难以置信的是，爱资哈尔的学生穿长筒皮靴被认定为有悖教律的标新立异行为。①

1892 年，年仅 18 岁的阿巴斯二世（1874—1944，1892—1914 在位）接管埃及政务，成为当时埃及与苏丹的最后一位总督。阿巴斯二世是陶菲格帕夏的儿子，早年在欧洲生活。执政后，他审视埃及社会现状，在权衡固守前辈的江山和开创新业绩两个方面之后，终将固守江山排在第二位。总督的这一执政理念与穆罕默德·阿卜杜胡提出的改革方略不谋而合。他非常看好穆罕默德·阿卜杜胡提出的 3 项教育和社会改革计划：成立爱资哈尔教育改革委员会、组建埃及宗教事务部，以及设立埃及国家宗教律例庭。②

基于这个特殊背景，埃及爱资哈尔管理委员会于 1895 年成立。该委员会由爱资哈尔谢赫、3 名大学资深教师和两名埃及政府任命的人员组成，以替代之前单一由爱资哈尔相关人员组成的爱资哈尔委员会。穆罕默德·阿卜杜胡是政府委派人员之一，另一位是他的同事与挚友阿卜杜·克里姆·赛勒曼。③ 阿卜杜·克里姆·赛勒曼曾与他共同经营过《埃及时事报》，是阿富汗尼的又一忠实追随者。

---

① ［埃及］艾哈迈德·艾敏：《现代改良领袖》（阿拉伯文），时代书局 2008 年版，第 217 页。

② ［埃及］穆罕默德·欧玛尔：《穆罕默德·阿卜杜胡改革计划》（阿拉伯文），和平书局 2009 年版，第 29 页。

③ Mark Sedgwick, *Muhammad Abduh*, London, Oneworld Publications, 2010, p.75.

穆罕默德·阿卜杜胡被赋予了按照该委员会的章程直接行事而无须请求总督允许的特权。据记载：某日，总督阿巴斯二世当着委员会全体成员的面说："爱资哈尔管理委员会的诸位委员阁下，你们当中任何人发表的个人观点若有悖于穆罕默德·阿卜杜胡手中的章程，将不予采纳和接受。"① 可见，穆罕默德·阿卜杜胡的改革观点已经得到了总督的初步肯定，并赋予了他在爱资哈尔进行改革的最大权限，而且他还将得到总督为协助改革而拨付的一笔专款。② 紧接着，穆罕默德·阿卜杜胡便紧锣密鼓地制定了一系列规章制度，在爱资哈尔谢赫哈苏奈特·纳瓦威（1839—1924）③ 的协助下，井然有序地推动着埃及的高等教育改革。

在穆罕默德·阿卜杜胡看来，爱资哈尔不仅是穆斯林进行宗教活动的清真寺、求学者获取知识的学术殿堂，而应是能对阿拉伯世界产生深远影响的具有真正含义的大学。他设想通过一系列行之有效的改革，使爱资哈尔能培养出"廉洁的法官、睿智的教授、专业的学者、诚实的导师，且他们能以精准的传统文化观点、崇高的道德典范与迷信、标新立异和虚伪言行作斗争"④。

在穆罕默德·阿卜杜胡主政的爱资哈尔管理委员会各位委员的共同努力下，该委员会在爱资哈尔大学的历史上第一次制定了教学与管理相关联的各类规章制度。彼时制定的主要规章包括以下两项：

第一，爱资哈尔谢赫的职责：负责执行学校管理委员会制订的各项制度，通过一定措施改善爱资哈尔的教育状况，提升教学质量，按相关

① ［埃及］穆罕默德·欧玛尔：《穆罕默德·阿卜杜胡改革计划》（阿拉伯文），和平书局2009年版，第29页。

② ［埃及］穆·莱西德·里达：《伊玛目穆罕默德·阿卜杜胡传》（阿拉伯文，第一册），法蒂莱出版社2006年版，第544页。

③ 埃及爱资哈尔第23任谢赫，哈乃斐法学派著名学者。1894年谢赫安巴比患病期间，代理主持日常行政事务。1895年被任命为谢赫，协助埃及政府对爱资哈尔大学进行改革，1899年卸任。1907—1910年，第二次荣任爱资哈尔第28任谢赫。其最大力度的改革是提高了学校教职工的工资福利，在大学开设了像数学、地理和历史等现代人文学科课程。

④ ［埃及］奥斯曼·艾敏：《埃及思想先驱：穆罕默德·阿卜杜胡》（阿拉伯文），埃及文化最高委员会1996年版，第190页。

制度推动各项工作正常运转。①

第二，爱资哈尔管理委员会的职责：管理委员会至少每 15 日要召开一次会议，商议解决与教师相关的问题。委员会有建议分配教育经费的权力。委员会负责为教师与教学年级分配教学任务，教师不能擅自变动已经确定的教学任务。

上述两个极为重要的规则基本确定了 19 世纪末爱资哈尔的教学与行政管理的顶层设计，为其教学与管理的正常化运行奠定了基础，也为合理科学使用教育管理经费确定了标准。该类规则的制定，杜绝了以往出现的人为随意性的教学与管理行为。对于爱资哈尔人而言，确实行进在了一个有章可循的历史时代，制定的各类规则至少能保证教学与管理的良性运行。依笔者愚见，穆罕默德·阿卜杜胡制订的爱资哈尔教学与管理规则，是进行高等教育改革的第一步。

穆罕默德·阿卜杜胡把爱资哈尔的课程类型重新作了界定。他将该校开设的所有课程划分为两类，即终极目标，如经注、圣训等课程；阶段性课程，如阿拉伯语语法、修辞等②，另外还增设道德修养、数学和几何等课程，供有能力和愿望的学生选择学习。凡想获得学者证书③者，须学习增加的 3 门选修课程，且学生在 6 年内要修完 60 门课程。前 4 年只允许学习基础课程，最后两年可学习有专业倾向的课程。学生在校学习不得超过 15 年，否则将取消学籍。同时，他还确定了每学期的开学与结束时间，明确了学校的考勤制度，并制定了对优秀学生的奖励机制。需要说明的是，最大的课程改革是增设了以前从未涉及的人文学课程，如历史、地理、数学、哲学等。加强学生身体素质的保健，配备专门医生。

---

①　[埃及] 穆罕默德·阿卜杜胡：《穆罕默德·阿卜杜胡全集》（阿拉伯文，第三卷），穆罕默德·欧玛尔校注，曙光出版社 1993 年版，第 197 页。

②　此处的课程类型可以理解为每学期都须学习的必修课，和仅在某个学期学习的学期课程。

③　19 世纪后半叶至 20 世纪 30 年代末，爱资哈尔授予的一种特殊学位证书（宗教学等同于人文学科的博士学位）。凡获得该学位者便有资格在爱资哈尔或其他大学从事教育工作，或担任法官，或对伊斯兰教律例作独立的判断与阐释。在突尼斯，该文凭界定为等同硕士学位证书。详见奥斯曼·阿敏《穆罕默德·阿卜杜胡：埃及思想界之领袖》（阿拉伯文），埃及文化最高委员会 1996 年版，第 193 页。

对于教学课程设置与课程大纲的制定，应是穆罕默德·阿卜杜胡教育改革的第二步。

穆罕默德·阿卜杜胡完成了管理规则和教学课程设置后，便提议筹建爱资哈尔总图书馆，将原来散放清真寺和各个走廊的图书统一收归总图书馆，按类别分拣、编目后进行管理。① 该举措促使该校的共同图书资源达到最大化地利用，也利于学生按照各自的爱好与需求阅读图书。

20世纪之前，爱资哈尔以传统开放的教育模式而闻名于世。北京语言大学教授李振中先生曾描述那时候的教学环境说：

"没有教室，也没有黑板和课桌，学生和老师也是不固定的。穆斯林的学者在清真寺殿堂内选择一席之地，讲授自己编撰的书籍和最新的研究成果，穆斯林中无论是年轻的还是年长的，只要有兴趣，都可以来聆听他的讲课。教师盘足坐在一把高大的方椅上，学生环坐在他的周围，形成一个教学圈，教学圈是以教师的名字来命名的。"②

自从爱资哈尔的教育模式运行以来，人们业已习惯了其中自由松散、无拘无束至极的学习环境。对此，20世纪30年代在那里留学且亲身感受该校教育环境的庞士谦（1902—1958）③ 先生如是说：

"学生入学无须任何手续，任其选择教员。在取得教员同意之后，即可环坐其膝下，聆听功课。如认为不满意，则可另选其他教员。"④

爱资哈尔最初开放式的教育模式，抑或是为了吸纳更多的年轻人到那里学习知识。而经过900多年的时光洗礼，早期形成的教育模式依然如故，没有丝毫更改。其间教师人数和学生数量增加，而教育环境似乎在自然中形成的无章无法状态下苟且生存，其教育目的和使命值得商榷。

---

① ［埃及］穆罕默德·福兹·阿卜杜·麦格苏迪：《穆罕默德·阿卜杜胡教育思想及发展之端起》（阿拉伯文），埃及复兴书局2007年版，第207页。

② 李振中编著：《学者的追求：马坚传》，宁夏人民出版社2000年版，第31页。

③ 字益吾，别名"穆罕默德·特瓦杜尔"，回族，河南孟州桑坡人。早年在豫、晋和甘等地学习阿拉伯语，20岁时任郑州清平里清真寺教长。1938年率"中国法鲁克留埃学生团"赴埃及爱资哈尔留学，就读于律例学院，专攻律例与圣训等学科。1947年回国。1952年曾参与创建中国伊斯兰教协会。著有《中国与伊斯兰教》（阿拉伯文，开罗版）、《埃及九年》等。译作有《伊斯兰宗教史》《伊斯兰律例学史》等。

④ 庞士谦：《埃及九年》，中国伊斯兰教协会1988年版，第2页。

笔者以为，爱资哈尔历史积淀的教育模式与埃及人民受西方殖民者文化侵蚀的现状不相协调，恐怕是穆罕默德·阿卜杜胡提出教育改革的主要原因之一；而且他梦想通过爱资哈尔教育改革的成果，向埃及外的阿拉伯世界发出社会改良的呼吁，力求在完善自身素质的前提之下，与文化侵蚀者做彻底的战斗。

诚然，穆罕默德·阿卜杜胡对爱资哈尔进行教育改革是破天荒的创举与胆识超群的杰作，是自 12 世纪初阿尤布王朝（1171—1250）①以来为拓展诸学科的多元化研究②的又一次新创举，更奠定了以爱资哈尔为代表的埃及现代教育的基础。

穆罕默德·阿卜杜胡的改革胆识可谓打破了该校建立以来900余年教育环境寂静的局面，开创了使传统教育接纳现代人文学科的新思路和新方法，也为埃及现代教育模式奠定了基础。他将伏尔泰（1694—1778）③、卢梭（1712—1778）④、雨果（1802—1885）⑤，以及歌德（1749—1832）⑥等西方学者的作品介绍给爱资哈尔的学生⑦，让他们了解除传统文化以外其他人文思想的闪光点，拓宽知识面。

穆罕默德·阿卜杜胡领衔的爱资哈尔管理委员会，从根本上解决或终

---

① 由有库尔德血统的萨拉赫丁·阿尤布所创建，定都开罗，统治着中东大部分地区。萨拉赫丁曾领导埃及民众奋勇抗击十字军。又因该家族诸男性成员各自管辖一个地区，使整个王朝的势力削弱不少，被马穆鲁克人所灭。

② 据悉，当时的统治者从各地聘请了诸多学者汇集于爱资哈尔，潜心研究阿拉伯宇宙观、律例学、哲学等，使原来占主导地位什叶派的研究逐渐淡出学术殿堂。见马云福、杨志波《爱资哈尔大学》，湖南教育出版社 1988 年版，第 26—27 页。

③ 即 François-Marie Arouet，法启蒙时代思想家、哲学家、文学家，启蒙运动公认的领袖和导师。被称为"法兰西思想之父"，著有《哲学辞典》（Dictionnaire philosophique）和《论宽容》（Traité sur la tolérance）等。

④ 18 世纪法国大革命的思想先驱，启蒙运动最卓越的代表人物之一；启蒙思想家、哲学家、教育家、文学家。主要著作有《论人类不平等的起源和基础》《社会契约论》《忏悔录》等。

⑤ 法国作家，著有长篇小说《巴黎圣母院》《悲惨世界》《海上劳工》《笑面人》等；诗集《光与影》《就英法联军远征中国给巴特勒上尉的信》；短篇小说《"诸曼底"号遇难记》等。

⑥ 德国作家，诗歌、戏剧和散文作品的创作者，著有《少年维特的烦恼》和《浮士德》等。

⑦ 马云福、杨志波：《爱资哈尔大学》，湖南教育出版社 1988 年版，第 59—60 页。

止了该校之前尚存在的教育与管理无章可循的尴尬局面。他主持颁布的一系列管理和教育法规，将该校教育引入到一个科学合理的运行轨道。其中最耀眼的制度，如学生学籍与学制管理制度、课程与教学管理制度、学生考试与处罚制度①等，使爱资哈尔的教学告别了之前教师随心所欲授课，学生游荡在各学科教师自己的设置的"讲座圈"② 周围，不知何为考试、什么时候修完课程才能获准毕业……。最让学校教职员工受益的是，学校的教育管理经费来自埃及国家预算，不再等待募捐或接济而苟且生存。

观察穆罕默德·阿卜杜胡对爱资哈尔进行教育和管理改革的历程，不难发现他以超人的胆识与独特的方式将民族的未来置于个人和家庭利益之上，瞄准了该大学在埃及乃至阿拉伯世界不可撼动的文化传播地位，决意通过对爱资哈尔教育改革推动对社会变革。他绝非首位有这种想法的人，但其率先将梦想付诸实践之举可谓是天下第一人。虽其改革遭受了一些挫折，却在那里（爱资哈尔）埋下谋求社会变革的思想种子，成为后来者纷纷效仿的最崇高典范。③

四　教育改革的影响

表面上，穆罕默德·阿卜杜胡似乎掌握了梦寐以求的改革制胜权，实际上他的改革如履薄冰，异常艰难。当时爱资哈尔教师中保守派势力

---

① 据开罗大学纳迪叶和迪娜两位教授研究，爱资哈尔于 1895 年颁布了教学课程大纲与考试大纲，次年颁布了授予学位条例；1908 年制定了学制规定；1911 年制定了行政管理条例，确定招生与录取工作细则等。

② 19 世纪以前，爱资哈尔的教师占用清真寺庭院两侧廊柱 (الرواق) 下的一席之地，依据各自授课内容进行的教学活动形式。学生以教师为中心围坐四周，形成一个同心圆。假如学生对教师所讲内容不感兴趣，可到其他教师的领地去获取新的学问。来去自由，无人过问。这种席地而坐的模式，是爱资哈尔教学的原始状态。暂且视之为讲座圈，恳与诸位商榷。笔者 2014 年 3 月下旬至 4 月上旬在埃及访学期间，曾专程到爱资哈尔清真寺进行实地考察，如今的廊柱被后人修葺成很多独立空间的小房子。虽曾为该校教学传承与延续做出不可低估贡献的讲座圈的原型尚不犹在，但清真寺入口处的平面图却真实地再现了廊柱的区域，使进入清真寺者能清楚地看到廊柱的实景位置，还可以进一步了解其历史地位。

③ ［埃及］赛义德·塔基丁·赛义德：《穆罕默德·阿卜杜胡：文学家和评论家》（阿拉伯文），埃及复兴出版社 1989 年版，第 10—12 页。

与人数甚众，虽有不少学者赞成他的改革，但与前者相比略显单薄。关键是穆罕默德·阿卜杜胡的改革措施未达到阿巴斯二世总督的心愿①，或因改革计划的实施让殖民者的利益受损，其改革计划最终夭折。庆幸的是，爱资哈尔在校园西北角一幢建筑里专门设置了一个综合学术会议中心，命名为"穆罕默德·阿卜杜胡学术会堂"，以纪念穆罕默德·阿卜杜胡改革的贡献。1983 年 3 月 19 日，爱资哈尔大学千年校庆活动就在该会堂举行。② 但凡要举办大型的学术研讨会或商议要事，爱资哈尔都会首选穆罕默德·阿卜杜胡学术会堂。

尽管如此，穆罕默德·阿卜杜胡改革思想的火花依旧照耀着世人。令人欣慰的是，像艾哈迈迪·扎瓦西里（1878—1944）③ 等众多有责任心的学者的不懈努力下，爱资哈尔的教育改革缓慢有序前进。1929 年他担任爱资哈尔谢赫之后，沿着穆罕默德·阿卜杜胡开创的改革之路，1930年增设了阿拉伯语系、法学系、宗教原理系。1933 年，又破天荒地开设了英语系、心理学、教育学等课程。至 20 世纪 30 年代末，爱资哈尔的教育模式已与现代教育模式十分接近，不论是学校的各项规章制度，还是教学课程的设置与实施，均朝着有章可依的方向发展。实际上，这些变

---

① 其改革后期的许多事情与阿巴斯二世总督的意愿存在出入，且其所做的律例说明更触及了英殖民者的利益。详见穆罕默德·莱西德·里达《穆罕默德·阿卜杜胡传》（阿拉伯文，第一册），法蒂莱出版社 2006 年版，第 558—566 页。

② 参见马云福、杨志波《爱资哈尔大学》，湖南教育出版社 1988 年版，第 15 页。

③ 爱资哈尔第 32 任谢赫，现代爱资哈尔的奠基者。1930—1935 年在任期间，创办《爱资哈尔》期刊，曾与中国、日本、埃塞俄比亚、苏丹等国进行文化交流。1925 年埃及政府欲将爱资哈尔划归埃及教育部所辖，遭到学者的强烈反对。他提议先建立一所公立的埃及大学，再议是否将爱资哈尔纳入埃及教育部管辖。此建议实际从政治层面催生了埃及大学（开罗大学的前身）整合穆罕默德·阿里时代的各专门学科学校的机遇，甚至还可将原来的民办学校变成政府所辖的公立学校，让埃及教育部门有事可为，而且还保护了爱资哈尔在埃及文化中心的神圣地位。1929 年 10 月10 日被任命为爱资哈尔的谢赫后，他便制定了一系列关于教育改革的措施。首先规范了爱资哈尔大学的学制，即小学 4 年制，中学 5 年制，大学 4 年学制，并率先在大学创办了独立建制的 3 个系——宗教学系、法学系和阿拉伯语系，凡修完规定课程即可获得学者文凭，并享有从事相应职业的资质。获得学者文凭还可以利用 5 年时间深造更宽泛的学科，前两年可在阿拉伯语系、法学系或宗教学系学习相应课程，以便为以后所从事的职业做更为扎实的铺垫，后 3 年学生可以自由选择法学及其原理、经注与圣训、信仰学与逻辑学、历史、阿拉伯语修辞与文学、阿拉伯词法和语法等不同专业方向，其毕业生能达到与大学教授等同级别的学识。该改革计划彻底将爱资哈尔大学的教育从原始的清真寺教育引导至现代大学教育之中，且每个系对其教育和科研负责，其最初两年的基础教育与现代大学所称的通识教育相近，而后期的教育更像是专业教育。

化与半个多世纪之前，穆罕默德·阿卜杜胡提出的教育改革思想有着密切的关系。

在穆罕默德·阿卜杜胡初创的教育改革基础上，爱资哈尔从20世纪20年代初至60年代初共进行了4次政府主导的教育改革①，将该大学推至伊斯兰传统文化教育与现代科学文化教育完美结合的巅峰；爱资哈尔还在埃及各地开办分校，接受埃及本土和外国留学生。另外，穆罕默德·阿卜杜胡对建立埃及私立大学（现代开罗大学前身）给予了大力的支持，其弟子赛尔德·扎额鲁勒（1858—1927）② 等人为筹建埃及私立大学也做出了很大贡献。③ 上述情况可以看成是穆罕默德·阿卜杜胡教育改革的延伸与发展，从传统宗教教育环境辐射到人文科学教育为主的综合性高等学府。

五 规范阿拉伯语言的想法

穆罕默德·阿卜杜胡认真研究后认为，19世纪末，埃及知识分子使用的"阿拉伯语中充斥着华丽词语的风格，其实是最劣等的语言表述方式。与之关联的词尾的谐音难见优美，充其量仅是语言风格的中等水平"④。从这一点看，穆罕默德·阿卜杜胡对阿拉伯语的应用有其一定的思路。也就是说，他反对20世纪的文人仍在遵循中世纪学者文人使用阿拉伯语的风范。穆罕默德·阿卜杜胡对阿拉伯文学与语言的改革，旨在能准确地表达阿拉伯语言文学的精深与美妙，尤其在当代社会显得极为重要。

---

① 资料显示，1911年的第10号、1930年的第49号、1936年的第26号和1961年的第103号政令，终于将爱资哈尔的教育与管理改革推至一个相对完善的地步。

② 20世纪初埃及革命先驱之一，对埃及现代教育有杰出贡献。他生于凯富尔谢赫省马图比斯的伊比阿纳，青年时代受益于阿富汗尼，尤其是穆罕默德·阿卜杜胡的教诲，参与阿拉比领导的抗英斗争，协助穆罕默德·阿卜杜胡编辑《埃及时事报》，后成为华夫脱党创始人之一。1906—1914年历任埃及教育大臣、司法大臣、立法议会副议长。1924年华夫脱党赢得大选，担任埃及首相，不久因拒绝英国的要求而被逼辞职，后成为国民议会主席。

③ 李振中、白菊民编著：《开罗大学》，湖南教育出版社1993年版，第24—27页。

④ ［埃及］穆罕默德·欧玛尔：《伊玛目穆罕默德·阿卜杜胡：以维新宗教振兴社会的改革家》（阿拉伯文），曙光出版社2009年版，第229页。

　　早在担任《埃及时事报》主编时，穆罕默德·阿卜杜胡就发现该报副刊中有不少冗长晦涩的文章，虽然那些文章的风格是现代模式，但其内容却与埃及本土人的口吻相差甚远。更不能理解的是，其中还有不少马穆鲁克和奥斯曼帝国时期人们惯用的语言。当看到报纸上的阿拉伯语言风格，穆罕默德·阿卜杜胡曾不无担心地说："阿拉伯语的用词及语言使用风格会误导读者，会使他们担忧阿拉伯语的未来。……其中充满着赞颂与诽谤式的古诗特征。"① 有一点需要说明，19 世纪后半叶的《埃及时事报》是受当政者支持的，因而其中不少的文章便倾向于赞扬权贵与名流。这样的报业风格压根不会考虑读者的愿望。在穆罕默德·阿卜杜胡看来，现代报业不仅要注重形式，更要注重内容。否则，是对阿拉伯文化在现代社会传承过程中的一种不负责行为。基于那种不寻常的语言使用环境，1886 年穆罕默德·阿卜杜胡就设想对阿拉伯语言文学的规范进行相应改革。②

　　人脑若是有了某种想法后，寻找机会实施已设定的想法就变得极为重要。穆罕默德·阿卜杜胡侨居贝鲁特时，便开始了对一些阿拉伯语文献资料的校订工作。其间，他发现有些标注某个时期的文献资料，其行文特点疑似其它地方学者另外一个时期的行文风格。③ 于是，他便进行不同版本的阿拉伯文献资料比对与甄选工作，很多疑点和各种错误被逐一发掘。为他后期进行的修正与校注做好了前期准备。穆罕默德·阿卜杜胡通过艰辛的努力，对瓦格迪（747—823）④ 的《光复沙姆》、居尔贾尼（1009—1078）⑤

---

　　① ［埃及］穆罕默德·欧玛尔：《伊玛目穆罕默德·阿卜杜胡：以维新宗教振兴社会的改革家》（阿拉伯文），曙光出版社 2009 年版，第 231—232 页。

　　② 同上书，第 235 页。

　　③ ［埃及］穆罕默德·阿卜杜胡：《穆罕默德·阿卜杜胡全集》（阿拉伯文，第二卷），穆罕默德·欧玛尔校注，曙光出版社 1972 年版，第 424—425 页。引自［埃及］穆罕默德·欧玛尔《伊玛目穆罕默德·阿卜杜胡：以维新宗教振兴社会的改革家》（阿拉伯文），曙光出版社 2009 年版，第 236 页。

　　④ 阿拔斯王朝初期著名的史学家，尤其以研究圣传见长。

　　⑤ 中世纪著名阿拉伯语言学家和凯俩姆学家。

的《修辞奥秘》和马立克（711—795）① 的《穆丹沃纳》② 等作了详细认真的修订。为获得确切的信息，穆罕默德·阿卜杜胡通过各种途径向各地识家求证，使散布在阿拉伯世界多地的阿拉伯语文献资料能得到较科学公正的修正。

1899 年，他主持成立了"阿拉伯学科复兴学会"，旨在对阿拉伯语文献资料做相应的整理和修订。该行动也是对他于 1886 年设想规范阿拉伯语计划的真正实践。修订古阿拉伯文献，是穆罕默德·阿卜杜胡规范阿拉伯语的基础，也是使阿拉伯语符合现代社会使用者的需要的坚实的第一步。他还进一步对阿拉伯文学、逻辑学等与阿拉伯语言相关的文献或典籍作了相应的诠释或修正。

六　语言规范实践

在规范阿拉伯语方面，穆罕默德·阿卜杜胡做出了使后人可持续参考的标准，以满足人们对阿拉伯语应用的新时代审美趋向。他的具体实践活动主要有：

第一，注释《古兰经》。笔者阅读由他的弟子穆罕默德·莱西德·里达整理编辑的《光塔经注》时，发现其特点明显。基于教义学、古兰学、圣训学、律例学、逻辑学、伦理学，阿拉伯词汇学、词法学、语法学、语言学、修辞学、音韵学等诸知识结构，使经文的诠释简洁明了。为了让研读者更大程度地了解经文的历史背景，穆罕默德·阿卜杜胡还对历史、经文降示的背景信息作了相应的阐述，并引证历代学者（包括法学家、经注学家等）对经文注释的权威见解，间或还引用类似的经文对某段经文作更全面的解释。其注释的经文浑然一体。

2005 年，黎巴嫩贝鲁特科学图书出版社出版的《光塔经注》，第一卷中仅《古兰经》开端章的注释就有 60 页（31—91 页）之多。其涵盖经文降示地点、经文节数、降示的次序等基本信息。稍后，穆罕默德·阿

---

①　四大法学家之一，精通律例、圣训，马立克法学派创立者。他生于麦地那，从小深受家庭的教育，积累了一定的圣训知识。著有《穆宛塔》等。

②　阿拉伯文律例学问题问答专集。由其著名弟子艾布·赛义德（776—854）汇总成册，涉及 6200 个法学问题。

卜杜胡在其中逐节解释了经文。紧接着，他列举了基于法学理论该经文的益处、各学派对安拉"至仁"属性的主张、基督教对该章经文的观点、每次礼拜时诵读该章的依据、学界认定该章经文节数的依据、其中的"迷悟者"与"被遣怒者"的更深层次意义、读完该章后念"阿敏"的意义、阿拉伯语字母"达德"与"扎乌"发音时趋向达德的依据、该章含义的演绎与扩充、礼拜中必须知晓该章含义等海量的信息。穆罕默德·阿卜杜胡的阿拉伯语凝练、简洁、易懂，可以说是注释的一大特点。恕不再作更多的阐述。

第二，注释《玛卡姆》。玛卡姆系阿拔斯王朝时期的一种较为特殊的文学体裁——押韵文体，亦称为"骈文"。这种特别的阿拉伯文学形式集散文、故事、诗歌、骈文等形式为一体，其产生具有非常明显的阿拉伯游牧部落的社会背景。起初，每个部落都有相对固定的新闻发言人——"拉维"，为部落歌功颂德。那些相对固定的拉维便是专职的宣讲员。除此之外，社会中还有一些自由人士，活跃在各部落之间，但却不隶属于任何一个部落。他们通过口头形式传递各部落间的趣闻逸事，深受百姓欢迎。换句话讲，古代阿拉伯游牧部落的时光里，业已存在流动于民间的类似"说书人"的特殊职业群体。至阿拔斯王朝，经过岁月沉淀与环境洗礼的草根型说书形式跃入高雅之堂，博得许多风雅儒士甚至达官显贵的青睐。鉴于那样的背景，一个说书和听书的聚集地便顺势而生。其实，那样的说书聚会地里活跃的文学形式代表了广大百姓的心声，其文学形式"真切地表达了下层人民的朴素感情和基本愿望，它充当了社会的眼睛，揭示了现实生活的不平"。[1] 当玛卡姆文集汇编成册问世后，"玛卡姆"遂成为一种在阿拉伯文学史上颇有影响的文体"专门术语"。[2]

玛卡姆在艺术上属曲艺类，在文学上属小说范围，文体上属于骈体韵文。其类似中国古代的"话本"，现代的"评书"，又像有韵体小说。但并不注重故事的情节与人物的心理刻画，而把更多的注意力放置在"显示文字技巧、语法、修辞"上面。玛卡姆的著述者往往通过贯穿全书

---

① 马智雄：《中世纪的文学之花——玛卡姆》，《阿拉伯世界》1990 年第 3 期，第 55 页。

② 仲跻昆：《阿拉伯文学通史》（上卷），译林出版社 2010 年版，第 446 页。

的主人公流浪文丐的种种逸事趣闻，有意或无意反映当时的社会风情，揭露某些弊病与弊端。玛卡姆具有反映现实、批评现实的文学价值。[①]

阿拔斯王朝时语言学家伊本·杜莱德（837—933），是一位有史可考的玛卡姆故事采风人。他常年奔波于沙漠腹地、城乡集市，边说故事，边向游牧部落老人收集各种传说故事。经他收集改编的故事，被世人称为《伊本·杜莱德故事集》。赫迈扎尼（969—1007）曾仿效伊本·杜莱德的故事，书写了40篇"玛卡姆"。后又续写了10余篇，最终汇集成《赫迈扎尼玛卡姆集》，一说51篇，一说52篇。[②]赫迈扎尼出生于今天伊朗的哈姆丹，祖上是阿拉伯的名门望族。他曾拜访各地学者，获取各学科的知识；据说，曾到今天伊朗东部锡吉斯坦[③]，撰写玛卡姆赞颂王子海勒福。因该王子非常热爱文人及文学，并常以厚礼馈赠文人。后来，赫迈扎尼落脚阿富汗的赫拉特城[④]，在那里娶亲定居。

继赫迈扎尼之后，哈里里（1054—1122）也创作了玛卡姆。他生于伊拉克的巴士拉郊区，后在巴士拉和库法拜师求学，专攻阿拉伯文学、阿拉伯语语法、修辞，传统文化诸学科。哈里里聪颖超群，能言善辩。据称，哈里里曾得到阿拔斯王朝第31任哈里发穆斯台兹希尔（1078—1118，1094—1118在位）的鼓励，于1101—1110年仿照赫迈扎尼的风格创作了50篇玛卡姆。

玛卡姆文体中有两个非常重要的人物，一个是传述人，还有一个主人公。根据研究发现，赫迈扎尼玛卡姆集中的传述人叫"伊萨·本·希沙姆"，主人公是"艾布·法塔赫"。哈里里玛卡姆集中的传述人是"哈里斯·本·海玛姆"，主人公则叫"艾布·宰依德"。当然，其中的传述人与主人公都是虚构的人物，旨在通过他们的口舌表达作者对社会的某种看法或意见。

学界研究显示，赫迈扎尼的玛卡姆集，多以地名作为篇名，间或有

---

① 仲跻昆：《阿拉伯文学通史》（上卷），译林出版社2010年版，第446页。

② 同上。

③ 著名的历史名城。因音译的缘故，有锡斯坦一说。

④ 距喀布尔以西600公里，是一座连接西亚、中亚和南亚的非常重要的历史名城，是伊朗、土库曼斯坦、阿富汗与周边国家公路的必经之地，曾是历史上著名的文化中心。

以动物或具体内容为篇名的。彰显出他的玛卡姆集在内容与形式上的多样性。哈里里玛卡姆文集中主人公的言辞的文字、修辞技巧达到令人拍案叫绝、叹为观止的程度。其结构显得比较严谨、完整。每篇玛卡姆独立成章，从整体看，50篇自成一体。每篇除篇名外，还有序号。玛卡姆的篇幅长，故事性强，生动有趣。① 因而，哈里里的玛卡姆集被学界奉为阿拉伯文学的"范本"。②

　　中世纪的阿拉伯玛卡姆文体受到东西方学界的热捧。据清康熙年间的学者赵灿③著《经学系传谱》中记载，中国经堂教育的鼻祖胡登洲（1522—1597）④ 贤哲，某日偶遇一位来华的进贡者，其囊中有经，曰《母噶麻忒》。⑤ 因年代久远，该时间无从考证。但有一点是肯定的，那就是中国穆斯林经堂教育中，将《母噶麻忒》作为阿拉伯文学研读的必修教材，一直持续到20世纪。值得一提的是，有学者整理国内民间古籍资料时发现了版本较早的哈里里撰写的阿拉伯文《玛卡姆集》。⑥ 由此可推断，阿拉伯文玛卡姆自16世纪后半叶被带入华夏大地，一直是经堂教育中研习阿拉伯文学的重要读本。2016年1月底，笔者在云南省巍山县小围埂清真寺见到了一套两册的《哈里里玛卡姆集》。该《哈里里玛卡姆集》是马瑞图先生的私人藏书。蓝色花布包裹的书皮已有虫蛀的痕迹，被其子马云从（1921—2012）⑦ 先生捐赠给清真寺，供众人研习。

　　玛卡姆文体经过数百年的传承，不仅得到阿拉伯本土学者的重视，同样也受到西方学者的青睐。据悉，英国近代学者托马斯·威廉·钱内

---

① 仲跻昆：《阿拉伯文学通史》（上卷），译林出版社2010年版，第448—453页。

② 马智雄：《中世纪的文学之花——玛卡姆》，《阿拉伯世界》1990年第3期，第58页。

③ 道号"裕心贫者"。

④ 今陕西咸阳市渭城湾胡家沟人，回族。字明普，别名穆罕默德·阿卜杜拉·伊勒亚斯。明代学者、经师，因开创经堂教育，被尊称为"胡太师巴巴"。

⑤ （清）赵灿：《经学系传谱》，青海人民出版社1989年版，第26—27页。关于这一点，日本拓殖大学日本文化依据所的长谷部茂先生也有同样的认知。参见 http://www.guancha.cn/changgubumao/2015_01_23_307232_2.shtml。

⑥ 甘肃省民委古籍办虎隆先生提供的信息。深表谢忱。

⑦ 云南玉溪人，别名穆罕默德·赖麦丹。马联元先生的曾孙，大理市著名宗教学者。

里（1826—1884）①，于 1867 年完成了哈里里玛卡姆集中前 26 个玛卡姆的翻译，并作了简介，附加史料和阿拉伯语语法注释；由英国爱丁堡的"威廉和脑盖特"（Williams & Norgate）机构出版，共 562 页，一卷。之后，弗朗西斯·约瑟夫·斯坦噶斯（1825—1903）② 继续完成了余下 24 个玛卡姆的翻译，在 1829 年建立的东方翻译基金和 1823 年创建的大英皇家亚洲学会理事会的共同努力下，于 1898 年在伦敦的"亚洲学会理事会"得以出版，共 408 页，称为第二卷。哈里里的玛卡姆第二卷附有索引，便于查找。需要说明的是，英语译本的哈里里玛卡姆被英国普林斯顿大学图书馆收藏。2014 年，英国的 Forgotten Books③ 出版机构，在保持钱内里和斯坦噶斯的哈里里玛卡姆集原貌前提下，利用现代数字技术对缺失或遗漏的信息作了补充及修正④，分两次出版了全 2 册。

据笔者掌握信息显示，《哈里里玛卡姆集》已有 1867 年和 1898 年的英译本的电子版；以及 1889 年和 1923 年出版的多个阿拉伯文版本。由此可以说，具有特别文体风格的《玛卡姆文集》深受世界各地阿拉伯文学爱好者的青睐。

穆罕默德·阿卜杜胡，于 1889 年修订注释了赫迈扎尼的玛卡姆。埃及当代学者穆罕默德·欧玛尔认为，穆罕默德·阿卜杜胡修订玛卡姆为规范阿拉伯文确定了一个示范和标准。⑤ 2013 年埃及文化大厦出版总社出版的穆罕默德·阿卜杜胡注释的赫迈扎尼玛卡姆集，共 256 页。其前言中详细记载了穆罕默德·阿卜杜胡注释玛卡姆集的缘由。他说，一般读者阅读赫迈扎尼的玛卡姆时，会遇到两个困难。一是，为了华丽的辞藻，文集中的一些阿拉伯语词变了形，走了样，改了义，损毁了其原貌，让

---

① 1854 年曾被《泰晤士报》派驻伊斯坦布尔。他熟知阿拉伯语、希伯来语、现代希腊语和土耳其语。

② 英国语言学家、东方学家，熟知包含阿拉伯语、波斯语在内的 24 种语言。主编多部阿拉伯语—英语、英语—波斯语、英语—阿拉伯语词典。

③ 另译"高登出版集团"。

④ Thomas Chenery, *Assemblies of Al Hariri*, Vol. I, Errata, London. Forgooten Books, FB &c. Ltd. 2014.

⑤ ［埃及］穆罕默德·欧玛尔：《伊玛目穆罕默德·阿卜杜胡：以维新宗教振兴社会的改革家》（阿拉伯文），曙光出版社 2009 年版，第 243 页。

读者觉得不可思议。简单的阿拉伯语语言风格变得残缺不全，句子结构零碎。假如阅读者的知识水平一般，就会觉得一头雾水，不知所云；倘若读者是一位识家，觉得阅读该类文学作品很不值，浪费时间和精力。二是，其中有部分奇怪的阿拉伯语词汇，晦涩至极。一些阿拉伯语句型模糊不清，隐晦难懂。穆罕默德·阿卜杜胡认为，对其进行修正似乎更加迫切与必要，使那些晦涩的阿拉伯语词语明了、简洁。这是第一步。第二步，应该对赫迈扎尼的玛卡姆文集作注释，应使晦涩的词语、模糊的表达以简单清晰的状态出现在读者面前。[①] 同时，穆罕默德·阿卜杜胡又指出，该文集尚无前人作注的先例，对他而言，没有任何可以参照的素材，能找到的只是一些已出版的原文。他凭借现有的语言水平和数量不多的工具书，尝试着作开创性的语言注释。他搜集了多个版本的文集，补正原文中缺失的信息，或遗漏词语。他谦虚地说道，注释和修正过程中一定会出现语言失误。

穆罕默德·阿卜杜胡在注释时，基于阿拉伯语的基本含义，通过对比多个引证中最贴近原本含义的信息，博取众学者的学术观点，甚至对一些注释还做相应解释等主要手法，使注释后的文集语言更符合现代人的鉴赏品味。[②] 其实，穆罕默德·阿卜杜胡注释时，不仅关注阿拉伯语词语的基本含义，还将文集里的故事情节作为主要的参照对象，使读者能从注释中获取海量的非语言信息，如地理、历史、心理等。他注释的内容较多，无法在此列举更多实例说明，恳请谅解。

第三节　穆罕默德·阿卜杜胡司法改革概况

一　初入埃及司法界

1889 年，陶菲克总督赏给穆罕默德·阿卜杜胡一个小法官职务。总督那样做的目的是不想再目睹他又生事惹非，更不想因为他的一丝失误

---

① ［埃及］穆罕默德·阿卜杜胡：《赫迈扎尼玛卡姆文集注释》（阿拉伯文），文化大厦出版总社 2013 年版，第 6 页。

② 同上书，第 6—8 页。

让英国驻埃及总负责人克罗莫勋爵 (1841—1917)① 对总督的政绩说三道四。为了苟且偷生，穆罕默德·阿卜杜胡像一枚棋子在各地方法院之间被不停地移动，从事较陌生的工作。他没有对那份"赏赐"的与原本学识毫不相干的工作敷衍了事，而是投入了最大的热情和积极的态度。因工作突出，穆罕默德·阿卜杜胡从1891年到1899年10年间，从埃及国家上诉法院的顾问跃升至埃及的总穆夫提，并担任埃及国家法律协商委员会委员。这一系列的职位变化，证明了穆罕默德·阿卜杜胡"歪打正着"的职业受到了19世纪末埃及当政者的肯定，亦说明他在该领域也已做出了不少的成绩。

二 律例简述

学界普遍认为，阿拉伯传统法学是建立在传统信念基础上的规范人们生活行为与道德准则的法学体系。该法学体系被誉为是"圣神法律或启示法律"②，《古兰经》和圣训则是其核心与基础。基于宇宙观基础上的传统律例，最初只是向人们诠释有关宇宙观的基本论点和日常生活行为规范。穆罕默德首先以其"言"和"行"为众人诠释了其基本信条；而圣门弟子、再传弟子都不同程度地按照先知的做法对麦加和麦地那外的城邦居民做了相关说明。

7世纪下半叶，那些谙熟教义的贤士们，参照穆罕默德的做法，对阿拉伯半岛外民众诠释律例时，使用最简单明了的言辞，解读深奥的道理。实质上，那时先辈们的做法已经奠定了传统法学的雏形。虽然那时候，一般民众不好从表面上较为清晰地辨别出宇宙观和律例的明显界限，但两者相辅相成，交相呼应，使宇宙观、伦理和法律三者交织为一体。也就是说，律例是对宇宙观"核心内容"的有力补充。其实，律

---

① 伊弗林·巴林（Evelyn Baring），英国军官与外交家。早年毕业于英国皇家军事参谋学院，1883年9月—1907年5月担任英国驻埃及首任总领事一职，主管埃及事务。1872年任英国驻印度总督的私人秘书，1877年在埃及国债局任职，专司埃及与英国之间的贸易；1878—1879年为英法双重监督机构英国首席代表；一年后返回印度，任财务大臣。1892年被授予勋爵，从此以克罗莫勋爵著称。参见雷钰、苏瑞林《中东国家通史埃及卷》，商务印书馆2003年版，第220—222页。

② 吴云贵：《伊斯兰律例概略》，中国社会科学出版社1993年版，第2页。

例是以传统道德为尺度，规定"善恶、是非、美丑的标准"，将人们限定在特殊的信念背景之下，以"劝善弃恶"为基调约束他们的日常生活行为。

　　从8世纪中叶肇始，阿拉伯人面临着比7世纪初更多的不得不解决的世俗性事务，如遗产的继承、休妻等民生问题。诸多学者基于研究相关规定外，还参照各地的民俗习惯对类似上述问题给予谨慎处理。同时，各地行政管理部门中出现了一个特殊的职业——噶迪①，协助地方总督排解民间法律纠纷②。渐渐地，噶迪成为司法执行者的代名词。因为噶迪的职责除按传统文化行为规范调解居民间的日常民事纠纷外，还可以依照个人对律例的理解，裁判现有"规定"中不能找到答案的某件棘手问题。这种特殊的司法裁判方式开启了司法制度的新篇章。确切地说，噶迪是由政府任命且领取薪水，为公众法庭提供司法服务的特殊职业者。③ 噶迪通过审理案件、调解纠纷、维护社会治安等司法活动，将经典立法原则同当时的行政惯例、民俗习惯和外来法律传统糅合在一起，为律例实体的形成积累了大量的原始资料。

　　随着各地学者对诸学科研究的不断深入，与百姓生活密切相关的传统法学日益受到重视，伊拉克的库法、巴士拉，希贾兹的麦加、麦地那，沙姆的大马士革等地都汇集了诸多研究法学的学者。如艾布·哈尼法（700—767）、哈桑·巴士里（642—728）、苏富杨·本·欧耶奈（725—814）、马利克·本·艾奈斯（715—795）、埃勒奥伍扎依（707—774）④、沙斐仪（767—820）等13位创新型的法学者⑤。之后

---

　　① 阿拉伯语"القاضي（Al‐Qadi）"的音译，也译为卡迪，意为法官。指拥有学识造诣和长期从事法律研究的学者。史上，各朝代对该职业的任命、晋升、调动和留任都有严格的制度。噶迪在奥斯曼帝国时期，分为大毛拉、小毛拉、检察官、法官和代理法官五类，统称法官，而百姓尊其为毛拉。参见金宜久主编《伊斯兰教史》，江苏人民出版社2008年版，第259页。

　　②［英］诺·库尔森：《伊斯兰教法史》，吴云贵译，中国社会科学出版社1986年版，第18页。

　　③ Muhammad Khalid Masud, Brinkley Messick, David S. Powers Edited, *Islamic Legal Interpretation: Muftis and Their Fatwas*, Massachusetts: Harvard University Press, 1996, p. 3.

　　④ هو الإمام الفقيه عبد الرحمن بن عمرو بن يحمد الأوزاعي

　　⑤［叙利亚］瓦哈巴·扎黑里：《伊斯兰法及其证据》（阿拉伯文，第一册），思想出版社1985年版，第29页。

伊本·罕百里（780—855）也为传统法学体系做出了卓越的贡献。他们基于经典和圣训的原则，运用意见、推理的司法判断手法对某些问题进行类比①公断；假如学者们对类比公断的问题还存在歧义，便可以采取公议②的形式进行处理。鉴于此，至 10 世纪初，经过众多学者的坚守与修正、补充与完善，经典、圣训、公议和类比也已成为世人公认的法学的立法原则。

学界认为，穆罕默德是历史上首位向穆斯林诠释律例的人③。律例最重要来源之一的圣训中，就有不少关于这方面的记载。正统哈里发及圣门弟子们曾向民众请教律例的相关细节，以引导他们遵照执行。当代巴基斯坦学者穆罕默德·哈立德·麦斯欧德④研究显示：7 世纪，约有 130 位圣门弟子不同程度地做过律例的诠释与说明，涉及日常生活的诸多方面。⑤也就是说，那个时期，律例已经深入到普通百姓的日常生活中，且有数百位学者为其普及做出了历史性的贡献。

那时，很多圣贤都根据各自对教义的理解，向寻求帮助者提供"个

---

① 阿拉伯传统法学立法原则之一。学者依据相关律例，对同类性质的事例进行演绎推理后作出具有法律效应的论断，大众须遵照执行。参见孙承熙《阿拉伯伊斯兰文化史纲》，昆仑出版社 2007 年版，第 197 页。

② 法学家立足于《古兰经》和逊奈的基础，对某事一致作出的带有法律效应的决议，而成为当地社会须遵循的条例、法规或法律。参见孙承熙《阿拉伯伊斯兰文化史纲》，昆仑出版社 2007 年版，第 197 页。

③ ［叙利亚］穆罕默德·哲马鲁丁·卡西米：《伊斯兰教的法塔瓦》（阿拉伯文），穆罕默德·阿卜杜·勒哈基姆·噶迪校注，科学书籍出版社 1986 年版，第 32 页。

④ 1939 年 4 月 15 日生于印度，1962 年获（巴基斯坦）旁遮普大学硕士学位，1966—1973 年在加拿大蒙特利尔的麦吉尔大学学习法学，1969 年获该校硕士学位，1973 年获博士学位。1977 年完成博士后研究，遂赴美国费城等地的研究机构访问。1980—1984 年在尼尔利亚扎伊尔的艾哈迈德·拜鲁大学法学研究中心任讲师。1985—1990 年，任美国纽约社会科学比较研究理事会委员。1991—1999 年，任荷兰莱顿大学现代世界伊斯兰研究国际学院主任。他是巴基斯坦伊斯兰堡国际伊斯兰大学伊斯兰研究院、荷兰莱顿大学、巴黎法国学院等名大学的教授，还是马来西亚科伦坡国际伊斯兰大学伊斯兰法学系客座教授，美国宾夕法尼亚大学富布莱特学者。另外，他曾担任巴基斯坦伊斯兰堡国际伊斯兰大学伊斯兰研究院主任，2004—2010 年任巴基斯坦伊斯兰思想体系理事会主席，2012 年 10 月 18 日，巴基斯坦总统任命其为巴基斯坦国家高等法院上诉分院特设成员。他在律例学方面颇有建树，著述很多，且其很多观点得到人们的广泛认可。

⑤ Muhammad Khalid Masud, Brinkley Messick, David S. Powers Edited, *Islamic Legal Interpretation: Muftis and Their Fatwas*, Massachusetts: Harvard University Press, 1996, p. 7.

人意见"的律例说明。彼时那些解释律例者在生活操守方面虔诚，不会在说明法学问题时随心所欲。贤者为不熟悉律例详细规定，或不清楚自己的行为是否符合律例规定者，提供权威性的建议。渐渐地，这些圣贤都变成了司法行政成员，他们的律例说明（法特瓦）兼有大众和官方的特性。

7 世纪下半叶至 8 世纪上半叶，"穆夫提"这个特殊职业在伍麦叶王朝（656—749）就已经出现了。穆夫提一方面为地方政府提供法律诠释，所做的法律解释是当地政治批评的重要武器；另一方面又做噶迪的法律顾问，负责让公众接受律例学中诸多具有个人意见的法规说明。从这一点可以看出，8 世纪以来，穆夫提身兼两种使命，上至国家，协助制定维系社会良性发展的法律条款；下至百姓，其律例说明能使草民容易接受且不对执行者构成任何不利因素。这种个人参与社会司法建设的行为在历史上大约持续了 200 年，终趋于成熟。

哈乃斐律例学派的法特瓦专著[1]于 10 世纪后半叶问世。随后，在各地陆续出现了各律例学派的律例说明专著，其中的司法解释逐渐成为官方解决政治难题的权威。

10 世纪法学体系形成后，诸法学家根据各自的主张对生活中遇到的难题提出解决方案，供大众选择使用。有时，学者们会因解决某些不得不解决的棘手问题而产生争辩或分歧。这种学术争辩，催生了专门负责律例诠释职业者的诞生。尤其是穆罕默德去世后，由于人们理解事物与考虑问题的思维差异，践行律例有时会出现一些偏差，甚至深感某些问题与前辈的"习惯"相悖，从那个时候开始，阐释律例者就被赋予了替代先知诠释律例的神圣使命。能够担当这一使命者需要达到一定的条件和具备较为上乘的才能。凡精通经典与圣训、律例及其原理，各法学派的主张，方能达到解释说明律例的基本条件，除此还须具备创制、公正和按章行事[2]的工作风格。更为重要的是，还应以中正的立场应对

---

① 该专著（كتاب فتاوى النوازل）由纳斯尔·本·穆罕默德·艾哈迈德·伊卜拉欣·撒马尔甘迪（985 年卒）完成。

② 此为伊本·赛姆阿尼（ابن السمعاني）的观点，原文是"摒弃宽泛与纵容"的含义。

出现的问题，不偏不倚，用适中的手法解释相关法学难题。① 确切地说，能肩负起诠释律例使命者，应有独立的人格，渊博的知识，不受律例学派观点干扰，且能对前人未涉及到的律例问题做出适合社会发展需要的诠释和决断，基于前辈法学家的相关观点，善于使用推理对现代社会问题进行诠释。② 对于某人是否能胜任穆夫提这一神圣职务，则远远超出了上述的宏观因素；其对个人的人品、学品、宗教操守等都有较高要求。

据记载，16世纪奥斯曼帝国就任命了阿斯塔纳（今伊斯坦布尔）的总穆夫提，负责向民众解释律例的若干问题。穆夫提这一特殊职业由个人行为演变成国家行为，前后经历了900余年。不论其行为模式如何变化，各代穆夫提对律例的诠释与说明宗旨未因时境的变迁而发生丝毫的改变；且社会发展必须依赖穆夫提们提出的法律理论支持。

三 19世纪末埃及司法概况

当时埃及的司法由传统法庭、司法委员会及混合法庭3个体系组成。传统法庭由来已久，由欧莱玛按照律例的相关条款予以执行。

1848年，埃及建立的司法委员会，由政府公职人员按照司法行政制度履行特别刑事审判程序。1882年，该司法体系易名为民法法庭。穆罕默德·阿卜杜胡担任法官期间，参照现代法规审判司法案件，由于所执行的法律条款与社会所需相契合，民法法庭逐渐取代了宗教律例庭的部分司法权，成为当时埃及司法界的主流法庭。

混合法庭是1875年按照法国司法模式成立的民事法庭。其从业者由欧洲司法人员和埃及法官共同组成。该司法体系的司法权限涉及包含欧洲人在内的所有司法问题，即便是与他们有关的指控都会在该法庭进行

---

① ［叙利亚］穆罕默德·哲马鲁丁·卡西米：《伊斯兰教的法塔瓦》（阿拉伯文），穆罕默德·阿卜杜·勒哈基姆·噶迪校注，科学书籍出版社1986年版，第65页。
② 阿里·祝玛：《穆夫提之条件》 （阿拉伯文），2011年5月11日，http：//www.alwafd.org。

审判。[1]

19 世纪 80 年代，埃及出现了政府任命的穆夫提，除全权负责对律例
的阐释说明外，还协助当政者制定国家的重大政策。实际上，像俄罗斯、
澳大利亚、阿尔巴尼亚、波斯尼亚、高加索地区、法国、印度等国家或
地区也专门设置了穆夫提的职务。穆夫提诠释律例，或参与国家、地区
重大法律制度的制定，或承担国事顾问之职能。那里的穆夫提享有不可
剥夺的宗律例规解释与说明权和受人尊敬的最高礼遇。

1899 年 6 月 3 日，穆罕默德·阿卜杜胡出任埃及第 2 任总穆夫提，
兼任埃及司法部穆夫提。其前任是谢赫哈苏乃特·纳瓦维（1839—
1924），从 1895 年 11 月 21 日到 1899 年 6 月 2 日，前后共发布了 288 个
"法特瓦"。实质上，该信息反馈了 19 世纪末埃及社会急需基于律例的具
有更大普遍意义的司法解释，以利于社会生活。

埃及律例诠释部门是隶属于国家司法部的一个独立宗教机构，办公
地设在爱资哈尔校内。现在，埃及政府对穆夫提人选的要求还附加了须
具有爱资哈尔博士学位、教授职称，是学者委员会[2]成员，且听觉聪慧、
学识渊博等推选条件。

第四节　穆罕默德·阿卜杜胡司法改革实践

一　司法界初试牛刀

穆罕默德·阿卜杜胡出任埃及总穆夫提之后，实地进行调研，了解
社情民意。他将在基层发现的问题逐条汇总，分析研判，并率先着手对
埃及律例法院进行历史上的首次改革，从最基本的工作态度与能力作出
了严格的要求。对人浮于事、懒政怠政等行为作出了限制，革除了工作
不力者的职务。与此同时，穆罕默德·阿卜杜胡还深入埃及地方法院了

---

[1]　Mark Sedgwick, *Muhammad Abduh*, London: Oneworld Publications, 2010, pp. 72 – 73.

[2]　1961 年，埃及总统哲马勒·阿卜杜·纳赛尔签署第 130 号总统令，成立埃及宗教咨询最
高机构，行使选举爱资哈尔谢赫、推举国家穆夫提、处理伊斯兰事务以及发布与律例相关观点的
权利。该委员会一般由各律例学派的 40 名专家和学者组成，须具有爱资哈尔的博士学位、教授
职称的资格，且年龄不低于 55 岁。爱资哈尔谢赫担任该委员会主席。

解基层司法现状，发现了诸多沉积已久的问题。如，地方法庭办公设施破旧①，司法程序混乱，司法案件审理记录缺失情况严重②，案件审理时可供参考的文献资料尘封未用，审理条例含混不清、相左互悖，法院判决执行不力或当事人拒绝执行等，更让他痛心的是基层法院法官的业务素质和水平亟待提高。③

　　穆罕默德·阿卜杜胡在走基层的调研中洞察到，埃及一些地方法院的书记员依照自己的喜好受理申诉人的控告，这与司法的本质相悖，但确实存在。更不可思议的是，地方法院的很多书记员不熟悉司法业务，不知道司法审判程序和记录规则。时任地方法院书记员中，有曾为前任书记员效力的阅历，因服务到位受到肯定或因其家庭困难，前书记离职时便自然替补了空缺的位置成为书记员。也就是说，埃及地方法院书记员的选拔根本无章可循，且书记员的遴选未考虑其知识结构和司法修养，而是基于某些人为因素受到"重用"。实际情况是，那时埃及大部分地方法院的书记员不能胜任本职工作，仅凭背记了几条艰涩的专有套语以应付具体业务，对一些法律条款理解不透，具体操作时往往断章取义，顾此失彼。埃及地方法院的书记员协同辩护人间接或直接超越司法程序，干扰噶迪裁决的现象屡见不鲜。更有甚者，埃及某地方法院的一位高官竟然不明白该法院制定的法律条文，在司法部调研者对之作相应解释后，才勉强点头称是。按照当下时髦的话讲，19世纪末埃及地方法院中存在着严重的不作为、乱作为，甚至缺乏起码的学习职业规则的不良现象。

---

　　① 穆罕默德·阿卜杜胡在实地调研中发现，地方司法部门在危房中办公，地面布满尘土，椰枣树干搭建的台阶存在安全隐患。有些地方司法机构的办公设施更是惨不忍睹。埃及最大的一个地方法院，14位书记员只能挤在长6米、宽4米的两间办公室，且每人的专有办公桌不足一平方米。穆罕默德·阿卜杜胡检查埃及地方法院时获悉，一位地方官员曾驱逐了法院的噶迪；法院里唯一的一把椅子留给了噶迪，书记员们只好把汽油箱当椅子坐在上面办公。参见［埃及］穆罕默德·阿卜杜胡《穆罕默德·阿卜杜胡全集》（阿拉伯文，第二卷），穆罕默德·欧玛尔校注，曙光出版社1993年版，第216页。

　　② 地方法院案件审理记录模糊不清，因"上级司法部门只为书记员们拨付专款购买质量较好的墨汁，其他人无权使用"。参见［埃及］穆罕默德·阿卜杜胡《穆罕默德·阿卜杜胡全集》（阿拉伯文，第二卷），穆罕默德·欧玛尔校注，曙光出版社1993年版，第216—217页。

　　③ Mark Sedgwick, *Muhammad Abduh*, London：Oneworld Publications, 2010, p. 79.

穆罕默德·阿卜杜胡还体察到，地方法院工作人员的待遇极差。一位已经参加工作 28 年的首席书记员的薪水只有 200—350 基尔什①。开罗的埃及高等法院和亚历山大法院，首席书记员的薪水才有望能达到 1000 基尔什。而省级法院首兼书记员的薪水约为 500 基尔什。②

二　司法改革

1899 年 11 月，穆罕默德·阿卜杜胡就检查埃及地方法院的所见所闻曾上书埃及司法部长，恳请能使之成为"有结果的司法改革专题；并希望埃及未来的司法环境不再重蹈前辙"。③ 之后，穆罕默德·阿卜杜胡专门起草了针对埃及司法尤其是涉及地方法院工作环境、业务状态、司法威信等方面的改革措施。他建议健全地方法院书记员遴选的工作细则与备选者须达到的要求。如，备选者须具备用阿拉伯语工作的基本条件，懂律例基本知识；建立在岗书记员业务考核制度，若 4 年后还未达到要求的书记员，则终止其从业资格；书记员还需要精通法庭的工作流程与制度，若获得爱资哈尔认可的初小毕业证书，则免除其业务考核。今天看到，穆罕默德·阿卜杜胡制定的那些貌似简单的地方司法改革意见，在埃及近代司法界确是前无古人的划时代创举。他的杰作至少对原本混乱无序的埃及地方司法体系，进行了最基本的基础性建设，使之有章可循。穆罕默德·阿卜杜胡先确定了从业者的基本业务要求，只有解决了从业者的基本司法素养，地方司法机关的具体工作便会健康运行。

基于此，笔者似乎清楚地看到穆罕默德·阿卜杜胡对埃及地方法院改革的力度与决心。首先，他旨在让从业者的基本知识结构能更如完善、合理，只要以此潜心从事司法工作，其业务水平和技能就有较大的进步。与此配套的措施是，他制定了从业者的晋级激励制度，创建了初、中、

---

① 阿拉伯语"قرش"的音译，奥斯曼帝国统治埃及期间发行的一种银质货币。

② ［埃］穆罕默德·阿卜杜胡：《穆罕默德·阿卜杜胡全集》（阿拉伯文，第二卷），穆罕默德·欧玛尔校注，曙光出版社 1993 年版，第 218 页。

③ 同上书，第 212 页。

高三个级别的干部监管制度①，按劳付酬。② 该制度实质上是绩效工作的典型案例。其次，按照现在干部考核管理措施，工作业绩好、业务表现佳者，晋级时间短，收入自然高于那些业务差、绩效不好的同行业者。穆罕默德·阿卜杜胡还建议：在司法程序中明确书记员与噶迪的工作范畴、各自的工作职责；让双方当事人和工作人员在庭审大厅有正面交流的机会，使司法程序公开化。

穆罕默德·阿卜杜胡司法改革的最大亮点是对司法部门工作人员的职责作了明确的界定。穆罕默德·阿卜杜胡基于对当时埃及地方司法部门现状调研结果的创新型改革，从业务素质、工作环境，到司法审判程序等，都给埃及人民从未感受过的一个全新司法队伍形象。尤为重要的是，穆罕默德·阿卜杜胡奠定了埃及现代司法管理的基础和规则。

噶迪，阿拉伯社会特有的法律执行者。③ 学界和民众对噶迪给予厚望，期望通过他们的双手解决大众遇到的司法难题，这其中既包含宗教型司法，亦涉及世俗型法律。因而，噶迪最基本的修养便是熟知律例，精通司法审判程序，具备查阅与案件相关法律条文的能力。

然而令人遗憾的是，穆罕默德·阿卜杜胡调研地方法院工作时了解到，埃及地方法院噶迪的业务素质不佳，审批程序中存在着不少瑕疵，

---

① 法语 "Cadre" 的阿拉伯语音译。

② ［埃及］穆罕默德·阿卜杜胡：《穆罕默德·阿卜杜胡全集》（阿拉伯文，第二卷），穆罕默德·欧玛尔校注，曙光出版社 1993 年版，第 219—220 页。

③ 阿拉伯世界司法部门特有的三类司法工作者，即穆夫提、噶迪和哈基姆。宇宙观与法学视域下的司法体系，均建立在忠于宇宙观和律例理论基础之上，解决与律例相关的各种神圣和世俗问题。通俗地说，穆夫提是指根据经典和律例理论对前人尚未说明的既定问题作出具有个人见解的诠释。该状况类似于我国高等法院的司法解释。需要说明的是，穆夫提的某些解释未必都得到提问者的首肯。噶迪，按照穆夫提在律例理论基础上对某问题的权威性说明，有针对性地进行司法执行。也就是说，噶迪仅具有司法执行权。实际情况下，噶迪的司法执行间或会出现失误。监督和检查噶迪司法执行情况者称为哈基姆。在该体系形成过程中，上述三个职务的担任当都被赋予了极为严格的条件，不够条件者不能担任相应的工作。在具体工作中做出了有悖于工作准则者，将从相应的岗位上解雇。详见布勒哈努丁·伊布拉欣《基层法院法官司法执行过程中的思考》（阿拉伯文，第一册），科学书籍出版社 1995 年版，第 21—30 页；沃哈柏图·宰黑里《伊斯兰法学及其证据》（阿拉伯文，第六册），思想出版社 1985 年版，第 481、488、743、747 页。

甚至颠倒是非，混淆黑白，司法公正的原则形同虚设。[①] 鉴于此，穆罕默德·阿卜杜胡建议埃及司法部制定噶迪业务考核制度，要求只有获得大学本科法学学位者才有资格申请噶迪的职位；穆夫提和现任法官不在考核范围内。爱资哈尔法学系毕业生，或至少从事司法工作 4 年且熟悉司法审判流程者，有资格申请参加埃及省级法院的噶迪考试。他还建议为地方法院噶迪扎堆的现象瘦身，使每个噶迪都能人尽其职，避免人浮于事。另外，穆罕默德·阿卜杜胡还严肃地指出，地方法院噶迪独立办案权利不足，业务主管或上级部门领导对其左右较大。他建议制定辞退噶迪（当然也包括总法官）条例，对那些在工作中有悖于司法公正、制度和律例，且情节严重者坚决予以清退。

穆罕默德·阿卜杜胡建议在司法案件卷宗的首页增加详细目录，以便噶迪调阅时较容易地找到需要的证明材料。他认为，噶迪有权利获取有效证据，以避免虚假证明对当事人造成的不公正；案件卷宗中的证词，法官应审查案件发生后的实际情况而予以接受；他还提出要慎重采纳未成年人提供的证明。

据调查，有近10%的案件未得到埃及地方法院的受理，因为诸多案件要么地方法院没有受理权限，要么是上级主管部门直接干预。穆罕默德·阿卜杜胡还提出对地方法院的监督与检查，以促使司法案件的审理与司法制度的切实实施等一系列富有建设性的意见和建议。[②]

三　涉及经济问题的司法诠释

穆罕默德·阿卜杜胡在司法领域改革的另一个重要举措，是基于对宇宙观与律例的全面理解与融会贯通，开辟了前无古人的律例权威说明。按理说，埃及国家总穆夫提所作的法律解释相关问题多与大众生活密切相关，还涉及社会生活其他方面，不能不说是超越前辈学者的一种创新。

---

① ［埃及］穆罕默德·阿卜杜胡：《穆罕默德·阿卜杜胡全集》（阿拉伯文，第二卷），穆罕默德·欧玛尔校注，曙光出版社 1993 年版，第 221 页。

② 同上书，第 227—288 页。

19世纪末20世纪初，埃及的经济建设尚处于初级阶段，因而刺激经济发展貌似成为整个社会的主要话题之一。埃及政府通过引入现代科学技术、行政管理、法律和金融基础设施等手段促进经济发展。由此而出现的类似股份公司、证券、债务等现代商业元素，可以说在传统律例中尚未涉及，前辈学者们也未对之作出相应的法学界定。① 现代商业和经济的运作是建立在利益基础之上的一种经营模式，假如其中不存在利润，按照现代西方经济学理论，该模式的商业或经济运作是失败的。阿拉伯学界对商业或经济运行中的利润尤其是"以钱生钱"的行为所得有着特殊的定义，被认定为不符合律例的"非法所得"。②

穆罕默德·阿卜杜胡担任埃及总穆夫提期间，埃及国家邮政部门建立了一个旨在吸纳个人小型投资的基金，名曰"埃及储蓄基金"。不久，该基金就拥有3000多位储户，且还会有更多的人将成为该基金的潜在客户。根据该基金出具给储户的存储规则显示，每位储户将获得一定的利息。基于现代商业与金融理念，此举一定有益于民众生活和社会建设，但对于传统文化氛围较强的埃及社会而言，该基金的行为恰似一枚重磅炸弹，让埃及学者和普通民众唏嘘不已。爱资哈尔的学者按照律例就该问题进行专门讨论。随后，穆罕默德·阿卜杜胡根据"协约合作"③ 原则

---

① Mark Sedgwick, *Muhammad Abduh*, London: Oneworld Publications, 2010, p. 95.

② 即阿拉伯语的里巴（الربا）。因时代的变迁，其含义有不同的变化。"真主准许买卖，而禁止重利"（二：275），禁吃"重复加倍的利息"（三：130），等等。因圣训中对该问题作出了较为详尽的界定：一切不劳而获的收入；用不正当手段如欺诈、投机或赌博等手段获取的不等价交换的收入；专指高利贷行为。简单地说，里巴就是指凡不劳而获与投机取巧得到的收入。

③ 按伊斯兰银行业的界定，Mudarabah（المضاربة）是投资者和金融机构之间的合同形式，金融机构作为不发言的合作人，将存款用于商业活动，每个合伙人按照商定的比例赚取该投资的营利。这种商业投资形式既可以是一次性的，也可以是连续多次投资行为。金融机构只发挥受托人的作用。该类型的投资可以是定期性的，或成为双方商定的特定商业活动。笔者的同事马海英副教授提供了该资料，在此深表谢忱。实际上，与此对应的还有一类完全意义上的合作形式，即 Murabah（المرابحة）指金融机构按照客户的要求购买商品的一种合同形式。客户支付金融机构商品的成本价和商定给金融机构的营利。此时，金融机构才向供货商支付商品价格和商定的交付商品的附加费用。该类合同可视为延期支付，但需要合作双方遵循设定的条件，否则将视为无效合作。还有一种合伙关系称为 Musharaka（المشاركة），可理解为金融机构与金融机构向提供资金的企业之间的合作关系，属于贷款的一种形式。所有合伙人共享收益，共担风险。参见马玉秀《伊斯兰经济思想概论》，上海社会科学院出版社2013年版，第238—243页。

将讨论结果以埃及总穆夫提的身份发布法特瓦，允许使用该基金的利益。① 这个法学诠释可以理解为，投资该基金者已与该基金构成了投资关系，其所得理应是投资利润的某个确定的数值。也就是说，他们的所得是投资的利润分成，与传统概念的利息有较大的差别。

1904 年 5 月 3 日（即伊历 1322 年 1 月月初）出版的《光塔》期刊上，刊登了穆罕默德·阿卜杜胡撰写的有关涉及现代金融概念的伊斯兰律例说明。在此之前，传统法学界尚无一人对经济和商业领域产生的"利息"作出与时俱进的超常规诠释。以今天人们的视角看，穆罕默德·阿卜杜胡当时确实以极大的勇气开辟了律例界以全新理念解决经济领域诸多棘手问题的先河。在之后的半个多世纪里，以埃及为代表的国家的学界对类似于商业利润、银行、股份等金融问题，都不同程度地用法学理论进行了全新的解释与说明②，从不同层面创造了当地经济和金融与西方世界经济领域合作的最大可能，也刺激了当时埃及经济的发展。

笔者查阅 1904 年 5 月 3 日出版的《光塔》③ 期刊，其中一则消息显示，有人④询问埃及杰里沙姆公司开展人寿保险业务，并取其中的一部分保费用于商业投资，该行为如何按照律例界定？穆罕默德·阿卜杜胡认为：投保人在保期内享受自然人的份额；假如在保期内投保人去世，其应得收益将由有继承权者享有。穆罕默德·阿卜杜胡为此做的法特瓦使该行为符合律例的有关规定。⑤ 实质上，依照此诠释，类似财产保险也按"协约合作"处理，被视为商业投资的一种表现形式，因而其获益被认定是符合律例的。

① Muhammad Khalid Masud, Brinkley Mesick, David S. Powers Edited, *Islamic Legal Interpretation: Muftis and Their Fatwas*, Massachusetts: Harvard University ress, 1996, p. 286.

② Ibid. , pp. 287—290.

③ ［埃及］穆罕默德·莱西德·里达主编：《光塔》（阿拉伯文，PDF），第 6 版，第 24 册，伊历 1321 年 12 月 16 日。

④ 突尼斯学生艾布·拜克尔·阿鲁斯，就读于艾阿扎姆清真寺。

⑤ ［埃及］穆罕默德·莱西德·里达主编：《光塔》（阿拉伯文，PDF），第 6 版，第 24 册，1904 年 5 月 3 日，第 938—939 页。

阿拉伯经济的另一种形式，称为"卧格夫"①。它指"一件既保留其实体又具有使用价值的财物，其拥有者在转让处分权的同时，约定将其收益用于限定的慈善目标"② 的律例专有术语。学界认定的卧格夫有多种类型，主要有不动产、动产、公共财产等易于大众接受的卧格夫类型；和类似使用权、封地、占有土地等带有历史痕迹的卧格夫形式。③ 虽其概念依旧是学界研究卧格夫的主要论题之一，但现如今几乎不常见。由于卧格夫的特殊经济地位，历来都是学者关注的焦点之一。学界将卧格夫的上述类型，称为广义的卧格夫；而狭义的卧格夫，专指宗教活动场所——清真寺。

四 涉及清真寺管理的司法规则

穆罕默德·阿卜杜胡担任总穆夫提期间，曾向埃及国家宗教最高委员会递交了一份以清真寺为基础的宗教改革建议④。1904 年 5 月 31 日该规划呈至埃及国家宗教最高委员会，经多轮磋商，最终确定公布如下：

第一条：本规划仅适应因故被解雇者或亡故者，玩忽职守者不在本规划处置范围内。

第二条：建议（各地）清真寺制定统一的伊玛目（Al-Imamah, الإمامة）制度。爱资哈尔清真寺及其他分散于各地同一名称的清真寺不在此列。同一个礼拜时间，一个清真寺不能同时出现两位伊玛目各自带领所认定律例学派主张的众人礼拜。位于同一社区相互独立的多个礼拜点，伊玛目可在同一礼拜时间里各自带领众人礼拜。该条款确定了伊玛目是清真寺总管的角色。假如清真寺尚有教学任务，可聘请专门人员协助伊玛目进行教学管理。

---

① 阿拉伯语词汇，有"保留、停顿、扣留"等基本语言含义，其复数形式是 "الأوقاف"。律例指从一切现实财产中"留出"一部分用于慈善事业。

② John L. Esposito, Ed, *The Oxford Encyclopedia of the Modern Islamic World*, New York：Oxford University Press, 1995, Vol. 4, p. 313.

③ 哈宝玉：《伊斯兰教法：经典传统与现代诠释》，中国社会科学出版社 2011 年版，第 84—86 页。

④ 阿拉伯语为 "مشروع ترتيب المساجد"，即清真寺整改规划，恳请商榷。

第三条：假如清真寺有多位伊玛目，应有专门宣讲呼图白的伊玛目，其待遇不应低于伊玛目的薪水。

第四条：清真寺应有专职的宣礼员。

第五条：每个清真寺应有专门负责后勤服务的总管，须在伊玛目的领导监督下开展相应业务。

第六条：宣礼员有掌握宣礼具体时间的权利。

第七条：若清真寺没有宣礼塔，宣礼员还需在宣礼之后大声诵读《古兰经》，让众人知晓礼拜时间已到。

第八条：成拜词也应由宣礼员完成。

第九条：礼拜时应连续诵读《古兰经》。

第十条：清真寺总管除负责后勤保障外，（有些清真寺）还应设置专门的经费账簿，由总管负责记录具体的开支账目。

第十一条：清真寺的后勤应设置清洁员、门卫、收发员等非正式在编人员。

第十二条：法学者、驾驶员、挖墓者及专业殡葬人员等，应是专业人员，不属后勤服务范畴。

第十三条：熏香人员是后勤服务者之一，应享有一定的待遇。

第十四条：清真寺的宣传员是一个独立的职业，为工作人员之一。应给予其应得的待遇。

第十五条：按照清真寺的大小，全埃及伊玛目的待遇可分为四类，即每月8、5、4、3埃镑。开罗和亚历山大的宣礼员每月150基尔什；省府、布尔塞尔德、杜姆亚特、苏伊士等地125基尔什；县级首府可得到每月100基尔什的生活津贴，农村清真寺的宣礼员可获每月75基尔什的薪水。爱资哈尔清真寺的宣礼员的津贴不按照此标准发放。诵经家的津贴分别是每月50、40、30和20基尔什。

第十六条：凡获得大学本科文凭的学者或初级教育毕业者，具备担任清真寺伊玛目的资格；否则，要通过考试达到相关要求才能担任伊玛目。

第十七条：清真寺的总管须有强壮的体魄，能读会写，应具备背诵《古兰经》的能力；至少应有读写的本领。

第十八条：司库员应能读能写，精通算学基本技能。

第十九条：宣礼员应与总管一样，身体健康；但盲者无妨。

第二十条：从事后勤服务者，身体须健康，应无传染性疾病。

第二十一条：每个清真寺管理委员会应商定职员数量与待遇的详细规则，以便在日常工作中遵照执行。

第二十二条：凡有人辞职或被解雇，管理委员会应尽快商定补充人员数量与薪水。

第二十三条：根据新的整改方案，每个清真寺所得的补助不应超过现有花费的总和，补助对象主要是以下人员：完成初级教育和高级教育的现任伊玛目；总管、宣礼员中具有读写能力者；精通运算基础知识和读写基本技能的司库员。

建议埃及全国清真寺的补贴不超过 10000（埃）镑（未最终确定）。开罗所有清真寺的补助控制在 7000 镑以内；若地方清真寺补助不足时，则开罗的补贴总量应做相应减少。假如开罗的 7000 镑有所剩余，则对符合条件者再做一定的补贴；若 7000 镑不足补贴额度，在职者未得相应报酬，有关部门将提供符合条件的补贴。①

穆罕默德·阿卜杜胡将埃及清真寺管理纳入到有特定法规可依的范围。通常，清真寺的宗教活动以个人宗教功修的投入为主，相关职业者的工作状况和业绩无人问津。穆罕默德·阿卜杜胡认为，清真寺是宗教活动中心，是一个有目共睹的公共场所，进入其中的每个人，除宗教虔诚度不尽相同外，都应有监督教职人员具体工作的义务和必要。为避免教职人员工作不到位或相互推诿，制定相关监督制度显得很必要。穆罕默德·阿卜杜胡主持的这项改革计划，埃及政府最终又多支付了 6683 埃镑的额外费用，以补足原计划缺少部分。②

表面上，上述内容仅是清真寺的改革规划建议书，实际上是针对清真寺的一个具有现代意识的非常完善的管理模板。即便今天看来，该管

---

① ［埃及］穆罕默德·阿卜杜胡：《穆罕默德·阿卜杜胡全集》（阿拉伯文，第二卷），穆罕默德·欧玛尔校注，曙光出版社 1993 年版，第 297—300 页。

② 同上书，第 304 页。

理细则仍然具有极大的约束性和时效性。因其针对清真寺在职人员工作职责与范围，津贴分配与分发等相关规则细节，笔者试图将之放置到司法改革与实践中，以期说明基于司法改革大背景之下，穆罕默德·阿卜杜胡紧抓核心问题进行相应改革的同时，还想方设法把较先进的现代理念运用到具体的实践工作之中，为后人树立了有据可依的榜样。

据不完全统计，穆罕默德·阿卜杜胡在任期内做的"法特瓦"共944个，其中涉及清真寺公共财产（卧格夫）、个人遗产的继承、商业活动等经济问题的达728个；与结婚、离婚、生活开支、生育、哺乳、抚养等家庭问题有关的100个；有关伤害与赔偿的29个；其他方面87个。上述中的80%与家庭生活和经济相关。

五　司法改革的反馈与评价

穆罕默德·阿卜杜胡的司法改革建议在埃及国家法律协商委员会上引起了与会各位委员的热议。有委员对之持赞同意见；也有人表示难以理解，认为埃及的法律较为完善，没有必要改革。后经他本人以书信形式向埃及总噶迪陈述其提出的司法改革意见后，达成以下共识：

第一，埃及地方法院书记员和噶迪的职业培训暂由爱资哈尔法学系的优秀学生组成的专门培训团队完成，并根据参加培训者的职业能力确定考核标准。

第二，在保证地方法院正常运行的情况下，制定相应的规章制度，以确保案件的有效审理。基于维护司法严肃性的基础上，应使法院的工作得到民众的认可与满意。

第三，凡熟知哈乃斐法学派①的诸学者，都应精通法律条文的内涵，以利于当事双方的控告；噶迪应从案件立案时就关注相应的法律条文。

---

① 艾布·哈乃斐（700—767）于8世纪在伊拉克的库法设堂讲学，创建法学体系最早的学派。该派在创制律例时以经典为依据，谨慎使用圣训，重视类比和公议的灵活运用，强调执法者的个人意见和判决。该学派是著名的"意见派"。法官断案时可使用"优选原则"，以便作出更近于公正的判决。该法学派在埃及较流行，但沙斐仪法学派也有市场。穆罕默德·艾布宰哈拉：《伊斯兰政治与哲学流派与法学派别》（阿拉伯文），阿拉伯思想出版社1970年版，第329—365页。

这一点适用于所有法律学派主张的法律问题。

第四，制定地方法院审理程序规则，确保司法审判的有效性，以避免人为的有悖于法律的事情发生。

第五，提高地方法院公职人员待遇。该规定拟惠及所有人员。①

鉴于穆罕默德·阿卜杜胡提出的司法改革建议，埃及法律协商委员会责成两位委员在他的领导下，专门收集欧莱玛提出的有关司法改革意见，和司法部门工作者的意见。② 可见，穆罕默德·阿卜杜胡的司法改革已从单一的个人意愿跃升至国家行政行为，且得到国家最高司法委员会的首肯。

中国学界对穆罕默德·阿卜杜胡司法改革的成就做了客观的评价。"作为具有国家职能的穆夫提，他运用手中的权力按照改革主义思想去解释神法和伊斯兰习惯法，去培训法官；他修改了法律条文以适应变化了的社会的需要；他要求法院在诉讼中要行使审判权，而不是仅仅适用法律文字。"③ 上述事实说明穆罕默德·阿卜杜胡已全身心地投入到埃及司法领域的改革中，学界给予他司法改革工作较高的评价。埃及学者评论说："身居诠释宗教律例位置后，他不仅是一个穆夫提，更像是一位贤哲。他以忠诚法律条款而名声大振。他对咨询者都有求必应；不仅为他们的世俗困惑出谋划策，更为他们的精神生活指明方向。"④

---

① ［埃及］穆罕默德·阿卜杜胡：《穆罕默德·阿卜杜胡全集》（阿拉伯文，第二卷），穆·欧玛尔校注，曙光出版社1993年版，第290—291页。

② ［埃及］穆罕默德·莱西德·里达：《伊玛目穆罕默德·阿卜杜胡传》（阿拉伯文，第三册），法蒂莱出版社2006年版，第二版，第238页；Charles C. Adams, *Islam and Modennism in E-gypt, A Studies of the modern reform movement inaugurated by Muhammad Abduh*, Oxford University Press, 1933, p. 82。

③ 雷钰、苏瑞林：《中东国家通史埃及卷》，商务印书馆2003年版，第233页。

④ ［埃及］穆罕默德·贾瓦迪：《穆罕默德·阿卜杜胡》（阿拉伯文，PDF），第22届学术年会论文，第2页。

第 四 章

穆罕默德·阿卜杜胡的妇女
权益观和政治观

人类进入父系社会后，男性处于绝对的支配地位。他们拥有尽可能多的各种权力和财富，并界定亲属与血缘关系。然而，作为人类共同体不可或缺的妇女，却遭受着来自各方面的压抑、贬损，甚至是暴力，身心备受煎熬。在不同历史时期，各国或地区的妇女都遇到了各种不公待遇。从19世纪末开始，世界各地（国家或组织）便制定了很多保护妇女权益的法则，使妇女能在社会中得到应有的权益保障。

对妇女权益的认同，是社会良性发展与进步的标志之一。世界各地的妇女权益，或以国家地区的名义颁布法律，或以组织①的名义向社会呼吁，为妇女争取最大的权益。其中最重要的是，学界英才也通过各种形式提出保护妇女的相关理论，在社会发展过程中进一步推动，并予以实践。社会进步，民族富强，国家昌盛，理应立足于社会核心价值体系，指引社会向着进步文明的方向发展。简言之，该体系以特定的组织名称和目标团结众多民族朝着一个方向前进，利用众人的智慧为社会进步做贡献。

穆罕默德·阿卜杜胡提出的妇女权益观与政党建构观，是基于埃及社会的现状所作出的全面诊断。该论断至少透露出了两个问题，一是19

---

① 其为近代资产阶级斗争的形式之一，最初形式是17世纪70年代英国出现的辉格党（Whig Party）和托利党（Tory Party）。其实，民间的同盟会、老乡会等团体也颇似特定形式的组织体系。

世纪末埃及社会发展水平相对低下，人们对待女性的态度与作为有待提升；二是建立一个能引导民众走向幸福的政党乃是埃及社会进步的重要保证。

第一节 穆罕默德·阿卜杜胡的妇女权益观

一 19世纪阿拉伯妇女的生存状况

女性在人类社会发展与建设中有着举足轻重且不可替代的作用，却常常饱受诸多"不公待遇"。世界上诸多有关妇女的组织和团体或许多少能说明与不公待遇相关的问题。从另一个层面折射出，妇女问题不仅仅是某个地区或民族的区域性问题，而是一个全球性的问题，理应引起全社会足够的重视。

史料记载，古代游牧民族曾经不善待妇女。[1] 国内学者研究认为：

女人，无论是妻子、母亲，还是女儿，都生活得极其卑微，毫无地位，人微言轻。她附属于男人，只因他是男人，自己是女人。女人的权力埋没在男人的喜好中，宇宙间只有房屋的隐秘角落才是残留给她的容身之地。她愚昧无知，蒙受层层黑暗。男人视之为随心所欲玩弄的享乐工具，后将她遗弃。[2]

历史上，父系社会所形成的某些惯例对其后社会的发展产生了极大负面效应，包括阿拉伯游牧民族在内的世界各民族的社会性别差异形式迥然各异；有的民族治愈历史习惯的速度较快，而有的民族历史旧伤弥合尚需时日。任何一种高度发达的文明都给予妇女特有的权利和社会地位，享有和男子等同的社会地位。其实，阿拉伯文明赋予女性善行回报权，财产拥有权、使用权和继承权，学习知识的权利，司法过程中妇女有作证的权利。[3] 在贯彻执行上述权益过程中，因人们的认知差异在历史上经历了一个较漫长的时期和艰辛的实践。

---

① 参见孙承熙《阿拉伯伊斯兰文化史纲》，昆仑出版社2007年版，第79页。
② 王有勇：《阿拉伯语言风格学》，上海外语教育出版社2000年版，第243页。
③ 秦惠彬主编：《伊斯兰文明》，中国社会科学出版社1999年版，第256—257页。

　　蒙昧时代①的阿拉伯游牧民族，因活埋女婴导致成年女性数量锐减，迫使社会上出现一妻多夫或共妻现象。或因部落战事不断，一些女性俘虏被当作战利品分发给军中勇士做妻子，即女俘婚姻制。一些部落显贵或门第显赫家族还流行交换婚姻，即甲方把自己的女儿或妹妹婚嫁给乙方的某人，而乙方则须把自己的女儿或妹妹许配给甲方某人。甚至，一些家族中还存在着继承婚姻制度，即兄弟之间有权娶兄弟的遗孀。那时较为普遍的婚姻状况是一夫多妻制。② 律例学家认为，多妻制为人类社会有史以来的一种古老习俗，是父系制家庭思想的体现。不同的族群对这一观念的认知有一定的差别，特别是在东方民族的历史中流行更广。③ 其实，阿拉伯经典针对多妻现象已给出了非常苛刻的解决方案④。

二　阿拉伯人的女性观

　　中国学者认为："阿拉伯文化背景下，妇女的社会作用基于道德规范的基石。这主要表现在：一是作为妻子，尽职尽责，理财有方，并能创造安宁祥和的家庭气氛；二是作为母亲，以信仰和行为影响教育子女，奠定好家庭的文化基础；三是作为社会的一员，通过学习和掌握专业技能或艺术实现自足自立，凭借面纱和贞操防止社会伦理的偏离。"⑤

　　传统文化赋予阿拉伯妇女更大的权益，女性也是按照上述原则在社会中生活的。7 世纪初，相较于女性的社会地位，她们在参与社会活动时

---

　　① 指阿拉伯游牧民族形成伊斯兰文明之前的时期，即 7 世纪前。

　　② 孙承熙：《阿拉伯伊斯兰文化史纲》，昆仑出版社 2007 年版，第 80—81 页。

　　③ 秦惠彬主编：《伊斯兰文明》，中国社会科学出版社 1999 年版，第 265—266 页。

　　④ 笔者以为，对多妻男士而言，给妻室们情感分配的均等要比物质分配的均等更重要，假如不能做到"公平对待每一位妻子"，最好娶一妻。凡夫俗子面对有年龄和容貌差异的两个或多个女士的感情投入，几乎不可能达到均衡，因而娶一个妻室且精心呵护是必需的义务。"你们可以选择你们爱悦的女人，各娶两妻、三妻、四妻；如果你们恐怕不能公平地对待她们，那么，你们只可以各娶一妻。"（四：3）也就是说，律例从某种意义上限制了多妻制的存在。多妻制并非阿拉伯文化所倡导的婚姻制度。阿拉伯国家传统女性善于相夫教子，丈夫最重要的任务就是为家庭提供生活保障，故男性的辛劳甚大。尤其在当下社会，一般情况下成年男性恪守一夫一妻生活理念是明智的选择。参见哈宝玉《伊斯兰教法：经典传统与现代诠释》，中国社会科学出版社 2011 年版，第 58 页。Judith E. Tucker, *Woman, Family, and Gender in Islamic Law*, Cambridge University Press, 2008, pp. 24–25.

　　⑤ 秦惠彬主编：《伊斯兰文明》，中国社会科学出版社 1999 年版，第 259 页。

有更大的自由。① 像阿伊莎（604—678）②、法蒂玛（约605—632）③ 等巾帼豪杰，在文化、教育、军事等领域为女性树立了榜样，但遗憾的是她们的丰功伟绩未引起仿效，也未收录在《影响世界历史的100女性》④。阿伊莎曾为7世纪阿拉伯游牧民众的女性争取了很多社会权益。阿拉伯史料中有不少这方面的记载。关于这方面的信息，请参阅李平著《世界妇女史》⑤，不再赘述。中世纪阿拉伯社会的历史，记载了不少当时女性参与社会活动的实例。

三　穆罕默德·阿卜杜胡的妇女权益观

为了让全社会尊重和爱戴女性，18世纪以来，众多学界精英再次呼吁提高女性的社会地位，在教育、家庭等现实生活环节中给予女性与男性等同的地位。穆罕默德·阿卜杜胡是这一伟大构想的发起人，他依据传统文化的精髓，将之付诸社会改良的行动之中，旨在让大众彻底地认识到女性的社会地位不容侵犯。

当代埃及学者穆罕默德·欧玛尔说："一个民族由众多家庭组成。假如家庭美满，民族才会强盛；若家不和，则社会就难进步。男女有着等同的权利、义务、人格、情感和智力。未曾善待妇女的男士，理应成为家庭的楷模，莫做不义之事。"⑥ 上述论断告诉人们，在"善待妇女"方面，不少男士似乎做得不够好。

有学者认为，"女性能使家庭和社会幸福，能成为治愈民族创伤的良药，能成为民族振兴的有力工具。女性是民族生命的起源，若不受重视，

---

① Shirley Guthrie, *Arab Social Life in Middle Ages: An Illustrated Study*, London: Saqi Books, 1995, p.151.

② 历史上首任哈里发艾卜·拜克尔之女；穆罕默德圣人妻室之一。在当时的军事战争中发挥过主要作用。她传述了有关穆罕默德生活方面的圣训2210段。

③ 先知穆罕默德与赫蒂彻生女，18岁嫁给阿里（后成为历史上第四任哈里发）。法蒂玛秉承其父的伊斯兰使命，成为众多女性中的佼佼者，更是人们学习与效仿的典范。

④ 孙红彦编著：《影响世界历史的100女性》，武汉出版社2009年版。

⑤ 李平：《世界妇女史》，海南出版社1993年版，第232—261页。

⑥ ［埃及］穆罕默德·欧玛尔：《伊玛目穆罕默德·阿卜杜胡：以维新宗教振兴社会的改革家》（阿拉伯文），曙光出版社2009年版，第213页。

就会成为民族苦难的发端。"①

　　穆罕默德·阿卜杜胡指出，家庭成员之间的关爱与合作是至关重要的人性体现，是维系一个家庭甚至民族兴旺发达的基石。假如家庭成员之间的关爱与合作缺失，便可能导致家庭成员及亲属关系的破裂，甚至民族未来的衰败。② 他对家庭如此深刻的认知，可能是源自在埃及地方法院任法官期间，发现埃及农村地区发生的近75%的案件涉及家族或亲属之间。③

　　穆罕默德·阿卜杜胡认为，若女性在家庭中感受不到幸福，就意味着整个家庭存在着潜在的不幸元素。因此，他提出应将女性放置于家庭改革方案的首要位置，因为妇女是家庭最重要的基本组成要素。

　　穆罕默德·阿卜杜胡提出妇女接受教育、限制丈夫无故离婚，以及多妻等三个重要议案，作为有关妇女权益改革的主要举措。

　　第一，妇女教育问题。穆罕默德·阿卜杜胡曾多次走进埃及社会的最基层，观察和了解埃及女性的社会生活，并在进行相应的研判后认为，20世纪初埃及妇女对于知识没有丝毫的认知，不论宗教知识还是社会知识，她们似乎都无意且无法涉足。绝大多数埃及妇女尤其是生活在乡村的妇女，只晓得赖麦丹月份④从拂晓至太阳落山期间戒食禁饮，而未涉猎学习传统文化方面的其他有助于增强生活信念的知识。⑤ 也就是说，那时候埃及妇女连最简单、最基本的社会知识都不能获得，即便知道非常基础的宗教常识，却仅停留在前人的传承而非自身的学习所得。穆罕默德·阿卜杜胡曾设想让知识女性组织成立一个妇女协会，为年轻一代埃及女性讲授人文学科知识，以鼓励她们当中的优秀者能在政

---

①　王有勇：《阿拉伯语言风格学》，上海外语教育出版社2000年版，第242页。

②　［埃］穆罕默德·阿卜杜胡：《穆罕默德·阿卜杜胡全集》（阿拉伯文，第四卷），穆·欧玛尔校注，曙光出版社1993年版，第225—226页。

③　［埃及］穆罕默德·欧玛尔：《伊玛目穆罕默德·阿卜杜胡：以维新宗教振兴社会的改革家》（阿拉伯文），曙光出版社2009年版，第217页。

④　阿拉伯语"رمضان"的音译，即伊斯兰教历九月。中国穆斯林称为斋月。

⑤　［埃及］穆罕默德·欧玛尔：《伊玛目穆罕默德·阿卜杜胡：以维新宗教振兴社会的改革家》（阿拉伯文），曙光出版社2009年版，第三版，第219页。

治方面有所作为。①

穆罕默德·阿卜杜胡考虑的埃及妇女教育问题已趋向一个较高远的目标。学习传统知识是每个人的（不论其性别和地位，出身与财富的差别）第一要务。② 阿拉伯文化赋予女性诸多男性不可替代的特殊角色③。

穆罕默德·阿卜杜胡提出的女性教育理念得到了噶西姆·艾敏（1896—1908）④ 的积极响应。他于1899年撰写《解放妇女》一书，阐述妇女教育、女性头饰、妇女与民族，以及家庭等4章内容，进一步诠释了穆罕默德·阿卜杜胡的妇女观。

19世纪末，埃及妇女的生存状况不容乐观，工作无主见，生活缺想法，不赏艺术，不行善举，信仰操守缺乏，缺少美德与情感。⑤ 噶西姆·艾敏将教育置于妇女解放的首要位置。他说，即便妇女熟知家务，也要学习有助于开发智力的知识，以使她获得掌管家庭的权力。很多妇女在家庭生活中很不开心，是由于她们的无知造成的。他还强调，"妇女在参政前，应经过长时间的宗教学习和素质训练。必须认真学习律例，凭借其精神参政、议政；从事各种社会事务"。⑥

今天看来，噶西姆·艾敏的观点有一定的前瞻性。1900年，他又撰写《新女性》，被认为是从纵深角度对其前一本专著观点的再论述——女性的自由。他旗帜鲜明地提出，"自由是提升人类品味的法宝，是获取幸

---

① 该远大目标是穆罕默德·阿卜杜胡与纳兹莉·哈妮姆·法迪勒公主 (الأميرة نازلي هانم فاضل) 谈话之要旨。

② Amina Wadud, *Quran and Woman*, *Rereading the Sacred Text From a Woman's Perspctive*, Oxford University Press, 1999, pp. 36 – 38.

③ 妇女拥有代表社会、文化和历史背景的角色，普遍认同的女性特有的关爱和教育的社会功能及所赋予的其他角色；女性特有的繁衍人类的功能。参见 Amina Wadud, *Quran and Woman*: *Rereading the Scarce Text From a Woman's Perspctive*, Oxford UniversityPress, 1999, p. 29。

④ 近代埃及社会改革家、作家、文学家，埃及民族运动倡导者，埃及大学筹划者，阿拉伯世界妇女解放运动的先驱。其父亲是突厥人，母系是埃及穆罕默德·阿里家族的后裔。他曾留学法国的蒙彼利埃大学，获法学学位，他是穆罕默德·阿卜杜胡的忠实追随者。参见 E. Van Donzel, B. Lewts and Ch. Pallta Edited, *The Encyclopaedia of Islam*, New Edition, V. 4, third impression, Leiden E. J. Brill, 1997, pp. 720 – 721。

⑤ ［埃及］噶西姆·艾敏：《解放妇女》（阿拉伯文），阿拉伯言论出版社2012年版，第15页。

⑥ 张秉民主编：《近代伊斯兰思潮》，宁夏人民出版社1998年版，第133页。

福的阶梯"。① 他的这两部专著出版后，在埃及社会引起了强烈反响，褒贬各异，莫衷一是。

第二，丈夫随意提出离婚的问题。人类社会中，缔结姻缘关系是众人称赞的嘉行。"他从你们的同类中为你们创造配偶，以便你们依恋她们，并且使你们互相爱悦，互相怜恤。"② 其教诲业已非常明白，共同生活、相互爱悦、怜悯相助、鼓励督促，是筑造幸福生活的基础与源泉。姻缘关系如果因故破裂至无可修复的地步，夫妻双方都会选择离开对方。离婚有明确的限定，要求双方的亲属出面调解两者之间的矛盾。③ 若调解无果，应在噶迪（法官）的主持下办理离婚，解除夫妻双方的婚姻义务和权利。假如丈夫因个人喜好而对妻子信口雌黄地说"你被休了"，会令人很讨厌。关于这一点，圣训中有明确的指令，"令人厌恶的符合律例的事情就是离婚"。④ 也就是说，尽管离婚在律例中是允许的行为，但确实是不令人愉悦的。实际上，那些不负责任的口头言辞在阿拉伯游牧部落的男性群体中较为流行。他们视先辈遗留下来的那些不近人情的古老习惯为生活的制胜法宝，要么当女性为玩物，要么当奴隶，无情剥夺了传统文化赋予妇女的基本生活权利。

为了维护妇女的婚姻权益，穆罕默德·阿卜杜胡曾负责制定了离婚的司法程序。具体内容如下：

> 第一，任何想与妻子离婚的丈夫，须亲自面见法官或司法机构的专业人员，亲口陈述夫妻不和的主要实例。

---

① ［埃及］噶西姆·艾敏：《新女性》（阿拉伯文），阿拉伯言论出版社 2011 年版，第 28 页。

② 见第三十章第 21 节。

وَمِنْ آيَاتِهِ أَنْ خَلَقَ لَكُم مِّنْ أَنفُسِكُمْ أَزْوَاجًا لِّتَسْكُنُوا إِلَيْهَا وَجَعَلَ بَيْنَكُم مَّوَدَّةً وَرَحْمَةً إِنَّ فِي ذَلِكَ لَآيَاتٍ لِّقَوْمٍ يَتَفَكَّرُونَ. __ من سورة الروم

③ 见第四章第 35 节。

وَإِنْ خِفْتُمْ شِقَاقَ بَيْنِهِمَا فَابْعَثُوا حَكَمًا مِّنْ أَهْلِهِ وَحَكَمًا مِّنْ أَهْلِهَا إِن يُرِيدَا إِصْلَاحًا يُوَفِّقِ اللَّهُ بَيْنَهُمَا __ من سورة النساء

④ 《艾布·达伍德圣训集》和《伊本·马哲圣训集》记载，即 "إِنَّ أَبْغَضَ الْحَلَالِ إِلَى اللهِ الطَّلَاقُ.."。欧玛尔：《穆罕默德·阿卜杜胡论伊斯兰教与妇女》（阿拉伯文），拉沙德出版社 1997 年版，第 29 页。

第二，法官或司法专业人员有义务向该丈夫宣讲关于离婚的相关律例规定，说明离婚的司法程序，并告诫当事人须等一周再来商议离婚事宜。

第三，一周后，如丈夫还执意要与妻子离婚，法官或司法专业人员应分别从夫妻双方的亲属中各找一位智识者，对该离婚案件做相应的调停。如果双方亲属中没有合适的人选，可另找两位做事公正的人调停他俩的婚姻矛盾。

第四，假如调停失败，夫妻双方应向法官或司法专业人员呈交诉状，法官或司法专业人员接受夫妻的上诉材料后，他们的离婚案件则会被宣布立案。

第五，法官或司法专业人员须当着两位在场①证人的面宣布离婚案件。此模式是律例所规定的，且只有夫妻双方收到法院签署的正式离婚判决书，该离婚案才算得到法律的认可。②

穆罕默德·阿卜杜胡认为，司法判定离婚对于法官或司法专业人员，甚至对于当事双方都应十分谨慎，决不可草率行事，否则贻害无穷，对家庭、孩子、亲属造成伤害。③ 其实，律例还设定了离婚的待婚期④，以期婚姻危机出现转机或改善。学界认为，待婚期一般为月经的3个周期。假如该段时间内发现有怀孕的迹象，则离婚不被允许。穆罕默德·阿卜杜胡在这方面的杰作是开创了离婚案件司法程序现代化模式。

第三，多妻问题。多妻妾（或婚外情人）是古代社会遗留下来的顽疾，虽各文明体系对之有不同形式的限制，但将"限制（男人的）性欲"置于有关夫妻关系的司法规章之中，穆罕默德·阿卜杜胡恐怕开创了阿

---

① 司法程序中一个非常重要且不可或缺的环节。参见祁学义译《布哈里圣训实录全集》（第三卷），朱威烈、丁俊校，宗教文化出版社2008年版，第325页。

② ［埃及］穆罕默德·阿卜杜胡：《穆罕默德·阿卜杜胡全集》（阿拉伯文，第二卷），穆·欧玛尔校注，曙光出版社1993年版，第125—126页。

③ ［埃及］穆罕默德·欧玛尔：《伊玛目穆罕默德·阿卜杜胡：以维新宗教振兴社会的改革家》（阿拉伯文），曙光出版社2009年版，第222页。

④ 见《古兰经》第六十五章第一节。

إِذَا طَلَّقْتُمُ النِّسَاءَ فَطَلِّقُوهُنَّ لِعِدَّتِهِنَّ وَأَحْصُوا الْعِدَّةَ.　___　من سورة الطلاق.

拉伯地区有关该话题的先河。1881 年，穆罕默德・阿卜杜胡就建议埃及启动"夫妻关系司法程序"，限制男人多妻现象。①

穆罕默德・阿卜杜胡明确指出，"人在生活中的幸福，家庭的和睦，建立在以法律制度的形式限制男人的性欲，并确定相应的夫妻司法程序，须不折不扣予以执行。"② 律例已明确地告诫男士"公平"对待妻室的基本责任，如不能对诸位妻室施以均衡的恩爱和感情投入，只要一个妻子便是毫无托词的唯一选择。穆罕默德・阿卜杜胡从人类学的视角，对人类社会中的多妻现象进行了综合分析。

第一，多妻习俗非东方人特有的习惯，像藏族③和蒙古族④就无多妻行为。史料显示，日耳曼和高卢⑤民族中的贵族在教皇的默许之下前往法国寻欢，非偶发，却是常事。多妻或在妻室外的女性身上找乐有非常复杂的社会因素，而非某个民族固有的嗜好。

第二，因古代战事导致女性数量多于男性人数，尤其在阿拉伯世界这种现象更加突出。女性为了生存而投靠男性，彼此各取所需。

第三，阿拉伯文化否定游牧民族多妻的习俗，采取逐步限制的方法解决这一历史遗留难题。

第四，阿拉伯文化允许一定程度上的多妻行为，是为戒除有些

---

① ［埃及］穆罕默德・欧玛尔：《伊玛目穆罕默德・阿卜杜胡：以维新宗教振兴社会的改革家》（阿拉伯文），曙光出版社 2009 年版，第 223 页。

② ［埃及］穆罕默德・阿卜杜胡：《穆罕默德・阿卜杜胡全集》（阿拉伯文，第二卷），穆罕默德・欧玛尔校注，曙光出版社 1993 年版，第 70 页。

③ 藏族的婚姻制度有一夫一妻制、一夫多妻（即姊妹共夫）和一妻多夫（即兄弟、表兄弟、朋友、叔侄或父子共同拥有一位妻子）等形式。参见雷明光《近代藏族婚姻家庭研究》，《中央民族大学学报》2003 年第 2 期，第 65 页；胡秋妍《浅析藏族婚姻习惯法》，《四川民族学院学报》2011 年第 6 期，第 8 页。

④ 研究显示，"成吉思汗统一蒙古前的六七百年之前，蒙古社会已有了一夫一妻的家庭"。参见白胜军《论蒙古古代婚姻制度——从现代法视角审视古代蒙古族的婚姻制度》，《内蒙古民族大学学报》2011 年第 7 期，第 24 页。

⑤ 指铁器时代和罗马时期居住在西欧的一个古老民族，分布在今天法国、卢森堡、比利时，以及瑞士、意大利北部地区，也零星居住在莱茵河西岸的荷兰与德国。公元前 2 世纪—公元 1 世纪，罗马人开始统治高卢人，至 5 世纪。此后形成了高卢—罗马混血人种，现在可在法国寻得高卢—罗马的混合文化踪迹。

男人占有战事阵亡者的妻子，并动用她（亡夫之妻）的钱财去抚养她的孩子（即她与前夫所生的孩子）。该情况被认为是具有欺诈性质的隐性婚姻，而非真正意义的婚姻。

第五，阿拉伯文化确定绝对公平是多妻的条件，如果丈夫不能保证对众妻室的绝对公平，终身选择唯一的妻子则成为丈夫的职责。

第六，历史上出现的男士通过女仆（奴隶）释放肉欲之事，是蒙昧时代人们的行为，与传统文化无任何干系。①

上述信息表明，穆罕默德·阿卜杜胡对史料信息掌握得较准确。折射出其知识结构似乎有一定的矢量性，对跨文化研究往往凸显出薄弱的一面。穆罕默德·阿卜杜胡对多妻现象作了权威性的律例诠释。他说：

> 我们一定要限制多妻行为。丈夫对妻室的绝对公平是婚姻制度的基本条件；实现绝对意义上公平的愿望已遥不可及，很难发现有人（丈夫）能公平地对待妻子们，即实施该原则几乎做不到。同时，多妻现象使妇女遭遇不幸，让同父异母的孩子们相互猜忌，产生敌对。基于该现实情况，司法工作者和学者都应考虑坚决杜绝多妻现象。而某人所娶的女士若不能生育，噶迪可考虑允许其再娶另一妻。②

可见，穆罕默德·阿卜杜胡对多妻现象所作的权威性司法解释，很大程度上是基于人性关怀，提倡人获取幸福的途径及拥有幸福的权利。为实现真正意义的一夫一妻制，是包括阿拉伯世界男性在内的所有民众，须长期坚守的一个生活准则。

---

① ［埃及］穆罕默德·欧玛尔：《伊玛目穆罕默德·阿卜杜胡：以维新宗教振兴社会的改革家》（阿拉伯文），曙光出版社 2009 年版，第 224—227 页。

② ［埃及］穆罕默德·阿卜杜胡：《穆罕默德·阿卜杜胡全集》（阿拉伯文，第二卷），穆·欧玛尔校注，曙光出版社 1993 年版，第 90—95 页。

第二节　穆罕默德·阿卜杜胡妇女权益观的影响

一　妇女权益观的社会效应

穆罕默德·阿卜杜胡提出的妇女权益观，不但得到了噶西姆·艾敏的积极响应和大力推崇，且还受到胡达·沙阿拉维（1879—1947）[①]等女性的热捧与追随，从另一个层面推动了以埃及为代表的阿拉伯妇女运动的全面展开。

1924年5月15日，埃及议会召开第一次会议时，仅有数位女性提出"埃及妇女投票权"的要求。此前，麦莉卡·哈尼夫·纳赛福（1886—1918）[②]曾于1911年向埃及议会提出10项妇女权利要求的方案；并要求高等教育和清真寺向妇女开放，要求妇女参加工作的权利等。[③]

国内学者认为，"面纱的问题是阿拉伯妇女解放运动最为关注的问题之一，许多人把妇女摆脱面纱当作阿拉伯妇女获得解放的一个重要标志"。[④]对此，埃及女性运动先驱者之一的麦莉卡认为，"摘掉面纱并不意味着妇女的解放，应该从实质而不是表面来看待妇女问题。面纱只是一

---

①　19世纪末至20世纪上半叶埃及国家独立和女性人权方面颇具影响力的社会活动家之一。她是陶菲克总督在任期间埃及议会主席穆罕默德·苏勒坦尼的女儿。13岁时被嫁给了年长她近40岁的堂兄阿里·沙阿拉维。1907年创办埃及关心儿童协会，1919年参加并领导埃及妇女反英殖民大游行，并组建埃及各省妇女代表委员会。1921年，她建议埃及立法部门将女性结婚年龄由原来的16岁提升至18岁，并就相关的离婚、多妻等涉及女性权益的问题找出了建议。1923年组建埃及妇女联合会，担任主席到1947年。多次出席国际妇女大会，1923年与密友茜扎·娜柏拉维参加在罗马召开的国际妇女大会，返回埃及后两人公开摘掉了头巾，以示忠于妇女解放运动。1935年，她担任阿拉伯妇女联合会主席。为实现妇女的权利，她曾创办了多个宣传性的刊物。参见国少华《埃及妇女运动的先驱——胡达·什阿拉维》，《阿拉伯世界》1985年第5期，第91—99页。

②　埃及早期女性运动的代表人物之一。她的父亲哈尼夫·纳赛福曾是穆罕默德·阿卜杜胡的忠实追随者。她是第一位进入埃及国立师范学院学习的女性，毕业后当了一名小学教师。21岁时，父亲做主将她嫁给一位已婚股票商做二姨太。她认为，让女性接受教育才是妇女运动的长远之计。她曾与胡达·莎阿拉维、嘎西姆·艾敏等人开展埃及妇女解放运动。1909年曾将其关于埃及妇女问题的演讲汇集成册，冠以《女性》之名出版。

③　陈万里、王有勇：《当代埃及社会与文化》，上海外语教育出版社2002年版，第279—281页。

④　林丰民：《文化转型中的阿拉伯现代文学》，北京大学出版社2007年版，第84页。

种无言的服装，所以，衡量妇女是否庄重不应该以面纱的存在或消失为标准。……她称赞那些穿着传统服装、追求知识的女性。"[1] 由于服饰有特定的文化符号，与人们的习惯密切相关，若一味地追求时髦，盲目模仿，招摇过市，被非礼在所难免。若视面纱为落后、无知的源泉，需废除，那"女性就会从一个虽黑暗但却熟悉的环境，走进一个光芒万丈、眼花缭乱的世界，感到无所适从"[2]。

提倡妇女接受教育，是完成人类文明进步宏图大业的重要任务之一。教育女性应基于认知自我、体会生活意义、了解生存价值，而非像一些倡导女性解放的极端行事者那样，叫嚣着让女性犹如剥竹笋一样将身躯完全暴露在光天化日之下，在众多被诱惑的淫荡目光中高谈性感的颜值和价钱。其现实意义在于让女性通过学习达到"内外兼顾，修身养性"的崇高境界。

当今，埃及民众还是很看重"一夫一妻"制的家庭生活模式与社会伦理规范行为。2014年4月中旬，笔者在北京与一位埃及外交官谈论穆罕默德·阿卜杜胡妇女改革的成就时，这位外交官非常肯定地说，经过百余年的努力，埃及妇女的社会地位已经有了很大的提升，知识女性、社会女性、家庭女性都不同程度地维系着埃及家庭的稳定与和谐，并推动埃及社会向高度文明的方向发展。多妻或婚外情在埃及会被问责，也会被唾弃。

二 妇女权益观——多项社会改革举措之一

纵观18世纪以来的埃及社会，发现埃及本土的社会改革家——穆罕默德·阿卜杜胡，在成长过程中目睹体验到百姓丧失真理和缺乏科学而造成的灵魂创伤，以及由此被奴役和虐待；他意识到要让百姓摆脱愚昧，首先应从学习真理、追求科学入手，让民众获得必要的智慧装备，激发民族精神，才能与侵略者抗衡。

由于埃及特殊的社会意识形态格局，民众自身建设的基础是端正信

---

① 陈万里、王有勇：《当代埃及社会与文化》，上海外语教育出版社2002年版，第280页。
② 同上。

仰，通过矫正信仰增强道德水平，推动社会良性发展。事实上，19 世纪中后期埃及民众的道德修养水平与传统文化的要求有一定距离。穆罕默德·阿卜杜胡认为，加强道德修养不是一朝一夕的事，需要向民众宣传最基本的道德水准，给他们诠释信仰基础，用最简单的理性思维给民众阐明经典要义，以消除人们对传统经典的神秘感，进而向那些号称权威的人士提出无声的抗议；按照埃及当地民众的文化水平，分级制定相应的教育大纲和所要教授的课程，做一个长期教育规划，并对爱资哈尔进行前所未有的教育管理和课程改革；当民众的道德修养和获取知识的基本权利得到普及之后，为进一步推动埃及社会改革的进程，需将相应的制度以司法的形式予以贯彻执行，尤其是涉及经济、财产等民生问题，此时此刻，穆罕默德·阿卜杜胡所做的超越前人、与时俱进、具有个性的专业伊斯兰法说明与解释，让人们的生活有一定的保障。

近代埃及社会改革进程在不断深入之时，穆罕默德·阿卜杜胡没有忘却人类社会最重要的组成要素之一——妇女，他依照传统文化精神，重申爱护妇女的重要性与迫切性，提出了诸多涉及妇女权利的改革议题。恰如前面所述，由于穆罕默德·阿卜杜胡妇女权益观的间接影响，宗教特性明显的爱资哈尔开办了女子学院，为埃及甚至世界各地的年轻女性提供接受教育的平台。在阿拉伯世界，就这一点而言，确实是一件破天荒的事情。

1942 年 1 月，法蒂玛·妮阿玛特创建了埃及历史上第一个妇女政党——埃及妇女党。埃及共和国成立后，妇女有了"选举权和被选举权"。1962 年 10 月，希克迈特·艾布·栽德（1922—2011）[1] 当选为埃及社会事务部部长。她是埃及历史上的第一位女性部长[2]。

笔者梳理穆罕默德·阿卜杜胡提出的诸多社会改革议案时，发觉其中缜密的逻辑思维和恰如其分的改革层次，一环推动另一环，步步紧扣，最终形成一个完整的改革思想链。

---

　①　1940 年，她入福阿德一世大学文学院学习，得到院长塔哈·侯赛因的爱戴。1950 年毕业于苏格兰圣安德鲁斯大学，1955 年获伦敦大学心理学博士学位。同年回埃及，任艾因夏姆斯大学教授。1962 年被纳赛尔任命为部长。1965 年，全开罗大学文学院从事教育工作。

　②　陈万里、王有勇：《当代埃及社会与文化》，上海外语教育出版社 2002 年版，第 284 页。

第三节　穆罕默德·阿卜杜胡政治观简述

一　16 世纪以来埃及的社会状况

从奥斯曼帝国时期开始，埃及就经历了不同类型的社会形态。1517 年奥斯曼土耳其人统治埃及，帝国将所有土地（清真寺的地产除外）收回，并将其中的部分留作委派的地方官员（帕夏）经营管理，约 2/3 留给前王朝的权贵们。① 当时，马穆鲁克王朝的王室与贵族阶层仍然获得了丰厚的土地资源及其经营权；与此同时，彼时的宗教上层人士②也拥有价值不菲的土地产业。普通百姓需要租种土地，按年缴纳租金。学界研究认为，奥斯曼帝国时期，埃及社会的经济来源主要以农业为主。③ 彼时，欧洲人的农业产品亦是主要的收入源泉。至 18 世纪末，埃及一些较大的城镇出现了简单的手工业作坊；期间，也出现了简单形式的商业经营活动。

1798 年，法国殖民者踏入尼罗河谷地后，变着法地攫取埃及的各类资源。拿破仑首先没收了马穆鲁克人的所有财产，剥夺他们征收赋税的权力。他在埃及全境发行"期票"，兑取了百姓手中的现钞；并实行行业证书每年更新与纳税制度。④ 面对如此境况，埃及总督穆罕默德·阿里·帕夏利用手中的权力消除了马穆鲁克人的"叛乱"，又削弱了学者的某些特权。随后，他开启了一系列社会改革措施。首先，穆罕默德·阿里·帕夏从经济方面入手，收取了农村土地的拥有权，全部纳入王朝管理。收缴来的土地，除留给皇亲国戚和给各级官吏的馈赠外，另将剩余部分划分为 3—5 费丹⑤的小块，租给农民耕种。同时，王朝出资修缮水利设施，以扩大农作物的种植面积，改良农作物品种。那段时间，埃及的棉

---

① 纳忠：《埃及近现代简史》，生活·读书·新知三联书店 1963 年版，第 28 页。

② 主要包含宗教学者（العلماء）和宗律例官（القاضي）。

③ Suraiya Faroqhi, *The Ottoman Empire and the World Around It*, London：I. B. Tauris & Co Ltd. 2004，p. 25.

④ 陈万里、王有勇：《当代埃及社会与文化》，上海外语教育出版社 2002 年版，第 79 页。

⑤ 埃及土地单位。1 费丹等于 4200 平方米。

花、甘蔗等农作物的种植面积和产量大幅度提高。其次，埃及总督创办近代工业，开办纺织厂、造船厂、制糖厂，甚至军工厂。在此基础上，培养了一批专业技术工人。基于该背景，穆罕默德·阿里王朝的收入增加了不少，导致传统手工业者和手工作坊拥有者的利益受到了损害。农民最终成为当时的佃农。① 即便如此，从 19 世纪开始，棉花就是埃及国民经济的支柱。② 其实，该段时间，殖民者没有放松对埃及经济的疯狂掠夺。

二　埃及社会阶层与政治团体的兴起

奥斯曼帝国时期，埃及社会存在着较为明显的两大阶层，即帕夏与宗教上层人士共同组成的社会顶层阶级，该阶级的人数有限；以广大农民组成的社会底层，数量庞大，其中包括一定数量的手工业者与商业经营者。当西方入侵者踏入尼罗河各地后，埃及社会在奥斯曼帝国时期业已形成的阶层的基础上又增加了一个新的剥削阶级——殖民者。该段时期内，埃及学者阶层的权益比此前时代弱了不少；而曾经与之为伍的贵族及官吏的权益却增加了很多。与之对应的是普通百姓的社会境况却异常艰辛。由于穆罕默德·阿里后裔中执政者管理措施的偏差，致使埃及社会中的西方侨民拥有更多的权益，普通民众的劳动果实仅能偿还"外债"。19 世纪 60 年代，埃及社会的经济危机加剧，反殖爱国的呼声日益强劲。③

18 世纪后半叶，埃及民众应对殖民者的侵蚀在政治意识方面有了一定的觉醒。当时，埃及军队的士官、学者和社会名流，以及政府议会议员对组建埃及人自己的政治团体很有兴趣。埃及学者阿卜杜·阿蒂研究显示，不同形式的社团在埃及社会各个阶层中酝酿着，其中有学校年轻学生、青年军官、学者、社会名流。即便有近 900 年历史的爱资哈尔校园内，也活跃着不少秘密社团。1867 年，埃及军官组建了一个秘密团体，

---

① 陈万里、王有勇：《当代埃及社会与文化》，上海外语教育出版社 2002 年版，第 82 页。

② 毕健康：《埃及现代化与政治稳定》，社会科学文献出版社 2005 年版，第 28 页。

③ ［埃及］阿卜杜·阿蒂·穆罕默德·艾哈迈德：《伊玛目穆罕默德·阿卜杜胡政治思想》（阿拉伯文），埃及书籍总局 2012 年版，第 56 页。

发起人是艾哈迈德·阿拉比和阿里·法哈米等人。该团体主要商讨"要求殖民者与埃及民众收入的均等问题",和"清除军队中突厥军官和塞加西亚军官"。1879 年,不少受阿富汗尼的思想影响的年轻学子,在埃及亚历山大组建了"埃及青年协会"。1879 年 4 月,另一个由各地大地主组建的秘密组织,名曰"哈勒瓦尼协会",吸纳了多位对利亚德·帕夏政策持不同政见者,像穆罕默德·谢立夫·帕夏(1826—1887)、欧麦尔·鲁特菲·帕夏(1867—1911)等。军队和大地主组建的秘密社团最终联手成立了祖国党。①

19 世纪埃及民众的政治觉醒,源自西方殖民者对埃及社会的肆意践踏。拿破仑入侵埃及后不久,便以法军总司令的名义和威严,"吸纳"社会精英、政治寡头和宗教学者,在开罗组建 9 人内阁,史称"开罗迪万"。开罗迪万仅是拿破仑领导下的一个机构,旨在"使埃及的名流显贵习惯于协商会议制度和统治制度"。随后迪万制度在埃及各地推广,形成了著名的大迪万,属于政治咨询机构,以协助殖民者统治被侵掠的民众。与之相对的是,还有一个专门隶属于侵略军领导的小迪万(包含开罗内阁,称专门迪万),负责处理日常政治事务。② 基于这种受制于人的窘况,1882 年 2 月 7 日,埃及的阿里王朝颁布了新基本法③,也叫宪法。是年 3 月 20 日,又颁布了选举法。学界认为,埃及 1882 年的基本法确立了埃及的代议制统治制度,是埃及"从绝对统治国家过渡到议会代议制民主统治的第一部宪法"。④

三 穆罕默德·阿卜杜胡政治观的主张

"如果一个国家的治理环境优良,国民生活幸福,家庭富裕。每个人都会以知识和美德为荣,享有权利,努力履行义务;竭诚为他人服

---

① [埃]阿卜杜·阿蒂·穆·艾哈迈德:《伊玛目穆罕默德·阿卜杜胡政治思想》(阿拉伯文),埃及书籍总局 2012 年版,第 57—58 页。

② 毕健康:《埃及现代化与政治稳定》,社会科学文献出版社 2005 年版,第 39—40 页。

③ 有别于 1879 年 4 月 11 日谢里夫草拟颁布的"宪法"。

④ 毕健康:《埃及现代化与政治稳定》,社会科学文献出版社 2005 年版,第 43 页。

务，以极大的忠诚致力于为民众谋福利。"① 穆罕默德·阿卜杜胡对国家的描述和向往，是建立在个人单纯的构想上的。其实，每个人都期望着所生存的国家境况能如穆罕默德·阿卜杜胡设想的一样。被统治者（普通民众）的生活愿望很简单，衣食无忧，住行便捷；教育资源丰富，医疗条件完善；社会各阶层能在阳光下正常运行，所实施的事能代表百姓的心声。百姓都希望统治者能在高层次的生活方面引领他们。至于生活中的琐碎事情，应交由百姓自己处理。穿裙子还是裤子，晚饭的主食是米饭配泡菜，还是享用咖喱牛肉面条……理应是百姓自己的选择。

穆罕默德·阿卜杜胡认为，一个社会政治制度的基础是由自由、协商和法律 3 元素组成，相辅相成，互为一体，缺一不可。② 现作如下简述。

第一，自由。按照学界的观点，普通人都有选择生活方式的自由。关于这一点，穆罕默德·阿卜杜胡在其《一神论大纲》中有详细的论述。也就是说，自然人凭借着理智对生活中的事可以作出选择与判断。至于人的政治自由，他担任《埃及时事报》主编时，已撰写并发表了多篇谈论该话题的文章。首先，人有表达政治观点的自由。基于造物主赋予了人健全的理智和判断事情真伪的本领，即自然人应为自己的自由选择承担社会责任。这一点不容置疑！其次，穆罕默德·阿卜杜胡认为，自然人的自由应建立在伦理的基础上，不可丢弃伦理道德去追求自由。该主张可以理解为，自然是为了实现自己的自由，需要考虑所处的环境和人群。假如其追求自由的行为有损周围其他人的身心健康或生活境况，抑或对社会产生不良影响，这种模式的自由不会得到众人的认可。反过来讲，一个人的政治自由亦大概如此！最后，自然人的自由是有限度的，不是绝对的。其实，他的这一观点，正好回应了穆尔太齐赖派主张"穆

---

① ［埃及］穆罕默德·欧玛尔校注：《穆罕默德·阿卜杜胡全集》（阿拉伯文，第一册），曙光出版社 1993 年版，第 314 页。

② ［埃及］阿卜杜·阿蒂·穆罕默德·艾哈迈德：《伊玛目穆罕默德·阿卜杜胡政治思想》（阿拉伯文），埃及书籍总局 2012 年版，第 163 页。

斯林有完全绝对的自由"的言论。①

关于政治自由,穆罕默德·阿卜杜胡界定了主张自由、言论自由和选举自由 3 个层面。政治方面的主张自由是每个社会民众参与谈论公众事务及发表看法的基本权利。言论自由,即在有关政治事务中表达百姓心声时,实事求是地表述自己的想法,做到知者必言,言无不尽。选举自由,则是说明自然人参与代议制度或为推荐者讲话的基本权利。

对于政治自由,穆罕默德·阿卜杜胡认为必须维护宪法的尊严,关注社会思潮及动向、社会的文明程度,促使社会制度的进一步完善。

第二,协商。当社会中出现不和谐的状况时,统治者与被统治者在相同的环境和同等的条件下坐在一起,就某特定的事情作相互之间的协商,理应是解决问题的最好途径。例如,引导民众、契约中存在的认知差异,甚至像推进社会发展方面存在缺失等问题,都在可协商的范畴。这一举措,在穆罕默德·阿卜杜胡看来,是实现管理制度与维护社会公平的最好方式,亦是充分发扬民主的有效途径。

其实,协商与独裁是一对矛盾体,与律例所倡导的众议②为近义关系。关于这一点历史上已经做出了很好的榜样,积累了相当成熟的经验。协商是政治自由表达的最佳诠释、当事者向统治者忠言相告的有效途径之一。协商能合理地表达政治团体的需求,简单易行,不拘形式,公众参与,营造众人关心政事的氛围。穆罕默德·阿卜杜胡认为政治协商为民主改革的新方法,与传统学院观点有本质的区别。政治协商是统治者与普通百姓之间展开政治自由对话的形式之一。③

第三,法律或制度。只有在具备充分的政治自由氛围的前提下,才

---

① [埃及] 阿卜杜·阿蒂·穆罕默德·艾哈迈德:《伊玛目穆罕默德·阿卜杜胡政治思想》(阿拉伯文),埃及书籍总局 2012 年版,第 167 页。

② Malcolm H. Kerr, *Islamic Refoem: The Political and Legal Theories of Muhammad Abduh and Rashid Rida*, California: University of CaliforniaPress, 1966, p. 79.

③ [埃及] 阿卜杜·阿蒂·穆罕默德·艾哈迈德:《伊玛目穆罕默德·阿卜杜胡政治思想》(阿拉伯文),埃及书籍总局 2012 年版,第 183—186 页。

能实现法律。即常说的国家的法制，而非人治。以埃及为例，这里所讲的法律是指"世俗"的法律，与"天启"的沙里亚不是一回事。穆罕默德·阿卜杜胡于 1880 年 10 月 31 日在《埃及时事报》撰文。后来，赛尔德·扎格鲁勒（1860—1927 年）① 为此文加注了《尊重政府的法律和当政者，让百姓幸福》的标题。穆罕默德·阿卜杜胡开宗明义地在其中写道："今天，我们的政府不允许总督干预政策制定，也不会从档案室中拿出老掉了牙的纸张作为制定法律条款的参照物，更不会敷衍了事做出不适时宜的规定，法律制定者深入实际调查研究后制定出清晰明了的相关规则。"② 从这一点看出，彼时埃及的法律政策制定完全来源于社会现实环境，益于社会全面协调发展。

穆罕默德·阿卜杜胡认为，法律旨在维系社会正义的尊严，消减不公现象。法律是公众参政的重要参考依据，特别是那些能代表公众利益的议员，他们业已成为社会文明、政治协商与法律尊严三者之间的重要纽带。阿卜杜·阿蒂曾评价说：穆罕默德·阿卜杜胡的政治协商、民主制度和参议制度均引自西方的观点。其政治观最终凸显出 3 个层面，即：政治自由和政治协商、社会进步与改革、统治者与被统治者都需要遵守的规则。③

第四节　穆罕默德·阿卜杜胡政治观之影响

一　19 世纪埃及政治状况

穆罕默德·阿卜杜胡的政治观，基本明确地勾勒出了埃及作为一个国家在一段时间内需要运行的政治模式。需要指出的是，尽管埃及社会的政治运行模式在 20 世纪没有参照穆罕默德·阿卜杜胡的主张，但或多

---

① 埃及近代政治家，阿拉伯民族主义的倡导者之一。
② ［埃及］穆罕默德·欧玛尔校注：《穆罕默德·阿卜杜胡全集》（阿拉伯文，第一册），曙光出版社 1993 年版，第 304 页；［埃及］阿卜杜·阿蒂·穆罕默德·艾哈迈德：《伊玛目穆罕默德·阿卜杜胡政治思想》（阿拉伯文），埃及书籍总局 2012 年版，第 188 页。
③ ［埃及］阿卜杜·阿蒂·穆·艾哈迈德：《伊玛目穆罕默德·阿卜杜胡政治思想》（阿拉伯文），埃及书籍总局 2012 年版，第 192—193 页。

或少都有他的政治观点的影子。因为穆罕默德·阿卜杜胡是一位学者，又是一位热衷于埃及社会变革的改革家。他的政治观点只有在当时和后来的政治家实践之后才能得到进一步的检验。

纵观 19 世纪 70 年代以来的埃及历史，发现埃及社会中出现了诸多形式与称谓不同的政治派别（党派）。如果按照政治学的理论讲，有些称为"党"的政治组织充其量也就是一个爱国团体。无论如何，类似团体的出现，证明了埃及民众面对外来侵略者能够积极应对，也反映出他们为了争取民族富强的愿望，可歌可泣！这一层面是普通百姓在社会转型期的一种反应与态度。

当时埃及的地方总督也曾挖空心思地进行社会管理实践，组建代议制的国民议会，制定颁布"法规"（宪法），从全埃及选拔各级民众代表，为总督的社会管理出谋划策。尽管那时的许多举动和措施都存在着不少的瑕疵，能够做起来且不断地进行修正，也说明当政者欲在政治方面有所作为。

19 世纪以来，埃及民众政治方面的觉醒，见证了埃及社会从传统封闭的社会转向启蒙革新时代。穆罕默德·阿卜杜胡的改革思想在平衡传统社会与现代社会中发挥了不可忽视的作用，尤为重要的是，他用笔和具体的行动在埃及社会发展中践行了理性及启蒙精神。他的改革思想，也影响了阿拉伯世界不少的社会改革先锋。让众人受益的是其政治观中有关民主的思想，反对殖民主义斗争中涌现出的民族行为意识，二者在埃及社会现代化建设中起到了举足轻重的作用。①

二　受其政治观影响的知名人士

穆罕默德·阿卜杜胡改革思想影响了政府、司法、新闻、文学、教育、政党、经济、社会等领域。且上述领域中亦有不少知名人士秉承了他的思想、观点，为埃及甚至整个阿拉伯世界的建设作出了较大贡献。尽管他的政治观没有像其教育改革有较明显的效应，但相关人士在继承

---

① ［埃及］阿卜杜·阿蒂·穆罕默德·艾哈迈德：《伊玛目穆罕默德·阿卜杜胡政治思想》（阿拉伯文），埃及书籍总局 2012 年版，第 217 页。

和发展了他的思想后，为埃及国家独立、民族解放、经济发展做出了不可磨灭的贡献。[1] 因受穆罕默德·阿卜杜胡改革思想影响的人较多，笔者在此选择两位略作介绍。

赛尔德·扎格鲁勒。近代埃及著名政治活动家，早期政党创建者之一。他生于尼罗河三角洲凯富尔·谢赫[2]的一个乡村。埃及近代著名文学家阿巴斯·阿卡德研究认为，他具有阿拉伯贝都因人的血统，与突厥人甚至蒙古人没有丝毫的关联。[3] 孩提时代，赛尔德·扎格鲁勒在家乡学习。1871 年到爱资哈尔学习，就读法律和哲学专业。或许是时间的巧合，这一年是阿富汗尼踏进尼罗河谷地的时期。1880 年，赛尔德·扎格鲁勒曾到穆罕默德·阿卜杜胡主持的《埃及时事报》谋了一个差事。1897 年获得法学学士学位。他差不多做了 10 年律师，1892 年在上诉法院当法官，直到 1906 年。

任法官期间，赛尔德·扎格鲁勒协助穆罕默德·阿卜杜胡、艾哈迈德·鲁特菲·赛义德（1872—1963）[4]、噶西姆·阿敏等人，从事他们认为最重要的事业——修宪及提升法律的权威。[5] 1906 年，赛尔德·扎格鲁勒被任命为当时埃及的教育大臣。他的工作出色，强调埃及母语——阿拉伯语的重要性，力争在教育过程中让阿拉伯语替代英语，创建埃及大

---

① ［埃及］阿卜杜·哈利姆·军迪：《伊玛姆穆罕默德·阿卜杜胡》（阿拉伯文），知识出版社 1993 年版，第 163 页。

② 距开罗市北 134 公里，原为埃及西部省。

③ ［埃及］阿巴斯·马哈穆德·阿卡德：《赛尔德·扎格鲁勒生平与人生》（阿拉伯文），希贾兹印务社 1936 年版，第 38 页。

④ 穆罕默德·阿卜杜胡的得意门生与忠实朋友。早年在开罗学习法律，后进入埃及政府部门工作。17 岁时遇穆罕默德·阿卜杜胡，成为至交。在一次前往土耳其的途中，巧遇阿富汗尼。他深爱上述师徒二人的思想的熏陶。他后来大量阅读西方人文学科知识，为其学术结构的完善做足了铺垫。他还深入了解埃及民众所需，积极投入到埃及的社会改革中。他参与组建乌玛党，负责编辑《吉利德报》，帮助筹建埃及大学，后担任埃及大学哲学系教授和埃及大学校长等职务。艾哈迈德·鲁特菲·赛义德是最主要的埃及民族主义者之一，始终将埃及民族主义置于阿拉伯民族主义之上，视"民族独立、国家富强"是埃及社会改革的核心。

⑤ Albert Hourani, *Arabic Thought in The Liberal Age 1798 – 1939*, London. Oxford University Press, 1962, p. 210.

学。他通过工作业绩树立了个人权威①，其业绩超过了英国顾问及其他官员②。他在当时埃及教育领域的作为是他之前任何一位都未曾做过的③。

1910 年，赛尔德·扎格鲁勒被任命为埃及司法大臣。他曾梦想着能像穆罕默德·阿卜杜胡一样，为埃及社会的改革做一些力所能及的工作，遏制独裁，发扬民主。④ 他的理想很丰满，但现实环境使他在两年后辞去了司法大臣的职务。随后，他参与了两院制议会的选举，当选议员。次年，当选为该议会副主席。这一职务使他有更多机会对政府的做法提出批评。

第一次世界大战期间，他与同人开展了多种形式反对英国人对埃及经济的封锁。1918 年 11 月 13 日，赛尔德·扎格鲁勒与另外两名议会成员前往英国住开罗高级代办的办公室，表达埃及民众的心声，请求废除埃及受英国"保护"的制度。⑤ 其请求被驳回，还遭"逮捕"，流放至马耳他。对此，赛尔德·扎格鲁勒没有放弃同英国当局的谈判，争取埃及民众的权利。

1924 年 2 月，赛尔德·扎格鲁勒领导的华夫脱党⑥获得埃及议会选举90%的席位，被任命为埃及首相。⑦ 学界研究认为，华夫脱党是 20 世纪20 年代埃及最大和最具有民众基础的政党。但因为各方势力的阻挠，该党在选举中经常遭受排挤，且该党内阁与议会动辄被解散。1923—1952年，埃及的代议制政治生活是英国殖民势力、埃及国王和华夫脱党三方

---

① See Albert Hourani, *Arabic Thought in The Liberal Age* 1798 – 1939, London. Oxford University Press, 1962, p. 211. Quoted from H. Bowman, *Middle East Window*, London, 1942, p. 75.

② 张秉民主编：《近代伊斯兰思潮》，宁夏人民出版社 1998 年版，第 157 页。

③ ［埃及］阿巴斯·马哈茂德·阿卡德：《赛尔德·扎格鲁勒生平与人生》（阿拉伯文），希贾兹印务社 1936 年版，第 117 页。

④ Albert Hourani, *Arabic Thought inThe Liberal Age* 1798—1939, London. Oxford University Press, 1962, p. 211.

⑤ ［埃及］阿卜杜·哈利姆·军迪：《伊玛姆穆罕默德·阿卜杜胡》（阿拉伯文），知识出版社 1993 年版，第 165 页。

⑥ 因选派代表赴英国谈判埃及的命运而得名。该党是建立在埃及祖国党基础上参与埃及政治的一个较有影响的党派。

⑦ Jason Thompson, *A History of EgyptFrom Earliest Times to The Present*, New York. Anchor Books, 2008, p. 276.

博弈下的"乱世"局面。① 赛尔德·扎格鲁勒在实际的工作之中，依靠民众的力量在殖民者、总督和政府权力之间寻求一种解脱，视民众的利益不可侵犯与被亵渎。② 像他那样一心为埃及民众着想的政府官员在20世纪初的埃及社会中是不多见的。

1926年，赛尔德·扎格鲁勒当选埃及议会主席，次年在开罗辞世。赛尔德·扎格鲁勒始终将埃及民众的命运视为最神圣的使命，政府应当保护民众（含不同阶层和种族）的利益，为埃及民族的独立和社会的进步做出了卓越的贡献。虽然他离开了这个世界，但留下了很多至今令人回味的话语，或许是他的人格的最完美的诠释，如"人说话应直率，办事要诚实"、"真理高于权力，人民强过政府"。

正如阿巴斯·阿卡德研究认为，赛尔德·扎格鲁勒是第一位在新闻媒体上公开讲话的埃及部长，也是第一位巡访埃及各地民情的埃及部长，还是第一位废止军队向各位部长行军礼的埃及部长，更是第一位让学校放假庆祝伊历新年节日的埃及部长。③

穆罕默德·马哈茂德（1878—1941）当代埃及著名政治家之一，福阿德一世（1868—1936，1916—1936在位）时的埃及首相。他对当时埃及的宪法修订做出了不可忘却的贡献。

穆罕默德·马哈茂德生于埃斯尤特省的撒哈勒赛里姆市。第一次世界大战前一直担任法尤姆的地方长官。今天，法尤姆市还有以他的名字命名的女子学校和纺织职业学校。

小时候，穆罕默德·马哈茂德在家乡完成了小学的学习。1892年赴开罗，进入陶菲克学校学习，5年后完成学业。当年到英国留学，就读牛津大学，专攻历史。他是第一个在牛津大学毕业且获得史学专科学历的埃及人。回到埃及后，被分配到埃及财政部工作，从事稽查，1901—1902年，他的职务升至稽查次官。1904年，他官至埃及内政部，历任稽

---

① 毕健康：《埃及现代化与政治稳定》，社会科学文献出版社2005年版，第64—66页。

② ［埃及］赛尔德·扎格鲁勒：《赛尔德·扎格鲁勒日记》（阿拉伯文，第4册），阿卜杜勒·阿睿姆·拉曼丹校注，埃及书籍总局1991年版，第7页。

③ ［埃及］阿巴斯·马哈茂德·阿卡德：《赛尔德·扎格鲁勒生平与人生》（阿拉伯文），希贾兹印务社1936年版，第123页。

查助理、部长顾问特别秘书等职。到 1905 年，他一直都在为英国殖民者统治下的埃及内政部效力。

1918 年 11 月，穆罕默德·马哈茂德首先提出，应组建埃及民众的代表赴巴黎参加"和谈"，以回应当时美国总统威尔逊（1856—1924）① 发表声明承认埃及为英国的"保护国"的言论。次年，穆罕默德·马哈茂德和赛尔德·扎格鲁勒等人遭拘捕并流放。他们并没有因此而感到沮丧，而是以崇高的爱国热情到伦敦、巴黎，向英法当局表达埃及民众的愿望和心声。1921 年 4 月，他与同伴回到埃及，继续开展民族独立与解放斗争。

1928—1939 年，穆罕默德·马哈茂德担任埃及首相，负责修订当时的宪法。该项工作延续到 1941 年。20 世纪初的前 30 年间，埃及国王干扰宪法的特权，使埃及本地司法与政治环境混乱至极；因而，埃及的修宪与宪政道路曲折而漫长。尽管如此，他仍在自己的能力范围内，积极地推进着埃及的宪政。

穆罕默德·马哈茂德自从进入埃及政府部门，都不可回避地在践行穆罕默德·阿卜杜胡政治观的三要素——自由、民主与法律。自由与独裁相左，民主赋予了百姓参政议政的基本权利，而法律事实上是一个社会有序发展的基石与保障。这里列举了一个名叫穆罕默德·马哈茂德的人，或许他是为埃及政治良性运行而努力奋斗的团体中的普通一员，其身后还有很多穆罕默德·马哈茂德，都在为埃及社会改革出谋划策。

---

① 美国第 28 任总统。他是惟一一位拥有哲学博士学位的美国总统。

第 五 章

穆罕默德·阿卜杜胡
改革思想的再审视

　　自埃及遭受法英殖民之后，人们原本平静的生活被搅乱，百业具废，万事待兴。以穆罕默德·阿卜杜胡为代表的社会改革家，开启了前无古人的艰苦卓绝的社会改良。他们在各自能力所及范围内，努力地进行着社会改革尝试。就事论事，披荆斩棘，开创社会改革的新尝试，为有志者留下了可参照的标杆。按照今天人们的思维模式，既然是改革，就应有改革计划、改革目标，甚至还要对所进行的活动做总结，检查改革效果与成效，并分析存在的问题，提出补救措施。诚然，如果基于这样一套程序化、机械化的改革方案，针对穆罕默德·阿卜杜胡改革思想的研究似乎也就容易得多；参照设定的程序，逐一核定，最终判定其改革的成败与否。

　　研读有关穆罕默德·阿卜杜胡改革思想的文献资料，几乎找不到较明显的改革目标，或者期待的量化数值。能否可以把他的改革模式界定为培植社会改良意识的简单改革？其改革的要旨是欲点燃人们关心社会发展的爱心，鼓励人们参与到社会改良的每一项朴素工作。穆罕默德·阿卜杜胡的某些改革思想经过几代人坚持不懈的努力，半个多世纪后才陆续实现，甚至还会在较长时间段内影响人们的生活。

　　百余年前，穆罕默德·阿卜杜胡带着他未竟的梦想离开了这个世界，留下的财富却无不彰显着他不朽的时代抱负与民族责任感。这源于他用不平凡的人生，真实地绘制了一幅意义厚重的埃及近代史画卷。穆罕默德·阿卜杜胡出生于乡下，熟知民众的渴望与诉求。他进入梦寐以求的学术殿堂，却发现学者们沉浸在向学生宣读老掉牙的术语之中，索然无味且与实际生活水火难容。彷徨之际，偶遇阿富汗尼，先生睿智的思想驱走了他内心的迷茫，点燃了胸怀大志的激情，迫不及待地想成就一番事业，不料却因与反殖民勇士有某些"瓜葛"而遭流放。寄居贝鲁特，辗转巴黎及伦敦，曾天真地认为媒体能迫使西方殖民者放下屠刀，不料所办的期刊遭查封。于是他只得返回寄居地，而先生仍流浪各地。他与先生还保持着书信往来，商议志向相投的问题。上述信息足以证明穆罕默德·阿卜杜胡紧跟先生的脚步，继承并进一步发扬其愿望与抱负。其实，穆罕默德·阿卜杜胡的诸多社会改革实践远超阿富汗尼的某些理论。

穆罕默德·阿卜杜胡秉承阿富汗尼提出的"民族大团结"理论，通过不同形式和层次的教育，使阿拉伯民族的自豪感与荣誉感得到提升。穆罕默德·阿卜杜胡利用埃及总穆夫提的身份，向民众传递引介或使用西方文化中有益元素，使之为"我"服务的信息①，彻底解除因意识形态差异而自我设置的屏障与人为隔阂。穆罕默德·阿卜杜胡离世后，其众弟子勇敢地扛起了导师铸造的改革大旗，从各领域进一步推进埃及社会改革。穆罕默德·阿卜杜胡对"经文"的理性注释，奠定了人们对传统文化认知度的再次提升，尤其在穆罕默德·莱西德·里达的进一步推动之下，阿拉伯现代化得到发展。赛尔德·扎格鲁勒等民族政治精英，在继承前辈对侵略者政治斗争经验的基础上，通过不间断努力为埃及民众获取了政治话语权，为埃及国家建设与现代化建设做了大量的工作。

不论是穆罕默德·莱西德·里达，还是赛尔德·扎格鲁勒，都继承了穆罕默德·阿卜杜胡社会改革的遗志，将其改革理念在埃及进一步发扬光大，从更深层次和更广领域推动埃及等阿拉伯国家迈向现代化征程。

阿拉伯历史向人们诉说了自13世纪中叶以来，人们不得不慎重考虑的社会进程新格局——"苏醒、复兴、改良与重建，以使国家进行彻底的变革，重构我们不曾拥有的科学与知识"。② 20世纪初，由于阿拉伯民

---

① 穆罕默德·阿卜杜胡任埃及总穆夫提期间作了很多律例说明，解决了因西方文化入侵给普通百姓造成的新困惑，如西装与礼帽、基督教徒宰杀的牛羊肉等现实问题。

② ［埃及］穆罕默德·欧玛尔：《阿拉伯人与挑战》（阿拉伯文），全国文学艺术文化委员会1980年版，第126—127页。

族在反殖民运动中铸造的民族精神，曾一度掀起了阿拉伯民族主义发展的浪潮，穆罕默德·阿卜杜胡改革思想的影响深远。值得一提的是，尤其在当下的埃及甚至阿拉伯社会发展进程中，应重新审视穆罕默德·阿卜杜胡的改革理念，抑或能从中汲取有助于社会进步的信息。

第一节　阿拉伯民族主义的兴起与发展

一　传统文化被侵蚀的后果

18 世纪末，拿破仑们的铁蹄踩平了尼罗河谷地地表上的一切，窥视、探测、疯狂挖掘出埋藏于地下的一切宝藏。紧随其后，各类法式学校在法老的地盘上悄然兴盛，法国礼帽成为埃及本土"潮人"的新宠。与法国人近邻的英国人也不示弱，争相将所谓的经济顾问和政策权威安插到埃及总督的身边，对埃及的行政运行"指点江山，出谋划策"。该状况像慢性传染病一样蔓延了百余年，直至 20 世纪上半叶。随着将土地与财产侵占殆尽以后，西方列强便开始对东方民族的文化侵蚀。

已故埃及总统哲玛勒·阿卜杜勒·纳赛尔（1918—1970，1956—1970 年在位）[①] 亲眼目睹埃及的社会状况后，不无感叹地说："当我观察住在开罗的成千上万家庭中的一个普通埃及家庭的时候，我发现以下的情况：父亲也许是一个来自农村的包着缠头的农民，母亲是一个土耳其家庭的后裔，儿子们正在英式的学校受教育，女儿们在法式的学校里上学。这一切包罗了 13 世纪的精神和 20 世纪的外貌。我观察着这一切，我内心能感觉到我能领悟到那种侵略我们的、导致迷茫和混乱的根源。"[②] 面对如此困境与无奈，有志之士们忧心忡忡，誓言要扭转那些令人沮丧

---

　　① 阿拉伯埃及共和国第 2 任总统。阿拉伯民族主义倡导者，被认为是中东地区最重要的阿拉伯领导人之一。他参加 1947 年第一次中东战争后成为陆军中校，组建自由军官组织。1952 年 7 月 23 日领导埃及军方发动政变，推翻法鲁克国王。1954 年 2 月 25 日，取代纳吉布担任埃及总理，1956 年 6 月 23 日成为埃及第 2 任总统。上任后，他推行国有化政策，实行土地改革，建造公共设施。尤其是他领导阿拉伯军队同以色列进行的斗争，使其一度成为阿拉伯世界的著名领袖。详见［英］安东尼·纳丁著《纳赛尔》，范泽译，上海人民出版社 1976 年版。

　　② ［埃及］阿卜杜勒·纳赛尔：《革命哲学》，张一民译，世界知识出版社 1956 年版，第 34 页。

和惋惜的处境。

西方殖民者的来袭让埃及土著居民无所适从。他们要么奋力武装抵抗，誓死捍卫传统文化；要么全盘接受，甚至认为埃及是欧洲的一部分，欲彻头彻尾地"去埃及化"；要么在传统与现代之间寻求一种平衡，希冀能维护传统文化的本色，又能借鉴现代文明发展自身，强国富民。笔者以为，这种寻求传统与现代之间的折中办法就是阿拉伯民族主义思潮兴起和发展的历史背景，是对反殖民文化侵蚀的积极回应。实践证明，这种应时而为、迅速准确有效的应对，从某个层面拯救了深受西方现代文明强劲冲击的传统文化。

二 积极应对殖民者的文化侵蚀

综观拿破仑率军横扫埃及时期的史料，不难发现以宗教群体和文化界为代表的阿拉伯民族复兴潮流，都是迫于外强统治之下出现的文化自觉的形式。穆罕默德·阿卜杜胡是那个时期当之无愧的反殖民主义的旗手，主要有以下三个方面业绩。

第一，重构宗教与科学的关系。阿拉伯传统文化尊重科学，崇尚科学。中世纪，阿拉伯人在传统文化诸学科，如医学、数学、天文学、冶金技术、航海、地理学等方面做出了举世瞩目的贡献；也为欧洲文艺复兴注入了新的活力。随着近代西方伴随各种科技发明的崛起，东方民族文化饱受冲击及所带来的灾难。因故，很多阿拉伯人谈论先辈们的丰功伟绩时津津乐道，而对于能辅佐现实生活的实用性技术或发明，却叹息不已或难以用言辞诉说，甚至止于各种说辞而不肯付诸扎实的实际行动。对于此，笔者不敢苟同。很多貌似道德修行的至善者，往往将生命中本应承担的一切责任人为地划归于"天注定"的范畴，其真实意图抑或是想减轻对社会责任的担当。

18世纪末以来，面对外敌入侵，埃及当政者匆忙派遣青年人赴欧洲各国学习科学技术。但远水难解近渴，且学习技术的人数有限，难以化解侵略者给埃及人民造成的困苦与奴役。此刻，一些思想家方开始考量如何平衡宗教与科学之间的关系。阿拉伯传统文化肯定知识与工作同步转换的行为，否则知识就成了无源之水，无果之花，就失去了存在的真实意义。如果普通意义的知识能为人谋福，能促进社会和平发展，那就是科学的一部分。

穆罕默德·阿卜杜胡在《科学与文明的伊斯兰教》中肯定了人创造发明的天赋。他指出，人自身通过双手劳作谋生，服务他者，实现生存价值。人类文明成果源自智者勤劳的双手和坚韧的毅力，以及不断思索进取的连续努力。穆罕默德·阿卜杜胡又强调，人的发明创造离不开导师的引导和提携，技能传授是科学发明的有效途径之一；而求索、思考、忠诚是人从事社会生活的基本条件；勤动脑筋，良好的心智、超人的毅力和坚韧的态度是获取科学创造成果的必备禀赋。①

诚然，以穆罕默德·阿卜杜胡为代表的埃及近现代思想家，以前瞻性的观点对世人避而不谈的"宗教与科学"话题进行了完美的诠释，也为因社会环境特殊而必须进行的社会改革提供了理论根据。穆罕默德·阿卜杜胡认为，"安拉启示的真理（宗教）与真主创造的真理（科学）并不矛盾，也是出自同样的初衷"。② 这就是穆罕默德·阿卜杜胡在近代哲学史上提出的著名的"双重真理"之说，深刻至极。即便当下，一般人也没有像他如此的胆识提出该观点。

穆罕默德·阿卜杜胡倡导人们学习科学文化知识，是一项长期艰巨的时代工程，需要几代人甚至几十代人坚持不懈的共同努力，使科学方法与生活追求成为社会中一对相互制约和依赖的有机体和矛盾体，在相互监督和提携中推动社会发展。

第二，权衡天启与理性的"度"。历史上，"天启与理性"历来就被认定为是不可调和的尖锐问题，众宇宙观理论家曾为此争论不休。有人"明确反对以理性理解生活信念，认定生命追求"。穆罕默德·阿卜杜胡没有断然否定前辈的学术观点，而是秉承了阿富汗尼的观点，并提出了超越前辈们对这一问题论断的更高层次的看法。他认为理性能够启迪人的智慧，智慧能破除迷信，驱散黑暗，给人光明，能把人从野蛮、愚昧中解救出来，

———————————

① ［埃及］穆罕默德·阿卜杜胡：《科学与文明的伊斯兰教》（阿拉伯文），新月出版社1960年版，第19—20页。

② 曲洪：《当代中东政治伊斯兰：观察与思考》，中国社会科学出版社2001年版，第68页。

使其"进入知识和技能的德行之城"。① 穆罕默德·阿卜杜胡赋予理性较高的地位，认为"理性是'认主独一'的基础"。② 他还肯定了理性具有判断真理与谬误的功能，对于传统文化"经训"中出现的隐晦或难解的内容，应根据前后文做合乎理性的解释，或视之为"奥秘"不予深究。

穆罕默德·阿卜杜胡大胆启用理性诠释传统文化的同时，谨慎处理与教义相悖的问题；宇宙观核心议题只是顺从造物主的旨意，理性所诠释的仅是与百姓生活相关的教律。他坦诚地说："天启不谬，理性易错；理性离不开天启的指导，需要天启的标准做修正和补充。"③

穆罕默德·阿卜杜胡提出的解决天启与理性关系的问题，不是一个简单的个性化话题，而是具有普遍意义的时代议题。在 19 世纪末 20 世纪初的埃及，提出该议题绝对不像说笑那样轻松，他一定是经过深思熟虑，且有可能还制订出了较为切实可行的实施计划。穆罕默德·阿卜杜胡提出的解决天启与理性关系的理论与实施计划问题，生活在他过世百余年之后的我们无从知晓其中的具体细节。但有一点是肯定的，那就是他提出的理性观绝非儿戏，是基于对理性在人类生活中的重要作用的再审视、再认知，面对特殊社会环境、应对生活困境的新创举。

穆罕默德·阿卜杜胡把握天启与理性的过人之处，就是将两者置于一个非常精准的界点，既不招致传统学者的指责，还能就面临的难题向公众作出合理有益的交代。两全其美，皆大欢喜。对于前者，他试图除重申伊斯兰的理性地位外，又为医治某些人僵化的思维开出绝好良方；而对于后者，旨在大力提倡和鼓励有志者借鉴他者的先进技术与科学方法，在传统学科外的其他领域开辟有益于民族未来的新知识、新技术、新发明、新创新。恐怕这一点是穆罕默德·阿卜杜胡"体验"殖民者的文化根除手段后悟出的最真实的感受与认知。

第三，平衡传统与现代的关系。基于理性主义观点，穆罕默德·阿卜杜胡既反对传统僵化，又排斥盲目模仿西方的世俗派。前者主要在传统文

---

① 吴云贵：《穆斯林民族的觉醒：近代伊斯兰运动》，中国社会科学出版社 1994 年版，第 80 页。

② 张铭：《现代化视野中的伊斯兰复兴运动》，中国社会科学出版社 1999 年版，第 116 页。

③ 金宜久：《伊斯兰教史》，江苏人民出版社 2008 年版，第 438 页。

化学者阵营中间，他们禁止思考，阻止创新。而后者在当时埃及上流社会中较为多见，总督伊斯玛仪勒就曾叫嚣要把埃及变成欧洲的一部分；还有部分被"洗了脑"的文化人，更是要从发根到脚趾甲都用欧式标准去武装。

穆罕默德·阿卜杜胡认为，传统派和西化派都有模仿的嫌疑，所不同的是传统派仿古，而西化派仿欧，两者都不可取。他欲创制一条有特色的道路——"第三条道路"。此路虽难，却适合阿拉伯民族的特性；更安全，更有效[①]，更适合埃及民众当时的需求。面对西方殖民者的文化侵蚀以及由此造成的文化歧视，穆罕默德·阿卜杜胡旁征博引历史，深刻反思现实，积极谋划应对措施，精心设计道路，作较独特的诠释。

穆罕默德·阿卜杜胡的言辞告诫人们，学习西方先进思想、科学技术对阿拉伯民族并非不妥；而不加甄别全盘接受西方的生活模式、思想行为甚至价值观念绝对不可为。

19 世纪末 20 世纪初的阿拉伯民族，正面临着前所未有的时代大变革，有人因过分恐惧西方文化作茧自缚，进而对传统文化层层加固以免受到侵蚀；而又有人却做梦都想脱胎换骨，使劲往西方的行列里钻。也就是说，传统与现代的交锋日久见长，每个集团似乎都有自己的一套理论依据，总是千方百计地与另一方争辩、格斗，一决雌雄。这种内耗现象对阿拉伯民族文化的整体推进极为不利。穆罕默德·阿卜杜胡提出平衡传统与现代的"第三条道路"，为之后阿拉伯世界社会的发展模式确定了基调。对于当下阿拉伯世界的社会状况，当政者可从他的这一理论中寻找出有助于社会稳步发展的元素。

由于特殊的地缘关系，"埃及也一直感受到外来的危险，……它砥砺了国民意识，促进了爱国主义的觉醒"。[②] 穆罕默德·阿卜杜胡视民族利益、国家未来为最高理想，不论其政治远见还是思想精髓都闪耀着跨时代的光芒。通俗地讲，穆罕默德·阿卜杜胡的民族意识和国家概念已经超越了时空，超越了国界，超越了种族，是绝对不折不扣的无国界情怀

---

① 陈嘉厚等：《现代伊斯兰主义》，经济日报出版社 1998 年版，第 117 页。

② ［埃及］侯赛因·卡米勒·巴哈丁：《无身份世界中的爱国主义——全球化的挑战》，朱威烈、王有勇译，上海外语教育出版社 2001 年版，第 57 页。

的爱国者的真实行为体现。学界研究认为，穆罕默德·阿卜杜胡提出平衡传统与现代关系的想法，是跨文化交际的典型案例，其倡导的"第三条道路"理论只有那些"双向智慧者"① 才能轻松应对。

第二节　埃及现代化进程中的民族主义运动

一　阿拉伯国家联盟

以"语言、文化与文明属性为纽带"② 的民族概念，在被殖民时代曾被推至社会舞台的巅峰，其作用被发挥得淋漓尽致。但凡在每个遭受殖民的地区，该状况的表现形式和结果都非常相似。每当国难临头，家破人亡之际，人群的血统、肤色、种族与他们拥有的语言、习惯与文化相比较，其凝聚力要逊色不少。特殊时期的民族政治运动，实际上是凝聚民族精神的表现形式之一。中华民族抗击日本侵略者，埃及民众反抗法英殖民者，印尼人民还击荷兰侵占者，无不如此。

现代埃及开国元勋之一的哲玛勒·阿卜杜·纳赛尔曾用肯定的口吻对埃及作了界定。他说："我们是一个民族集团，我们的国家相互毗邻，有许多物质的精神的关系把我们连成一片。我们的民族还有许多特点、构成条件和一种文化。"③ 同时，他还阐释了埃及所拥有的物质基础与精神纽带，确定了"埃及处在阿拉伯世界的圈子、非洲的圈子、伊斯兰世界的圈子里"④ 的特殊地缘位置。埃及人的民族认同感要强于国家认同感。一定程度上，文化基因在维系一个群体并使之发展强大的过程中发挥的作用不可低估，亦是最强有力的基础。

国内学者研究认为，"在阿拉伯世界，民族复兴运动还以阿拉伯民族

① 参见 Fazlur Rahman, *Islamic modernist*；*Its scope*, *method and alternatives*, Int. J. Middle East Studies（Printed in Great Britain）. I（1970），pp. 317 - 333.

② ［埃及］穆罕默德·欧玛尔、福阿德·宰科里亚：《阿拉伯人的理智危机》（阿拉伯文），天涯国际传媒出版社（无出版时间），第23页。

③ ［埃及］阿卜杜勒·纳赛尔：《革命哲学》，张一民译，世界知识出版社1956年版，第56页。

④ 同上书，第58—61页。

主义的形式出现，主张各阿拉伯国家逐步实现联合，直至建立一个统一的阿拉伯祖国。1945 年成立的'阿拉伯国家联盟'① 就是以阿拉伯民族

---

① 简称阿拉伯联盟或阿盟，是阿拉伯国家组成的地区性国际政治组织。旨在加强成员国之间的协作，共同维护各国的主权和领土完整，广泛开展经济文化各领域的合作。现有成员国 22 个，总部原设在埃及开罗。1979 年 3 月 31 日—1990 年 10 月 31 日，阿盟在突尼斯办公，1990 年 11 月 1 日迁回开罗。阿盟的产生有着极其复杂的历史背景和地缘政治因素。历史背景：20 世纪上半叶，阿拉伯国家的民族独立运动高涨；西方学界的民族观念让阿拉伯人要从传统的小部落族圈中挣脱出来，谋求建立更大的统一的大民族圈；只有在统一的阿拉伯民族理念的领导下，才能抵御犹太复国主义。地缘政治方面：第一次世界大战后，苏联的共产主义思潮在里海和阿拉伯海之间的土耳其和波斯渐露头角，并由此产生对该地区石油资源的关注，后对近邻的阿拉伯世界输出共产主义思想。国际方面：第二次世界大战后期，美国将战略重心转移到苏联、东欧与中国，而英法等老牌殖民者谋划再次幕后操纵西亚和北非的阿拉伯世界。尤其是英国，对阿拉伯世界给予了更多的"关注与考虑"，首先是为进一步推动"贝尔福宣言"的实施，大阿拉伯国家的框架是必不可少的条件之一；当英国与大阿拉伯国家达成某种默契，才能更好地对付其政治和经济的劲敌——法国，特别是这一地区的战略位置、蕴藏着巨大石油资源和苏伊士运河的航运等重要因素。在此特别考虑之下，英外交大臣安东尼·伊登（1897—1977）在 1941 年 5 月 29 日的一次报告中提道，"阿拉伯世界自第二次世界大战后已趋向平静，并有了长足的进步。许多阿拉伯思想家希望能有比现在更大程度的统一，阿拉伯人希望在实现这一目标的努力中能得到我们的支持，我们不应不理睬我们朋友的这一要求。看来加强阿拉伯国家间的文化、经济联系和政治联系是自然的，也是应该的……英政府将全力支持任何一个将得到一致同意的计划。"1942 年，埃及总理穆斯塔法·努哈斯心里盘算着英国外交大臣的话语，邀叙利亚总理加米勒·穆尔迪姆和黎巴嫩爱国主义团体主席巴沙拉·胡里，到开罗商讨建立一个旨在加强各阿拉伯国家关系的"联盟"。1943 年 2 月 24 日，伊登又在众议院发表声明，"英国政府以同情的目光注视着阿拉伯人民为实现经济、文化和政治统一而开展的每一项运动"。9 月，埃及总理再次提出埃及政府准备就统一问题召开相关讨论会，征求各阿拉伯国家政府的意见，得到了时任约旦国王阿卜杜拉的称赞。此后，伊拉克、叙利亚、黎巴嫩、沙特、约旦和也门等国的代表，与埃及又进行了一系列的讨论（有趣的是，9 个月后"开罗宣言"在埃及开罗成行）。1944 年 9 月 25 日—10 月 7 日，由叙、黎、约、伊、埃和也（以观察员身份参加）的代表组成的筹备委员会召开会议，倾向主张建立阿拉伯独立国家的统一，而又不损害这些国家的独立和主权。最后确定将这一联系形式称为阿拉伯国家联盟，而不称其为同盟或联合，因为同盟指的是一种暂时的关系，而联合又否定了商定的将这种关系转变为新生的阿拉伯组织的权限。据此，达成了阿拉伯国家联盟第一个文件——《亚历山大议定书》。1945 年 3 月 22 日，阿拉伯国家代表通过了阿拉伯国家联盟宪章。该联盟主要有阿盟理事会、部长级委员会、常设委员会、秘书处、经济社会委员会、技术委员会以及阿拉伯经济一体化委员会等 19 个专项组织机构。笔者以为，阿拉伯国家联盟的成立与运行，实质上是阿拉伯民族主义在阿拉伯地区的政治、经济表现形式之一；其中埃及扮演了尤为重要的角色。关于阿盟成立的相关信息，英国政府已解密了历任外交人员与英王室主要人员之间的信函，并将相关文件汇集成 4 卷本的史料，从 1882 年英国殖民埃及以来一直持续到 1963 年。按照时间排列分别是 1882—1940 卷一、1941—1943 卷二、1943—1944 卷三、1944—1946 卷四。详见 Aita L. P. Burdett Edited, *The Arab League British Documentary Sources* 1943 - 1963, Oxford：Archive Editions, 1995。

为基础成立的阿拉伯国家的（一个）国际合作组织"。① 笔者窃以为，成立该组织想法的萌芽，与阿富汗尼构想建立"泛伊斯兰"有极大的相似性；而该组织在实际运行过程中，确实起到了协调各成员国事务的作用。

二　阿拉伯民族主义思潮的兴起与发展

由于特定的历史条件，埃及不可能出现具有明显反殖民倾向的政治话语，而只能由具有改革倾向的文化人提出适应社会现实的观点，以替代当政者抗衡殖民者。

据笔者所掌握的资料显示，阿拉伯民族政治运动在埃及社会发展过程中前后共经历了3个主要阶段。

第一个阶段，萌发期。1805年5月14日，开罗民众以暴动的形式将穆罕默德·阿里推向了政治舞台。百姓梦想着他能带给人民比奥斯曼帝国指定的帕夏统治埃及时更多的幸福生活，然而"他并未设想把埃及建设成为一个国家"。② 需要指出的是，那时百姓心目中的国家是一个能让人民过上富裕日子的集团，而当政者思考更多的是如何巩固业已到手的江山社稷，与外敌特别是法国侵略者在军事与政治上相抗衡。埃及百姓最初的天真美好的希望与满腔热忱的期待，与穆罕默德·阿里执政后表现出的冷漠形成了巨大的反差，使他们产生了被骗，甚至是一种割舍不断地纠结与懊悔的感觉。值得深思的是，历史似乎每间隔一段时间都会让人类自己回味曾在逝去时代里被众人疯狂推崇的"滋味"；后人不断重复着前辈的手法，而在失去"滋味"后，即使饱尝幕后推手造成的惨痛损失也汲取不到教训；不少人抱怨宪政，大喊"受够了"；而其追求生活价值的界限到底有几何——以笔者愚见——恐怕没有几个人能说清楚，只是大多数人在别人的吆喝声中不断地寻求自恋式的快乐罢了。

纵观历史，曾留学法国的里法阿·塔哈塔威先生，将西方学界的民

① 陈嘉厚等：《现代伊斯兰主义》，经济日报出版社1998年版，第11页。
② ［埃及］侯赛因等：《埃及简史》，方边译，生活·读书·新知三联书店1958年版，第67页。

族思想译介给埃及百姓，首次提出"埃及以其宗教和民族永存"①的埃及属性，著述了被认为是第一部论及埃及民族主义的专著——《埃及民族主义绪论》。②他在后来的翻译著述和教育工作中，将这一观点传递给埃及民众。里法阿·塔哈塔威也是向西方世界介绍阿拉伯世界现状的第一人。1830年10月19日，他撰写《阿拉伯世界概述精选》③，将近代阿拉伯世界最著名的物产与人文作了精辟的论述。彼时，穆罕默德·阿里引进西方军事、教育理念，在埃及知识分子中间激发的"民族主义运动"④发挥了效应。

哲玛鲁丁·阿富汗尼组建的"自由祖国党"，可谓是阿拉伯世界最早的民族主义政党的雏形。尽管该政党未能壮大起来，但已在埃及民众的内心埋下了革命的种子。

近代埃及史料显示，著名民族主义将领艾哈迈德·阿拉比应对英殖民者的斗争，是该时期埃及最典型的民族主义运动案例。据记载，19世纪中叶以后，英国获取了埃及开罗至亚历山大铁路的开发权，而法国则得到了开凿苏伊士运河的权力。从表面上看，英法是在为埃及人民谋福利，实际上他们挖空心思地为控制埃及经济命脉而建立"攻守同盟"。为了进一步控制埃及的经济，英国利用苏伊士运河海运国际公司的运作，购买了该公司44%的股份，迫使埃及于1876年宣布经济破产。于是，英法联手共同管理埃及的经济，英国负责埃及经济的收入，法国监督埃及经济的支出。这就是埃及近代史上著名的"双重（经济）监管"。1879年8月，努巴尔帕夏（1825—1899）⑤担任埃及内阁总理后，聘用英国人

---

① ［埃］阿曼纳·希贾兹：《近代埃及民族主义产生与发展——至1914年》（阿拉伯文），尤纳尼·赖比布·勒兹格修订，埃及书籍总局2000年版，第62页。

② 同上书，第67页。

③ Jamal M. Ahmed, *The Intellectual Origins of Egyptian Nationalism*, London: Oxford University Press, 1960, pp. 11－13.

④ ［英］阿诺德·汤因比：《历史研究》（修订插图本），刘北成、郭小凌译，上海人民出版社2000年版，第51页。

⑤ 埃及首位总理，曾三次任职，分别是1878年8月—1879年2月，1884年1月10日—1866年6月9日，1894年4月16日—1895年11月12日。亚美尼亚籍基督教徒，在19世纪末期埃及政府中左右逢源，深得总督和英法殖民者的信任，在埃及公共事业建设方面有一定的贡献。

威尔逊（1831—1916）① 担任内阁财务大臣、法国人德·布里尼叶利（1823—1905）为建设大臣②，使埃及政府事务被欧洲人左右，即盛极一时的"欧洲内阁"③ 现象。从此，欧洲人在政治、经济上获取了诸多特权，引发埃及民众怨恨不断。

据记载，1875—1876 年，埃及与埃塞俄比亚之战中埃方败北，是因有人泄露战事情报所致。那件事情，隐约在告诫人们，军队中的士兵出现了不为埃及效力的消极倾向。为此，年轻士兵发起成立了"埃及青年协会"，旨在与当政者的腐败与"欧洲内阁"的压榨进行不懈的斗争。④ 该秘密协会另一个谁都不愿泄露的意图，就是为了提升埃及人在军队中的地位。那时候埃及军队的动静迫使埃及总督重新布置内阁成员的构成。就这样，名义上的埃及"民族内阁"诞生了。但所有这些举动未能阻止英国对埃及的进一步控制和侵略。为了迎击英殖民者的疯狂侵占，以艾哈迈德·阿拉比为首的埃及青年军人付出了惨重的代价。虽然他遭受被流放的厄运，但其所领导的军事抵抗英殖民者的行为，拉开了埃及民族主义萌芽的序幕，为之后民族主义的兴起奠定了基础，树立了榜样。

第二个阶段，成长期。正当英国殖民者肆意侵占埃及之际，国难当头，危机四伏，民众渴望着引导大众同心协力一致对敌的核心，与实现民族独立的组织。当时的祖国党主要骨干领导马哈穆德·萨米·巴鲁迪（1839—1904）⑤ 于 1882 年 2 月 2 日出面组建埃及内阁，以协助当局摆脱因经济困境造成的政治危机与社会不稳定局面。⑥ 学界将之称为埃及近代史上民族主义政权的开端。实际上，英国殖民者以保护侨民为借口，第

① 19 世纪末 20 世纪初英国政府公务员和金融专家。

② ［埃］路易斯·吉尔吉斯：《现代埃及史大事记 1775—1952》（阿拉伯文），埃及书籍总局，1998 年版，第 156—157 页。

③ 纳忠：《埃及近现代简史》，生活·读书·新知三联书店 1963 年版，第 97 页。

④ 1879 年 2 月 18 日，埃及青年军人与文职人员首次合作反对外国列强干预埃及内政的民族主义斗争。参见［埃］穆罕默德·艾尼斯、赛义德·拉加卜·哈拉兹《埃及近现代简史》，商务印书馆 1980 年版，第 83—84 页。

⑤ 现代阿拉伯诗歌先驱，阿拉比运动主要领导人之一，后供职于埃及军队和外交部，1882年 2 月 4 日—5 月 26 日任埃及内阁总理。阿拉比运动失败后，被流放至科伦坡 17 年，1899 年 9月 12 日回到埃及。

⑥ 纳忠：《埃及近现代简史》，生活·读书·新知三联书店 1963 年版，第 113 页。

二次炮轰亚历山大，迫使该内阁被解散。

艾哈迈德·阿拉比武装抵抗英殖民者失败后，很多人受到牵连，或被谋杀或被流放。也就是从那一刻开始，英国正式控制埃及长达25年。面对英殖民者对埃及人民的暴行，以哲玛鲁丁·阿富汗尼和穆罕默德·阿卜杜胡为首的知识分子先驱，创办《坚柄报》，号召民族团结起来，共同抗击英殖民者。英国当局通过一些阴损的手段欲拉拢穆罕默德·阿卜杜胡，却遭到了义正词严的反驳。正如他所言："埃及人民面对外来侵略者，誓将不惜一切代价维护人类的尊严、保卫国民的土地，付出艰辛的战斗并终将获胜。"[①] 任何一个民族遭受外国侵略者的各种蹂躏，"驱逐鞑虏"是他们最真实朴素的反应，其内在动力实际上就是民族主义精神的真正反馈。

从哲玛鲁丁·阿富汗尼设想秘密组建自由"祖国党"，到该党骨干成员出面组建埃及内阁以协助总督摆脱政治危机。以艾哈迈德·阿拉比为首的民族主义军事力量抗击英国第二次侵占埃及失败之后，与之相关者被迫离开故土。在流亡期间，他们还是通过报纸等媒介揭露殖民者的丑行与东方民族团结的重要性，以大无畏的精神前往伦敦与英国陆军大臣哈廷腾（1833—1908）[②] 展开跨文化高级别对话。从相关资料中能够看出，穆罕默德·阿卜杜胡的言辞语气无不彰显着东方民族对西方殖民者尤其是英国侵略者对埃及的不仁行为的愤慨，同时也表现出东方民族主义者对抗殖民者的信心与勇气。他沉着应对了代表英当局的军界高官提出的各种幼稚又略带对东方民族鄙视的问题，使后者无言以对。穆罕默德·阿卜杜胡与英军方之间的对话也是东方文化与西方殖民思想的一次正面巅峰对决。

19世纪下半叶，埃及民族主义政治思想在政治、军事、学术界已有

[①]　［阿富汗］阿富汗尼、穆罕默德·阿卜杜胡：《坚柄报与解放大革命》（阿拉伯文），萨拉赫丁·布斯塔尼校注，布斯塔尼阿拉伯书局出版社1993年版，第三版第371页。

[②]　英国德文郡公爵的继承人，被尊称为哈廷腾侯爵。1857—1891年在英国下议院担任陆军秘书和英国自由党印度国务秘书。1875—1880年，任英国自由党主席。因反对爱尔兰威廉·格莱斯顿的自由党工会，1886年被终止担任该党领导人职务。

了一定的基础。新闻传媒界的业绩也有目共睹。① 埃及艺术界的反殖民斗争亦如火如荼地进行着，以亚古柏·赛奴阿（1839—1912）②为代表的艺术家们，将民族主义观念纳入其创作的戏剧之中，通过舞台向民众宣传团结起来反殖民的理念。与此同时，民众自发组织的各类学会或协会，都不同程度地为培养民众的民族政治斗争意识不懈努力着。③

18世纪后半叶，埃及社会处于奥斯曼政府的疲软管理与英国人无休止侵占之间的尴尬局面，不少埃及民众期待统治者能对外来入侵者的行为进行反击，当政者却只能以献媚的姿态讨好英国人，而对自己的同胞施以处罚或压制。鉴于此，埃及民众要么以武力反抗入侵者，要么通过各类媒介唤醒人们的团结意识，科普特人和埃及穆斯林都未忘却埃及大地上曾耀煌世界的辉煌文化成果，誓言要与殖民者进行艰苦卓绝的斗争。在此背景之下，埃及人自发成立"祖国党""民族党"等具有强烈民族主义思想的政治组织，团结生活在埃及土地上生活的各族人民，创办了一些寿命短暂的报纸，从广度和深度宣传"埃及人的埃及"的民族主义思想。这种超越种族的思想将埃及人紧紧地团结在一起，还辅以信仰之纽带让更多人明白国难临头之际团结的重要性和必要性。

英国控制埃及之后，先在政府各部门安排英国顾问，继而推行单一种植棉花的农业经济专业化政策，使埃及的全部经济为英国垄断资本服务。④ 此时，埃及已经变成英国商品的原料产地和销售对象国。政治压迫

---

① 拙作的第一章中有相关论述。

② 近代埃及戏剧和传媒业先驱之一，叙利亚犹太人后裔；自小在开罗接受传统宗教教育。1853年赴意大利留学，两年后回到埃及，为埃及总督子弟教授西方艺术、绘画、音乐及文化。1868年在开罗艺术学校任教，对阿拉伯语、希伯来语、意大利语、法语、英语、德语有一定造诣，精通西班牙语、希腊语、俄语、葡萄牙语。他曾将一些阿拉伯语诗歌翻译成英语，还在英文报纸上撰写文章介绍传统文化，受到埃及、叙利亚、印度学者的称赞。1868年创办埃及戏剧社，4年后组建"进步会馆"，1875年组建以"科学爱好者会馆"命名的文学研究团体，与不同宗教信仰的文学爱好者共同讨论文学。受阿富汗尼和阿卜杜胡爱国思想的引导，他创办期刊，用阿拉伯语方言和土耳其语撰文宣传民族主义思想。为更好地实现他的爱国情怀，1878年赴巴黎继续写书办报。1912年9月30日病故于巴黎。

③ ［埃及］阿曼纳·希贾兹：《近代埃及民族主义产生与发展——至1914年》（阿拉伯文），尤纳尼·赖比布·勒兹格修订，埃及书籍总局2000年版，第144页。

④ 纳忠：《埃及近现代简史》，生活·读书·新知三联书店1963年版，第140页。

和经济掠夺不断加剧导致埃及人的生活困苦不可言状；另一方面，埃及民众团结的决心和愿望与日俱增。英国外交人士詹森曾分析 19 世纪末的埃及社会状况认为，那时的"民族主义超出于一切的愿望，亦即高于归回本来面目的愿望，高于争取自由的愿望，打碎束缚手脚锁链的愿望，支配自身事务的愿望，创造自己文化特征的愿望"①。

为实现理想，"新祖国党"的创建者——穆斯塔法·卡米勒（1874—1908）② 穿梭在埃及总督、奥斯曼帝国首领及欧洲各国间，以寻找知己推行自己的民族政治主张。1894 年，穆斯塔法曾赴欧洲学习。所见与所思促使他对埃及独立的政治话题倍感兴趣，且更加确信欧洲能使埃及获得独立。③ 年轻的穆斯塔法自认为与西方上层人士有过数得清的几次流利的语言交流，甚至其慷慨激昂的演讲第一次让欧洲人听到了埃及人抗议侵略者声音。他便认为，那些与自己有交往的西方上层政客都是"知己"，殊不知他们表面上客套，骨子里却没有把东方人当回事。穆斯塔法·卡米勒终于未能从欧洲人那里得到一丁点的同情与帮助，因为他们之间"道不同不相为谋"。1907 年 10 月 22 日，穆斯塔法·卡米勒在亚历山大成立"新祖国党"，创办《旗帜报》，终将斗争的中心转移至埃及本土，借助人民的力量继续与英殖民者进行不屈的斗争。后来，穆斯塔法·卡米勒被一致推选为党的终身主席。④ 作为后辈，笔者没有资格对一个曾为埃及国家命运奉献人生的热血青年评价什么，但众多的穆斯塔法与殖民者斗争的精神与作为，在埃及社会发展中仍留下了不灭的印记。

或因哲玛鲁丁·阿富汗尼、穆罕默德·阿卜杜胡、穆斯塔法·卡米勒及众多有志之士热爱埃及的情感引导，20 世纪初埃及的民族政治运动异常活跃。祖国党等政治团体将国家的安危确定为党派发展的宗旨，一方面通过各类型的教育形式将埃及百姓团结起来，反对埃及总督的独裁

---

① ［英］G. H. 詹森：《战斗的伊斯兰》，高晓译，商务印书馆 1983 年版，第 156 页。

② 近代埃及政治领袖和作家，新祖国党和《旗帜报》的创建者。其思想在传播科学知识、反对殖民、宣扬民族主义精神方面有很大的贡献，提出以伊斯兰传统文化团结生活在埃及的各种族人民，维护奥斯曼土耳其的地位。著有《东方问题》一书，被誉为埃及政治史上的重要作品。

③ ［美］杰克·克拉比斯：《十九世纪埃及历史记述：国际转型研究》（阿拉伯文），阿卜杜勒·瓦哈比·拜克尔译，埃及书籍总局 1993 年版，第 205 页。

④ 毕健康：《埃及现代化与政治稳定》，社会科学文献出版社 2005 年版，第 52 页。

和专制，高呼"宪法万岁"。[①] 另一方面通过武装斗争和政治集会与英国殖民者进行斗争，要求侵略者撤出埃及，还埃及人民主权。同时，埃及的工人也走上街头开展反剥削斗争，要求增加工资，提高待遇。学生也积极参与声援活动，呼唤爱国主义。

第一次世界大战爆发后，埃及的战略位置令欧洲列强对其非常重视。为此，英国须确保继续统治埃及，取消奥斯曼的"宗主地位"，因此需改变埃及的国际地位。1914年12月，英国宣布埃及和苏丹为其"保护国"。对于英国苦心经营32年的这一无耻宣言，埃及人民绝不答应，祖国党则发出抗议书；而殖民者在埃及一些大城市肆意搜捕祖国党人士，宣布"战时法令"。因侵略者的疯狂镇压，埃及民族主义运动陷入低迷，但人民内心的斗争意识尚未泯灭。第一次世界大战结束后，埃及人民彻底觉醒了，要求摆脱压迫，建立一个真正独立国家的呼声已经成为各阶层百姓的共同愿望。

学界研究认为，"19世纪是西方基督教传教士活动与跨宗教辩论日益活跃的时期，而由此引发的是穆斯林必须面对日益成长起来的东方学家对穆斯林传统文学的真实性所持的怀疑态度。"[②] 该情况在印度和埃及等东方国家尤为突出，回应的主要策略之一就是加强自身文化素质的建设。能够积极抗衡西方人各种挑战的年轻人不多，埃及的赛尔德·扎格鲁勒便是其中的佼佼者。他早年就读于爱资哈尔，接受传统伊斯兰文化，奠定了日后革命的基础。阿富汗尼、穆罕默德·阿卜杜胡的思想让他汲取了不少新观点。探寻法学理论，为他日后成为律师做前期铺垫，涉猎英语和法语使其知识面拓展不少。赛尔德·扎格鲁勒当选埃及国会议员后，将更多的目光投向民族复兴，参与《光塔》期刊有关埃及政治和社会问题的大讨论。这位"雄辩的演说家、笔锋犀利的政治家、饱学的宗教学家"[③] 被任命为埃及教育部长和司法部长。任教育部长期

---

① 纳忠：《埃及近现代简史》，生活·读书·新知三联书店1963年版，第158页。

② Daniel W. Brown, *Rethinking Tradition in Modern Islamic Thought*, Cambridge：Cambridge-University Press, 1996, p. 21.

③ 纳忠：《埃及近现代简史》，生活·读书·新知三联书店1963年版，第171页。

间，赛尔德·扎格鲁勒积极主导筹建埃及大学（即开罗大学的前身）[1]，将埃及的现代教育推向了时代的快车道。1913 年，他当选埃及立法委员会副议长，继续与殖民者进行斗争。第一次世界大战之后，赛尔德·扎格鲁勒成为埃及祖国党继穆斯塔法·卡米勒、穆罕默德·法里德（1868—1919）[2] 后的第三位领导人，是埃及民族独立运动的主要领导人。

　　英国经过 30 多年处心积虑的殖民发展，与其他国家相比亦非一个弱国，军事与文化的侵占使其野心更大。尤其是第一次世界大战之后，英国国会与政客双眼紧盯的不仅仅是埃及，而是以埃及为中心的西亚北非广袤地区。只要能霸占这一领域，就意味着赚足了与近邻法国和远方苏联相抗衡的资本。在英国对埃及的殖民政策有增无减的同时，埃及民众要求独立、废除英对埃及"保护"的呼声此起彼伏。民众自发组织的团体，向殖民者发出挑战。1918 年 11 月 13 日，赛尔德·扎格鲁勒、阿卜杜·阿齐兹·法哈米（1870—1951）[3] 和阿里·沙阿拉维组成的"代表埃及民众心声"的代表团[4]前往英国驻开罗领馆，请求高级专员雷杰纳德·温盖特（1861—1953）爵士能准许他们前往伦敦，表达"埃及独立"的意愿。[5] 彼时，赛尔德·扎格鲁勒曾雄心勃勃地踏着祖师爷和导师的足

---

　　① 埃及大学的奠基仪式上，穆罕默德·阿卜杜胡、穆罕默德·法里德、噶西姆·阿敏等悉数到场。后几位都是穆罕默德·阿卜杜胡的得意门生。

　　② 埃及民族主义运动主要领导人之一，著名政治家、律师，倡导埃及应实行"宪法、伊斯兰文化、尼罗河谷地一体化"，共同创办免费教育形式让更多的埃及民众受益，为其理念付出了艰辛的努力和毕生的精力。1893 年著《崇高的奥斯曼国家史》，1896 年和 1912 年两次再版。

　　③ 近代埃及政治家、著名律师、法官、诗人。20 世纪前 30 年，埃及著名民族运动领导之一。

　　④ 其是埃及华夫脱党的基础。参见王少奎《华夫脱和埃及民族独立运动（1919—1922）》，《历史教学》1981 年第 1 期，第 35—39 页；陈万里《埃及 1919 年革命与扎格鲁勒》，《阿拉伯世界》1985 年第 2 期，第 66—70 页；杨灏城《评埃及民族领袖扎格卢勒——纪念埃及 1919 年革命 70 周年》，《世界历史》1989 年第 2 期，第 77—86 页；哈全安《埃及现代政党政治的演变》，《南开大学学报》2007 年第 4 期，第 133—140 页。

　　⑤ 即取消英国对埃及的保护权、承认埃及独立、英国军队撤离埃及。此为埃及"民族要求宪章"之基础，后向埃及政府增加了一条"承认赛尔德等 7 人组成的正式代表团，允许他们到英国谈判"。

迹，玩了一场天真而又使人沮丧的无果游戏。回想往事，哲玛鲁丁·阿富汗尼为了举荐陶菲克担任埃及总督，亲自带人到法国驻开罗领馆，说服法国人革了前任总督伊斯玛仪勒的职务；而穆罕默德·阿卜杜胡与英陆军大臣哈廷腾进行"对话"。那时，赛尔德·扎格鲁勒等人的造访是为谋求英国人的帮助，以实现埃及民族独立；但狡猾的英国人拒绝了他们的要求。无奈他们又转向福阿德政府，梦想着前往法国在"巴黎和会"上提出埃及人民的独立要求。

殊不知，英殖民者和福阿德政府本来就是一个鼻孔出气的故交。与此同时，群情激昂的埃及民众在各地举行游行，向福阿德政府和英殖民者施压。为政治需要，福阿德政府重新组建了内阁，发布政令要求民众恢复工作；承诺拿出 80 万埃镑奖励那些率先去工作的人；按现有工资的 50% 提高民众的福利作为补偿。① 赛尔德·扎格鲁勒等人被流放到马耳他群岛。为此，埃及全国爆发了抗英运动，史称"1919 年革命"。这场运动不是简单的为赛尔德·扎格鲁勒等人的行为表示同情的一次示威，而是 1882 年反英殖民运动的继续和升级。最终，英殖民者发现埃及民愤极大，撤销了对赛尔德·扎格鲁勒等人的流放令。此举导致埃及内阁改组和英国驻开罗专员的替换。

埃及人民反英殖民者的民族主义斗争尚未停息。1922 年 2 月 28 日，"英国通知福阿德素丹，埃及为英国保护国的地位已经结束，埃及将成为独立的主权国家"。② 这仅是名义的独立，其实英国还保留着很多特权。③

第三个阶段，发展期。1923 年 4 月，埃及政府公布了史上的第一部"宪法"。次年 1 月 28 日，以赛尔德·扎格鲁勒为首的华夫脱党在议会选

---

① ［埃及］阿卜杜·拉赫曼·拉菲伊：《1919 年革命：1914 至 1921 年间的埃及民族史》（阿拉伯文），埃及书籍总局 1999 年版，第 48 页。

② ［埃］侯赛因等：《埃及简史》，方边译，生活·读书·新知三联书店 1958 年版，第 86 页。

③ "防守"苏伊士运河、"防守"埃及以抵御"外国侵略者"、"保护"埃及境内的外国侨民及其财产和管理苏丹等问题。该旨意宣布第二天，埃及政府素丹改称"国王"，意味着该政府已经成为君主立宪制政体。参见纳忠《埃及近现代简史》，生活·读书·新知三联书店 1963 年版，第 186—187 页。

举中获胜，组建埃及内阁。貌似之前代表埃及民众愿望的斗争取得了阶段性的胜利，但其道路极为艰辛。因该党党魁还寄希望与英方的谈判，而最后垂死挣扎的英殖民者不会轻易将埃及的所有管理和统治权归还给埃及人民。这势必又引起埃及民众的不满和抗议；之后几年，埃及内阁不断更迭，英殖民者仍然坐享其成，埃及经济再次出现萧条的景象，百姓生活异常艰苦。1931 年 11 月 13 日，埃及再次爆发反英游行。一个月之后，1923 年的宪法和 1924 年的选举法"被恢复"了。其标志着埃及民族政治运动又取得了进一步的胜利。1936 年 8 月 25 日，埃英两国签署"英埃同盟"，条约有效期 20 年。第二次世界大战后，埃及政府还梦想着和英国搞好关系，引起埃及民众 1946 年又一次反英斗争。

　　1952 年年初，在全埃及人民的共同督促下，华夫脱党政府于 1 月 25 日向英发出断绝外交关系的通告，并令英国人员限期撤离英驻埃及使馆。然而，英国不会善罢甘休。埃及人民全国上下都在为争取民族独立而奋斗。是年 7 月 23 日，以哲玛勒·阿卜杜·纳赛尔为首的"自由军官"推翻了法鲁克（1920—1965，1936—1952 在位）国王的统治，最终夺取了民族主义斗争的胜利。埃及共和国建国后，除进行一些必要的社会改革外，所展开的最重要的民族主义活动就是将苏伊士运河国有化。这一重大举措向世人宣告了"埃及人的埃及"之真谛。

　　世界航运史上，葡萄牙人达·伽马（1469—1524）[1] 开辟好望角[2]航线，激起西方殖民野心家外征的欲望。但当殖民者的魔爪伸至印度腹地之后，却意外地感到外面的世界让人无奈，尤其是军需物资的补给令他们十分沮丧。为了尽快解决眼前的难题，殖民者挖空心思在历史教科书中寻求答案。果然，辛努塞尔特三世（约公元前 1884—公元前 1849 在

---

　　① 葡萄牙探险家。1498 年驾船至印度，成为历史上第一位从欧洲航海到印度的人。1497 年奉葡萄牙国王之命率领舰队从里斯本出发，绕过好望角，次年到达莫桑比克。后得到阿曼领航员帮助，终达印度西南部重镇卡利库特，并满载交换来的宝石、香料而归。1502 年及 1524 年又两次远航印度。他开辟的航路，促进了欧、亚间商业贸易的发展。

　　② 南非共和国的西南端开普半岛南端的岩石岬角，北距开普敦 48 公里，濒大西洋，是南非最著名的旅游胜地之一。葡萄牙探险家巴特罗姆·迪亚斯（1450—1500）1488 年发现此岬角，成为欧洲到达此地的第一人。随后随着航海家的多次造访而著名。

位)①、大流士一世（公元前 521—公元前 485 在位)②、图拉真（53—117，98—117 在位)③ 等历代君王开挖位于红海到地中海运河之举④使他们受到启发。于是，他们产生了开发运河的灵感。拿破仑率军进入埃及后，法方一直惦记着寻找适当机会控制从红海到地中海之间的水运。1854 年 10 月 23 日，法国驻埃及领事斐迪南德·雷塞布斯（1805—1894)⑤ 获埃及总督赛义德（1854—1863 在位）的特许，按奥地利工程师阿洛伊斯·尼格瑞里（1799—1858)⑥ 制订的计划，建造向所有国家船只开放的海运运河⑦；同时，总督还责成雷塞布斯成立一个公司——苏伊士运河公司。1856 年 1 月 5 日，赛义德又与雷塞布斯签署了关于开凿苏伊士运河的补充协议，通过对开凿运河的有关土地的租赁，该公司可从运河通航之日起主持营运达 99 年。⑧ 1858 年 12 月 15 日，苏伊士海运

① 古埃及第十二王朝的法老。

② 波斯帝国的第三代君主，公元前 525 年出征埃及。

③ 古罗马帝国君主，116 年侵占西奈半岛、沙姆地区。

④ 万光：《苏伊士运河》，世界知识出版社 1985 年版，第 7—9 页。

⑤ 法国外交官、实业家，曾主持开凿苏伊士运河。

⑥ 奥地利著名工程师，在铁路、桥梁设计方面颇有建树，曾在奥地利、意大利和瑞士等国家负责多个工程项目。

⑦ 苏伊士运河，位于埃及西奈半岛西侧，横跨苏伊士地峡，沟通地中海一侧的塞德港和红海苏伊士湾一侧的苏伊士城之间的一条人工河，全长约 163 公里；河面平均宽度为 135 米，平均深度为 13 米；1859 年开凿，1869 年竣工。运河开通后，英法两国就垄断苏伊士运河公司 96% 的股份，每年获得巨额利润。1882 年，英国在运河地区建立了海外最大的军事基地，驻扎近 10 万军队。第二次世界大战后，埃及人民坚决要求收回苏伊士运河的主权，为此进行不懈的斗争。1954 年 10 月，英国被迫同意 1956 年 6 月 13 日前把驻军完全撤离埃及领土。1956 年 7 月 26 日，埃及政府宣布将苏伊士运河公司收归国有。

⑧ 补充协议的主要内容是：运河公司自运河通航之日起享有占有运河 99 年的权力，期满后归埃及所有。在此期间，公司可按自己的意图向来往船只和旅客征收税金，但每位旅客和每艘货船的税金不得超过 10 法郎；公司在开罗和运河之间开挖一条淡水渠，把尼罗河的水引进塞得港和苏伊士，以供饮用和灌溉。河渠与河水属公司所有，当地农民饮水灌溉须获得公司的批准，并缴纳水费；运河及河渠两侧两公里宽的土地无偿归公司所有，无须缴纳地价与地税。此外，公司在付给合理赔偿后，有权占用运河建设工程所需的其他私人土地；公司可免费进口运河建设工程所需的机器设备，并在租期内有权无代价地开采和使用埃及的矿藏和石料，以修建运河工程；运河建设工程所需的 4/5 劳工由埃及方面提供，公司付给他们一定报酬，工资由公司决定；埃及政府每年能分享公司 15% 的纯利润。参见杨灏城《埃及近代史》，中国社会科学出版社 1985 年版，第 126 页；万光《苏伊士运河》，世界知识出版社 1985 年版，第 14 页；路易斯·吉尔吉斯《现代埃及史大事记 1775—1952》（阿拉伯文），埃及书籍总局 1998 年版，第 129 页。

运河国际公司建立。① 据史料记载，法方强迫埃及人穿过沙漠挖掘运河的工作前后共历时近 11 年。部分苦力被施以鞭笞，甚至因霍乱等流行疾病丧命。苏伊士运河开凿工程克服了很多技术、政治和经费上的难题。其花费高达 1860 万英镑，多于最初预算的两倍；1869 年 11 月 17 日通航。

苏伊士运河承载了埃及民众大量的心血，然而苏伊士海运运河国际公司却成为埃及这个主权独立国家中的一个王国，更是吸食埃及民脂民膏的恶魔。赛义德、雷赛布斯共同合谋制造了一个令埃及百姓极为不安的危险物，前者捞足了法方给的股份，而后者从此就能从苏伊士运河抽取源源不断的丰厚资本。但这仅仅是噩梦的开始。当英国人轻松地从埃及人手中获取了苏伊士运河的股权后，以保护运河为由，在苏伊士运河区驻扎 10 万军队。修筑苏伊士运河时已有 12 万埃及人将性命葬送在那里；1882 年后，英殖民者强迫埃及政府派遣 12 万工人在运河沿岸修筑防御工事，以保护运河的安全。据有关资料显示，1955 年苏伊士运河的航运收入为 3500 万埃镑，埃及政府只能得到 100 万埃镑的份额。② 艰辛的付出和得到的回报之间形成的巨大反差，以及所留下的奇耻大辱让埃及人民心痛而不安，尤其是埃及共和国总统。

让苏伊士运河成为埃及人民的财产，是每一个埃及人的愿望，更是埃及元首的工作愿景。当埃及的国家机构运行趋于正常之后，埃及政府准备在赛义德总督签署的那个"丧权辱国"的协约有效时段内将运河主

---

① 1857 年苏伊士海运运河国际公司成立，其注册资金为 2 亿法郎（约合 800 万英镑），被分为 45 万股，每股 500 法郎（约合 20 英镑），各国均可自由认购投资。是年 11 月，法国认购 207111 股，占总股份的 52%；埃及政府被迫购得 177602 股，共支出 9000 万法郎约合 3426600 英镑，约占 44%；其余 4% 由西班牙、意大利、荷兰、突尼斯等国个人购买。参见参杨灏城《埃及近代史》，中国社会科学出版社 1985 年版，第 126—127 页。然而遗憾的是，1875 年埃及政府财政危机时，其拥有苏伊士运河的股份被卖给英国，只得到了英国付给的 400 万英镑。实际上，当运河通航后，埃及政府被迫向运河公司赔偿各种费用达 8400 万法郎。参见万光《苏伊士运河》，世界知识出版社 1985 年版，第 18—19 页。

② 万光：《苏伊士运河》，世界知识出版社 1985 年版，第 18—20 页。另请参见国际关系研究所编《中东问题文件汇编 1945—1958》，世界知识出版社 1958 年版，第 197 页。彼时，1（埃）镑可兑换 3 美元。

权收回，实现国家的主权完整。为此，埃及政府做了大量的前期准备。①
1956 年 7 月 26 日，纳赛尔在亚历山大城发表演讲，宣布"苏伊士运河国
有化"。在演讲中，他回顾了开凿苏伊士运河的血泪史，用大量数据说明
埃及民众和政府为之付出的艰辛与代价；他引用文献资料②重申"苏伊士
海运运河国际公司是一家埃及股份公司，受埃及一切法律的保护与管辖"
的历史事实，分析了英国殖民者占有运河实欲想进一步占领埃及的野心
与险恶意图；他还宣布运河国有化后运河公司运行的相关规定。③

　　埃及人民用了一个世纪的岁月洗刷了奇耻大辱，英殖民者对此暴跳
如雷。首相安东尼·艾登（1897—1977）④ 于 7 月 27 日在下议院宣称：
"埃及政府所采取的把苏伊士运河收归国有的专横决定，损害了许多国家
人民的利益，英政府正在同其他国家的政府就国有化造成的危险局势进
行磋商。"⑤ 实际上，当时英、法、美三国共同商议冻结埃及的所有存款，
从经济上封锁埃及；且上述三国元首在伦敦会晤商议对埃及采取措施，
并邀请 1888 年缔约的 24 个国家于 8 月 16 日召开"公约缔约国和其他与
运河使用利害攸关的国家参加的紧急会议"，埃及政府也为应对而积极地
筹划着。国际上，其他国家对英国的提议也颇有意见；而英国不愿看到
曾经拥有的特殊地位被剥夺，法国仍因失去苏伊士运河地区这块黄金宝
地而试图反咬一大口，为了再次获得较多同盟者的支持，英、法说服以
色列协同作战，以弥补 1947 年在巴勒斯坦的战斗⑥中尚未出尽的恶气。

　　英、法、以三国带着各自的意图凑到了一起。1956 年 10 月 29 日，

---

　　① 埃及与英国就苏伊士运河问题进行了多轮磋商与谈判，于 1954 年 10 月 29 日签署了
《英国从运河区撤军的协议》，为两年后运河国有化奠定了基础。

　　② 1886 年 3 月 19 日奥斯曼帝国素丹签署的法令，批准 1886 年 2 月 22 日雷塞布斯与埃及
总督签订的有关苏伊士运河的相关协定。

　　③ ［埃及］穆罕默德·艾尼斯、赛义德·拉加卜·哈拉兹：《埃及近现代简史》（中译本），
商务印书馆 1980 年版，第 249—255 页。

　　④ 20 世纪上半叶英国外交与政界风云人物之一，曾于 1935—1938 年、1940—1945 年、
1951—1955 年三次担任英国外交大臣，1955—1957 年任英国首相。

　　⑤ ［埃及］穆罕默德·艾尼斯、赛义德·拉加卜·哈拉兹：《埃及近现代简史》（中译本），
商务印书馆 1980 年版，第 255—256 页。

　　⑥ 第一次中东战争。因巴勒斯坦问题被国际化后的不平等操作而激起民愤，持续时间为
1947 年 11 月—1949 年 3 月，最后以色列获胜。

以色列率先军事入侵埃及的西奈半岛，而英法以协调埃及制止以色列的冲突为由，很快介入，并迅速占领苏伊士运河地区。英、法、以三国的行径受到了国际上爱好和平的国家的强烈谴责，中国政府于 1956 年 10 月 30 日发表声明，坚决要求侵略者停战，并不再延迟对苏伊士运河问题的和平磋商。① 英国的行为让埃及获得完全独立和政治上的彻底解放②。英、法、以对埃及的入侵，让埃及人民清楚地看到了民族团结的必要性和重要性。虽然，埃及在此次战争中军事失利，但在政治上已取得了重大胜利，战争以英、法、以三国的最终失败而告终。③

苏伊士运河国有化，被认为是以纳赛尔为首的埃及民族政治的首战之举，其后推行的"民族同盟"与"阿拉伯联合共和国"④ 更是将该理念推至巅峰。1952 年 5 月 29 日组建的民族联盟被认为是"阿拉伯联合共和国为实现一个共同的目标而聚集起来的一个组织"。该组织具有合作社会主义的特质，是基于"阿拉伯在过去和现在不但是由共同的历史、思想、语言、信仰、传统、血统和利益联结在一起，而且还因为在思想上和行动上的团结一致而共同参与摆脱殖民主义及其走狗的影响，决定自己的命运和未来的解放斗争"。⑤ 从理论看，纳赛尔所认定和倡导的阿拉伯民族主义有极其明显的时代和地域因素。笔者认为有两点必须予以考虑：一是自反殖民主义斗争到反抗英、法、以三国侵犯埃及领土，埃及人民感受最深切的是单一个体难以对付强大的外来侵略者，只有建立在共同文化基础上的群体的密切合作，才能有效抵御外敌保卫家园。二是埃及与叙利亚都处于地中海东南岸地区，如果两个国家能够联合起来，共同防御从地中海上来的侵略者才是最佳的抉择。还有一点需要说明，

---

① ［埃及］伊斯玛仪勒·奥库斯：《在纳赛尔总统领导下的新埃及》，中译本，商务印书馆 1958 年版，第 35—36 页。

② ［埃及］穆罕默德·艾尼斯、赛义德·拉加卜·哈拉兹：《埃及近现代简史》（中译本），商务印书馆 1980 年版，第 267 页。

③ 杨灏城、江淳：《纳赛尔和萨达特时代的埃及》，商务印书馆 1997 年版，第 58 页。

④ 1958 年 2 月 1 日埃及总统纳赛尔与叙利亚总统库阿利姆在开罗的阿比迪签署协约，决定成立阿拉伯联合共和国。后因两国国情差异及诸多原因，1961 年 12 月解散。

⑤ ［埃及］穆罕默德·艾尼斯、赛义德·拉加卜·哈拉兹：《埃及近现代简史》（中译本），商务印书馆 1980 年版，第 230 页。

那就是纳赛尔提出的民族主义不是他对埃及本土文化研究后析出的理论，而是受外来思想的影响而模仿推行的实验。诚然，阿拉伯民族主义（学界也称"纳赛尔主义"）不仅是基于民族团结与社会公正思想①，还是阿拉伯民族独立的重要范式之一。当阿拉伯民族主义理论遭受挫折之后，纳赛尔又开始琢磨着阿拉伯社会主义理论，权当之前败笔——阿拉伯联合共和国——的余波。无论如何，概念各异的民族政治运动在埃及历经近百年之后，不断地裂变与更新，使埃及社会在该理念之下缓慢前行，应当是众人所期盼的。

第三节　穆罕默德·阿卜杜胡改革思想的影响概述

一　改革思想的秉承者与追随者

19 世纪末 20 世纪初的穆罕默德·阿卜杜胡，业已成为那时段埃及乃至阿拉伯地区的一面旗帜，尤其是他富有现实意义的各项改革措施，立足于埃及本土，精心为社会现实把脉，呕心沥血地为社会良性发展开出了"良方"。他的众多良方已经缓解了某些病症带给众人的痛苦，使人们笑逐颜开。基于那样一个不错的开端，许多有社会责任心的人士纷纷求教于穆罕默德·阿卜杜胡，希冀能共同为社会做力所能及的工作。根据史料显示，穆罕默德·阿卜杜胡的改革思想以埃及为原点，向东延伸至沙姆地区，而向西延伸至突尼斯，在地中海南岸形成了一条耀眼的景观带。

---

① 参见赵光锐、游浩云《纳赛尔的阿拉伯统一思想及其当代影响》，《阿拉伯世界研究》2008 年第 2 期。纳赛尔倡导的阿拉伯民族主义（亦称"纳赛尔主义"）的研究资料颇丰，主要代表性的研究成果有：Tawfig Y. Hason, *The Struggle for the Arab World：Egypt's Nasser and the Arab League*, London and Boston：KPI, 1985；Khalidi Rashid, *The Origins of Arab Nationalism*, New York：Columbia University Press, 1991；Tibi Bassam, *Arab Nationalism：A Critical Enquiry*, New York：St. Martin's Press, 1990；Faris Hani A, *Arab Nationalism and the Future of the Arab World*, Belmont：Association of Arab – American University Graduates, 1987；彭树智：《纳赛尔与阿拉伯世界》，《学术界》1988 年第 5 期；李振中：《纳赛尔与泛阿拉伯主义》，《阿拉伯世界》1992 年第 3 期；王冰：《试论纳赛尔埃及与阿拉伯联盟之关系》，《华东师范大学学报》（哲学社会科学版）2007 年第 4 期；赵光锐、游浩云：《纳赛尔的阿拉伯统一思想及其当代影响》，《阿拉伯世界研究》2008 年第 2 期等。

依据相关资料，笔者从穆罕默德·阿卜杜胡改革思想的秉承者或追随者们中选择出了具有代表性的 3 位，并作较详细的论述。

第一位，穆罕默德·莱西德·里达。据记载，穆罕默德·阿卜杜胡与穆罕默德·莱西德·里达有过两次短暂的会晤。前者的社会改革思想使后者茅塞顿开，受益匪浅，最终成为其思想的忠实追随者与理念的坚定推动者。

穆罕默德·莱西德·里达，1856 年 9 月 23 日出生于黎巴嫩海滨小镇格莱蒙。此镇距黎波里仅 3 公里之遥。自小，穆罕默德·莱西德·里达就接受了良好的教育。1882 年，他到的黎波里一所学校学习。那里教授传统文化知识，还开设逻辑、数学、自然哲学等课程。多纬度课程的设置使学生接受传统学科知识的同时，还能理解更多的人文社会知识。该校创建者认为，一个民族只有能将传统文化与现代社会文化紧密地结合起来，并借鉴欧洲现代方式，才能成为世界优秀民族之一。[①] 因学习成绩优异，1897 年穆罕默德·莱西德·里达被聘为该校教师，为学生讲授典籍和阿拉伯语课程。为了拓展知识面，穆罕默德·莱西德·里达利用业余时间向长辈学习未曾掌握的知识。那些积累奠定了他日后成为思想家、媒体人、文学家和语言学家的基本知识架构。后来，穆罕默德·莱西德·里达接触了苏菲主义思想，研读伊玛目安萨里（1058—1111）[②] 的《圣学复苏》和伊本·阿拉比（1164—1240）[③] 的《麦加的启示》[④]，对苏

---

①　http：//www. alukah. net/culture/10963/38856/.

②　安萨里主要作品之一，包含伊斯兰教义、信仰、伦理等内容，重点强调穆斯林的个体信仰、功修、交往和道德修养，由功修（العبادات）、习惯（العادات）、不良行为（المهلكات）和拯救（المنجيات）4 册组成。

③　13 世纪著名苏菲学者、哲学家，全名 "محي الدين محمد بن علي بن محمد بن عربي الحاتمي الطائي الأندلسي（Muhyun Din Muhammad ibn Ali Muhammad ibn Arabi al-hatimi al-Tayi）"，生于安达鲁西亚的麦尔西耶（مرسية）。36 岁开始东游，至大马士革、麦加、摩苏尔、开罗、巴格达等地，卒于大马士革。著有多部经典著作。

④　伊本·阿拉比最著名的苏菲类哲学作品之一，被认为是彰显他的思想精髓和学术观点之作。他于伊历 598 年在麦加朝觐时开始撰写，于伊历 629 年在大马士革完稿；后经伊历 632—636 年多次修改、补充后定稿，全书分为六章 560 节，即知识、社会交往、个性修养、家庭教养、声誉、地位等 6 部分。伊历 629 年和伊历 636 年之手稿被土耳其 "穆西·伊芙卡夫" 和 "巴叶启德" 图书馆保存。该作于伊历 1274 年首次在埃及的布拉格出版，后多次印刷。

菲学科有了新的认知，并尝试着体验苏菲道统的实践。按他自己的说法，某日亲眼看到苏菲修行者一些与伊斯兰信仰不符的举动后，随即离开了苏菲行列，转向赛莱菲耶阵营。从此以后，穆罕默德·莱西德·里达成为赛莱菲耶的忠实捍卫者。①

穆罕默德·莱西德·里达是通过《坚柄报》将哲玛鲁丁·阿富汗尼定格为其精神导师，仅与之有过书信往来，未曾谋面。1898年，穆罕默德·阿卜杜胡返回埃及后，穆罕默德·莱西德·里达即奔赴埃及与之会面。

是年9月初，穆罕默德·莱西德·里达乘坐一艘轮船抵达被誉为地中海新娘的亚历山大，开始艰辛的寻找恩师。由于不能确定穆罕默德·阿卜杜胡的确切住处，穆罕默德·莱西德·里达便从亚历山大城赶往塔坦城②，到曼苏尔③，赴蒂姆雅特④，再返回塔坦，一路奔波，一路打听穆罕默德·阿卜杜胡的住所。12月18日到达开罗，次日便直接前往穆罕默德·阿卜杜胡的府上拜访。最终实现了与穆罕默德·阿卜杜胡相识的愿望。见面后，穆罕默德·莱西德·里达的"兴趣"发生了改变，由原来仅局限于"劝善戒恶"之念头拓展至"振兴整个民族共同体"。⑤

为实现理想与抱负，穆罕默德·莱西德·里达在开罗创办《光塔》和《爱资哈尔》期刊。他要把穆罕默德·阿卜杜胡的思想、观点、理论通过媒体特别是《光塔》期刊传递给穆斯林⑥，使每一位需要了解这方面知识的人获得更多信息。对此，埃及当代著名思想家穆罕默德·欧玛尔

① 1935年10月21日，穆罕默德·莱西德·里达前往苏伊士市拜会沙特阿拉伯国王萨欧迪·本·阿卜杜·阿齐兹，连夜返回开罗。因过度劳累，且车速太快发生车祸，次日辞世。

② 埃及西部省首府，位于亚历山大以南120公里，开罗以北100公里。该城是埃及第4大人口居住区。

③ 开罗东北120公里，是代格黑利亚省的首府。因打败第六次十字军东征而得名，即胜利之城。

④ 开罗以北200公里，是蒂姆雅特省的首府。以尼罗河与地中海交汇而著称；埃及最重要的港口城市之一。

⑤ 张维真：《拉希德·里达及其维新思想一瞥》，载丁士仁主编《伊斯兰文化》（第四辑），甘肃人民出版社2011年版，第41页。

⑥ ［埃及］伊卜拉欣·艾哈迈德·阿德维：《莱西德·里达：伊玛目穆贾西德》（阿拉伯文），埃及编译局1964年版，第138页。

评价说，《光塔》期刊旨在用维新的手法重振民众的生活。它不仅关注思想的更新，更致力于社会的变革。该期刊开启了阿拉伯社会选择西方先进思想的大门。一方面，积极调和各社会思潮间的分歧；另一方面，极力推行多元文明平等相处的理念。①

学界认为，1905 年后《光塔》日趋成熟，其影响波及整个阿拉伯世界，远至北非和印度尼西亚。② 穆罕默德·莱西德·里达逐渐将前辈们提出的理想型的"理性"观演绎至在经典证据指导下的理性探索，使理性更趋于现实性。1905 年，他继续完成导师未竟的事业，致力于《光塔经注》的著述。他不仅采用穆罕默德·阿卜杜胡的理性证据之思想，还择取大量的圣训证据注释经文，使理性和经典证据二者相得益彰。他的做法与导师注重理性而极少使用经典证据或解释经典证据以达到符合理性证据的风格形成鲜明的对比。笔者窃以为，穆罕默德·莱西德·里达的注释方法实则是对穆罕默德·阿卜杜胡过分注重理性注释经文所形成的理想化注释方法的冷处理，使之成为大众乐于接受、符合实际且较恰当的诠释手段。其亦是 19 世纪末学术界"理性回归"的表现。穆罕默德·莱西德·里达把"民族"理解为历史、文化、语言、习惯共同作用而形成的一个群体，不仅提倡关注个体建设，且要注重整体发展，维系中间模式的健康发展理念。

为了进一步推广前辈的改革思想与理念，穆罕默德·莱西德·里达寻觅着哲玛鲁丁·阿富汗尼的足迹，曾行游印度、伊拉克、希贾兹、欧洲等地，了解民众生活状况。1912 年，他在开罗创办一所名为"宣传引导学校"，不仅接收阿拉伯世界的学子前去学习知识，还接受远道而来的爪哇学子，为他们教授文化知识，并负担生活所需。同时，穆罕默德·莱西德·里达邀请各地学者到开罗，共商教育大计。

不论是《光塔》期刊还是这所学校，穆罕默德·莱西德·里达都坚持不涉足政治，一心扑在教育事业，并在文化基础相对薄弱的地区开展

———————————

① ［埃及］穆罕默德·欧玛尔：《谢赫莱西德·里达与世俗主义、犹太复国主义及宗派主义》（阿拉伯文），和平书局 2011 年版，第 29—33 页。

② ［埃及］伊卜拉欣·艾哈迈德·阿德维：《莱西德·里达：伊玛目穆贾西德》（阿拉伯文），埃及编译局 1964 年版，第 149 页。

一些实际性的工作。他遵循导师的遗愿，将教育从埃及本土延伸到埃及外。为此，一位荷兰籍东方学家曾断言："今后，在整个阿拉伯世界、法国殖民的北非国家，甚至印度尼西亚都会有《光塔》期刊的追随者和效仿者。"① 但也有学者对他主持的学校提出异议，认为该校后期的主导思想与其导师相比有不小的变化，和一些"左倾赛莱菲耶思想家"有密切联系。②

穆罕默德·莱西德·里达秉承导师对妇女问题的高度重视，为女性呼吁文明所赋予的权利。1932年，他在一次集会上发表演讲，阐述妇女的权利——生活追求、社会责任、教育权益、经济支配、继承权利、婚配权益等。③ 穆罕默德·莱西德·里达引经据典地提出女性除体力外与男性平等的概念，家庭暴力和女性遭受虐待的不良行为应受到普遍的谴责。他提出，妇女婚姻自主选择与父母监护的问题，比穆罕默德·阿卜杜胡与噶西姆·艾敏提出"解放妇女"更切合实际，并从微观上较详细地列举出现实生活中女性的重要地位与必须受到的人文关怀。④ 从这一点可以看到，穆罕默德·莱西德·里达对女性的权益问题有了更深层次的理解，具体、详细、精准。与穆罕默德·阿卜杜胡和噶西姆·艾敏的粗线条的理论相比较，他的主张显得更加符合埃及甚至整个阿拉伯世界的社会实际。

穆罕默德·莱西德·里达积极参加当时不同形式和类型的社会活动，向与会者商讨双方感兴趣的社会问题。如，1921年，以叙利亚—巴勒斯坦代表团成员的身份，参加了在瑞士日内瓦（Geneva）召开的会议。1926年和1931年分别参加了在麦加及耶路撒冷举行的世界伊斯兰会议。⑤

---

① ［埃及］伊卜拉欣·艾哈迈德·阿德维：《莱西德·里达：伊玛目穆贾西德》（阿拉伯文），埃及编译局1964年版，第149—150页。

② ‌أحمد صبحي منصور: مدرسة الإمام محمد عبده بين مصر وتونس، PDF، دون تاريخ، ص 38.

③ ［埃及］穆罕默德·莱西德·里达：《伊斯兰女权》（阿拉伯文），艾哈迈德·法里德·麦兹迪校注，科学书局2005年版，第10—44页。

④ 马和斌：《赖西德·里达：伊斯兰现代思想的奠基者》，载蔡伟良主编：《阿拉伯学研究》（第四辑，2016），宁夏人民出版社2016年版，第298页。

⑤ Albert Hourani, *Arabic Thought in the Liberal Age* 1798-1939, London：Oxford University Press, 1962, p. 227.

埃及学者宰基·拜德威（1922—2006）①坦言，如果说阿富汗尼开创了赛莱菲耶思想更新的先河，那穆罕默德·阿卜杜胡则是用理性推动了该思想的进一步发扬。事实上，穆罕默德·莱西德·里达则是一位名副其实的现代思想家与实践者。他完成传统文化改革运动的终极使命，推动阿拉伯现代化的发展。据不完全统计，穆罕默德·莱西德·里达留给后人的学术作品共有 12 部之多。其中一部 12 册，还有一部 3 册。他的阿拉伯现代化思想都汇集在留下来的众多专著里。

秉承、发扬穆罕默德·阿卜杜胡改革理念的第二人，是埃及大文豪塔哈·侯赛因（1889—1973）②。1902 年，他入爱资哈尔学习。在校学习期间，一些知识分子、社会改革家关于政治、哲学、社会道德、妇女等问题的新思想新观念，对他产生了很大的影响。尤其是穆罕默德·阿卜杜胡的改革观点。

从 1928 年起，塔哈·侯赛因数度任埃及大学文学院院长，后担任埃及教育部顾问、亚历山大大学校长、教育部部长等职。任教育部长期间，塔哈·侯赛因亲自主持埃及的教育改革。他对推动埃及社会变革及教育发展和新文学的兴起，起到了积极的作用。③ 塔哈·侯赛因曾经大力提倡民族教育。他认为，教育应该体现民族特点，培养具有民族意识和思想的人才，造就能适应埃及和阿拉伯社会发展的知识阶层。他十分重视对民族语言的教育和传播，曾向政府建议，学生 15 岁之前不应学外语。为此他解释说，阿拉伯语是埃及人普遍使用的传统语言，它给了埃及人使用的责任和研究的机会。

塔哈·侯赛因还十分重视民族优秀传统文化的教育，认为应该把民

①　当代埃及思想家，主张和平对话，倡导民众应在生活中坚守传统文化，结合欧洲社会的优良特点。1951 年赴英国攻读心理学博士学位，后在尼日利亚、马来西亚、新加坡等国家的大学从事教育工作。

②　埃及现代著名作家、文艺批评家，素有"阿拉伯文学泰斗"之称。1908 年入埃及大学，6 年后获该大学颁发的第一个博士学位，同年公派留学法国。1918 年获巴黎大学博士学位。1919 年回国后，任埃及大学教授；其后历任文学院院长、教育部艺术顾问、亚历山大大学校长、教育部长、埃及作家协会主席、阿拉伯语言学会会长等职。他学识渊博，著述颇丰，代表作《日子》，以自传性的笔调描写了 19 世纪末 20 世纪初埃及社会的生活景象。

③　张秉民主编：《近代伊斯兰思潮》，宁夏人民出版社 1998 年版，第 174 页。

族的历史、地理、古典文学等纳入教学内容中。即使是在埃及创办的外国语学校，也应该通过政府的控制使这些民族传统文化在教学内容中占有一定的分量。塔哈·侯赛因认为，埃及教育的使命就是用阿拉伯语言传播现代科学，在教育中运用近现代西方文化科学思想进行思想启蒙。塔哈·侯赛因对脱离社会现实、单纯灌输陈旧观念与知识的教育状况和体制提出了置疑和批判，认为那种教育模式违背人类文明进步方向，应该摒弃和改革。作为"自由、科学和理性"的教育，要反映埃及物质生活与精神生活的理想，反映埃及人民对进步、文明精神的渴望与追求。

塔哈·侯赛因凭借他的地位和声望，对埃及各类教育提出了较为具体的改革计划方案。他强调初级教育的基础性地位，认为初级教育是民主生活的基础，必须在国家的强制下普及初级教育。初级教育要以民族教育为主，阿拉伯语、历史、地理、文化是教育的主要内容，使初级教育发挥提高整个民族文化素质的作用。塔哈·侯赛因分析了埃及中等教育的状况认为，由于中等教育的存在形式和办学途径的多样性，造成了该类教育中文化形态的不和谐，但中等教育的发展趋势是好的，只要政府进行一些必要的改革，加强管理，就会使各类中等教育协调发展。政府应该把包含宗教学校在内的中等教育纳入统一管理之中，还要尽快扩大中等教育的规模；通过中等教育，使社会形成一个受教育的阶层。他担任埃及教育部长期间，曾实现了中学和中等技术学校的免费教育。对于高等教育，他主张大学应该是绝对自由的，不应受政府的限制，应有政府许可的财政自由，在教学方面更应有学术自由。爱资哈尔作为埃及高等教育的中心，应同其他大学一样，享受同样的自由。爱资哈尔在埃及民族文化教育中起了重要作用，学生众多，与社会各阶层的认识有密切联系，具有自身传统，应起特殊作用。①

塔哈·侯赛因和穆罕默德·莱西德·里达所提出的教育改革，是穆罕默德·阿卜杜胡教育理念的两个重要方面之一，即埃及民族教育。穆罕默德·阿卜杜胡绘制的教育蓝图，在其离世后的半个世纪才通过弟子塔哈·侯赛因之手在埃及教育部门的监督之下顺利实施。其提出的教育

---

① 张秉民主编：《近代伊斯兰思潮》，宁夏人民出版社 1998 年版，第 189—193 页。

理念与构想在《光塔》期刊的宣传下，被埃及和周边国家的穆斯林所接受。

除上述两位外，穆罕默德·塔希尔·本·阿述尔（1879—1972）①与穆罕默德·阿卜杜胡有着共同的学术研究志趣和特点。1903 年，两人邂逅突尼斯城；在那里就学术问题进行了广泛的交流和探讨。穆罕默德·阿卜杜胡称赞其是突尼斯宰桐奈大学②的"宣传大使"。穆罕默德·塔希尔·本·阿述尔使用语言学和阿拉伯语修辞知识，将每段经文作了详细的注释，并引用大量经典资料作为证据解释经文内涵。

与前两位秉承者相比，穆罕默德·塔希尔似乎没有轰轰烈烈的作为，但就他以较为常用的阿拉伯语语言学和修辞学的知识，诠释经文，让人们获取正确的阿拉伯语语言和修辞信息，了解经文的含义，亦可谓是一件盛事。

二　教育改革理念惠及世界各地

1905 年之后，埃及百姓关注更多的是反殖民与民族解放等社会问题。尤其是一些社会活动家及对政治感兴趣的人士，他们的工作重点就是开展与殖民者的各种斗争。汇集诸多宗教学者的爱资哈尔也用特有的方式积极地参与反殖民运动中，较为突出的举措就是将爱国主义理念纳入到教育体系之中，使学者成为阿拉伯民族强盛过程中不可或缺的一员。为使爱资哈尔的毕业生有更多机会参与社会活动，大学为宗教原理、法学和阿拉伯语言三个专业③的毕业生特设了就业前的培训。同时，大学还派遣各学科著名学者到政府部门宣讲国家安全与民族富强的相关知识，把

---

① 突尼斯宰桐奈大学谢赫，现代著名社会改革家、学者，在经注学、圣训学、法学和阿拉伯语言学方面颇有建树，还精通波斯语。他前后利用 40 年光阴注释《古兰经》，确定的名称是"تحرير المعنى السديد وتنوير العقل الجديد في تفسير الكتاب المجيد"，被称为现代最佳经注之一。

② 阿拉伯世界第一所大学，始建于伊历 79 年，由哈萨尼·本·努尔曼（伊历 86 年卒）负责修建，伊历 116 年欧拜杜拉·本·哈嘉吉（伊历 123 年卒）完成该大学主要建筑的修葺。在历史上，该大学曾培养了诸多学者和社会改革家。

③ 1930 年增设上述 3 个专业。

这一活动视为自己本职工作的重要组成部分。① 这一举措确实开辟了该大学教育史上关注和参与社会活动的先河，将知识教育与社会发展联结在一起。

1960 年，埃及政府将爱资哈尔正式确定为科学与宗教类型的综合型大学。为了使大学的教育和管理更加系统化、完善化，还在其中设置了爱资哈尔最高委员会、传统文化研究院与研究中心、爱资哈尔大学等，加强教育运行和监督。令人喜悦的是，穆罕默德·阿卜杜胡去世后的半个世纪，爱资哈尔的教育状况及运行模式已步入现代化教育的轨迹。此应为他的改革思想在埃及教育领域的延续与影响。另外，像埃及大学（开罗大学的前身）的筹建，也倾注了穆罕默德·阿卜杜胡的诸多心血。

三 改革思想影响概说

20 世纪初，埃及的反英殖民民族政治运动极为高涨，民族独立运动日渐成熟。埃及社会风尚较之前有一定的改善，民众均能以理性思维处理生活诸事。教育理念和教育方式得到极大提高，以爱资哈尔为基地的埃及现代教育业已成为训育民众的最佳环境。所有这些都是穆罕默德·阿卜杜胡改革思想对埃及社会产生良性作用的结果。

笔者研读穆罕默德·阿卜杜胡生平与主要业绩时看到，因特殊人文环境基因，他提出以恢复传统文化真谛为主导思想的社会改革理念，将社会各领域的具体工作推向了较为合理科学的程序化环境，使每项工作都能按章执行，有法可依。其实，这种状态使人们规避了因杂乱无章的干扰而造成的愚钝和自大，使社会环境从迂腐沉闷中得到解脱。他所提出的诸多改革理念是历史的选择，也是生活的必然结果。从个性修养、教育模式、司法程序、政治愿望，到国家建设、社会发展等方面都可照章行事，有据可查。穆罕默德·阿卜杜胡设计的社会改革蓝图绝不仅是简单的宗教改革，而是关乎阿拉伯民族未来发展的多领域改革；该思想

---

① 此为谢赫穆罕默德·穆斯塔法·穆拉嘎（1881—1945，1928—1929 年，1935—1945 年两次任爱资哈尔谢赫）在 1928 年推广实施的民族主义活动之一。参见［埃及］穆罕默德·阿卜杜·穆纳阿姆·赫法吉《千年爱资哈尔》（阿拉伯文，第一册），爱资哈尔大学学院图书馆 1988 年版，第三版第 202—203 页。

体系的形成凝聚了他超人的智慧、无穷的思考、深邃的目光与远大的志向。

穆罕默德·莱西德·里达秉承了穆罕默德·阿卜杜胡改革思想中的传统理论学说，使之成为现代伊斯兰的理论基础之一。① 作为一代思想家，穆罕默德·阿卜杜胡传递的信息，是阿拉伯文化自觉与自强的真实反映。该种状况，通过宗教操守端正人们的行为，培养人们的道德情趣，激励智慧的开启与对真理的追求，最终达到让世人使用科学管理社会的愿望。为了使这一理念得以实施，穆罕默德·阿卜杜胡选择爱资哈尔的教育力量，作为该思想传递的重要推手。因为爱资哈尔能汇集来自各地不同肤色和种族的年轻人，一旦他们接受了某种理想，肯定会使之在他们生存的国度里传递下去，亦会逐渐影响他们周围的人群，让那些新信息不断地扩散。

第四节　穆罕默德·阿卜杜胡改革思想的现实意义

笔者曾一度简单草率地认为，穆罕默德·阿卜杜胡只是一位知识分子型的改革家。记得在确定该论题之初，打算撰写有关他的改革思想的文章时，曾得到了"善意的提醒"。当写作接近尾声之际，感到该选题似乎还大有文章可做，而非一个过时的论题。因为穆罕默德·阿卜杜胡不仅是一位卓越的学者，还是一名副其实的社会改革家、推动社会进步的领袖，其思想惠及众生。尤为重要的是，当今再读他百年之前的诸多工作细则，尚能发觉其中的现代社会管理法则之元素。穆罕默德·阿卜杜胡改革思想的形成，是近代阿拉伯世界社会发展的必然结果，是前辈学者众多观念的新型解读，又是以他为首的思想界诸多观点凝练的精华，更是众多学者对他的思想继承和发扬的阶段性成果。笔者认为，穆罕默德·阿卜杜胡改革思想的影响不可小觑。

---

① Malcolm H. Kerr, *Islamic Reform: The Political and Legal Theories of Muhammad Abduhu and Rashid Rida*, Berkeley and Los Angeles: Univeersity of California Press, 1966, p. 12.

一　时代发展的选择与需要

17 世纪以来，荷兰、英国、法国、葡萄牙与西班牙等军事和远航技术相对发达的西方国家，本土社会格局已不能满足日益膨胀的需要，迫切希望通过军事侵略东方诸国以获取更多的财富。彼时西方世界物质匮乏而社会发展急需资本积累。为达此目的，西方列国付诸武力，以军事侵略囤积巨额财富。同时，商业贸易公司、"人权"等理论辅佐军事侵占，已成为当时西方诸国殖民政策的核心任务，且奠定了西方各殖民国家间"外交政策的核心"。① 基于这一背景，埃及遭受了自 18 世纪末以来最为严重，且改变了国家和民族命运的殖民重创。

拿破仑率军横渡地中海，登陆亚历山大，直逼开罗，还假惺惺地宣称说："我来这里是维持你们的权力，惩罚虐待者的人。"② 此时此刻，侵略者的谎言、军事家的蜚语已昭然若揭。1798 年 6 月 22 日，拿破仑在前往埃及的战船上对士兵们说："这一次征服的效果，对于将来有关文化和商业贸易的发展是无法估量的。你们正要给英国一个大打击，是看得极准、将要打中英国要害的大打击。"③ 此番言辞恐怕才是他进军埃及的真正意图所在。世间的事情总是在作用与反作用中不停地寻求一种平衡；针对法国与英国的入侵，埃及民众的反抗乃势之所趋，也顺理成章。

由于埃及地处非欧亚三大洲的交汇地带，地理位置和战略位置相对重要。位于地中海东南岸的埃及亚历山大城，曾是东罗马帝国重要的文化中心之一。就地缘关系而言，埃及人接触欧洲文化的概率比其他内陆国家相对要快一些。史料显示，18 世纪末 19 世纪初，埃及总督穆罕默德·阿里为了与法国殖民者抗衡，曾派遣有志的年轻人至法国等西方国家学习先进文化。被派遣者除带回他们涉猎的学科知识外，还将当时法国流行的思想或观念译介给埃及民众。这种"无心插柳"的结果在某一程度上，对埃及近现代社会思潮的形成也起到了一定的推动作用。

---

① 纳忠：《近代埃及简史》，生活·读书·新知三联书店 1963 年版，第 32 页。

② ［法］拿破仑：《拿破仑日记》，伍光建译，商务印书馆 1931 年版，第 87 页。

③ ［法］拿破仑：《拿破仑日记——一代王者的心灵史》，［美］约翰斯顿英译，萧石忠、许永健汉译，中央党史出版社 2007 年版，第 51 页。

穆罕默德·阿卜杜胡思想的形成乃是埃及本土传统文化与外来文化较量的必然结果。埃及学者们首先以"知己"为基础，夯实传统，修正不足，利用"扬弃"并用的手法维护了埃及传统文化的真谛，剔除糟粕。其次，在"知彼"方面下足了功夫。他们在兼容和接纳外来文化优秀成分的同时，还展开了不同形式的跨文化对话与辩论。在这场持久的跨文化对话中，人们意识到埃及本土社会确实存在着不少亟待解决的"问题"，于是大胆提出了各项改革意见和观点。一开始，他们的改革意见就遭到保守者的极力阻挠和反对。但穆罕默德·阿卜杜胡坚信，埃及社会未来的发展必定要沿着改革的步伐前进。他便以宽广的胸怀和远大的志向坦然面对来自本土各种意想不到的压力和阻碍，以超越前人的胆识与谋略在多领域逐步予以实践，取得了阶段性的成就。实践证明，穆罕默德·阿卜杜胡在19世纪后半叶提出的诸多社会改革思想，乃是时代的选择和埃及社会发展的需要。

笔者试图作一个与当时社会改革实际情况相左的假设。法国入侵者占据埃及主要城镇，全体国民用手头仅有的武器与之抵抗。起初因战局不利，侵略者挫败不小。为了获取更大的侵略战果，他们增加了较之前愈加丰富的装备，通过各种手段得到了爱资哈尔几位重要级人物的支持，利用武器战和舆论战交替进行的战略新手段，并不断发展亲善者。至19世纪50年代，因战争伤亡的埃及成年男性不计其数，甚至一些血气方刚的女人也惨死战场。埃及本土人口锐减，土地荒芜，经济萧条，百姓流离失所。此刻，以法国和英国为代表的侵略者却在埃及的主要城市安营扎寨，繁衍后代，把尼罗河谷地当作他们自己的第二故乡。他们基本控制埃及全境。70年代，埃及先民浴血奋战抗击侵略者的事迹，仅能通过口头形式讲给后生代的混血儿们。拿破仑抵达埃及百年之际，当地人已历经了至少5代人繁衍的岁月。法语和英语早已成为埃及人的日常生活语言，学校教授的课程都是经过英法学者们改良的知识；人们或许已经不热衷埃及土地上产出的大饼，而流行吃法式面包，戴法式礼帽……于是，埃及由法英人开发、管理，甚至支配，或许世界地图上会标注法属或英属埃及的字样。然而，事实与上述假设相反，埃及人利用殖民者的行为模式反击他们的侵略行径，不仅维护了国家的安全与民族的尊严，还推动了社会的良性发展。

二 顺应时代需要的社会改革

穆罕默德·阿卜杜胡提出的以传统文化维新推动社会改革的理念，顺应埃及社会实际需要。埃及国家宪法第一章第三条显示，"伊斯兰教是国教，阿拉伯文是正式语文"。① 虽该宪法是1956年制定的，而穆罕默德·阿卜杜胡提出的改革理念出现在19世纪70、80年代，但有一点不可忘却与否认，那就是埃及人在7世纪初反对拜占庭人的统治，加速了阿拉伯人进入埃及的步伐。641年，阿拉伯人攻占了亚历山大，占领了全部埃及。② 从7世纪中叶开始埃及人便接受了伊斯兰教，到19世纪后半叶已经有1200余年的历史，居民中大约有94.7%为追随正道者。③ 尽管如此，19世纪后半叶埃及有正信者的人数也占全国总人数的绝大多数。基于庞大的人口群体，提出与他们传统信仰相一致的改革意见，当然适合当时埃及社会的需求。

笔者以为，穆罕默德·阿卜杜胡提出的传统文化改革方案，要解决人在社会中的角色问题，先要完善人道，加强对"天道"的认知，即让人们懂得宇宙观基本原则。假如两者能达到高度的一致，使人们的道德修养符合传统文化精神之要求，便能改变社会环境中许多弊病，推动社会向文明方向进步。在穆罕默德·阿卜杜胡看来，伦理道德是人生存的总纲。假如对此纲领的认识模糊，就可能做出违背常理的事情，亲情和友情也会丧失殆尽。④ 不论他所提出的是什么样的伦理道德改革，但凡能提升民众道德修养，使他们恪纪守法，扬善弃恶，推动社会良性发展，都是一种有益于社会的公众性改革意见。史料显示，穆罕默德·阿卜杜

---

① 马坚译：《埃及共和国宪法》，法律出版社1957年版，第3页。

② 纳忠：《近代埃及简史》，生活·读书·新知三联书店1963年版，第6页。

③ 源自 Pew Research 的 "Religion and Public Life Project"，详见 http://features. pewforum. org/muslim-population-graphic/#/Egypt。维基百科网站显示的埃及人口信息：1801年200万，1864年400万，1873年520万，1883年680万，1893年965万，http://arz. wikipedia. org/wiki/。金字塔报公布的埃及人口数量为8500万，2013年10月27日，http://www. ahram. org. eg/News。

④ 关于这一点，穆罕默德·阿卜杜胡担任埃及司法部门大穆夫提时感受过深刻的痛楚。

胡提出的改革意见，不仅对规范当时埃及民众的行为起到了督促作用，还为后来除埃及外的其他国家或地区社会发展起到了一定的促进作用。

在埃及那个具有特殊社会背景的地区，能够唤起全民拥护的观点，也唯有以传统文化的名义进行的实际性工作了。只有众人觉得某种观点与自己的行为习惯相近时，他或她才会积极拥护、深刻领会和坚决执行。否则，不理不睬便是常态。20 世纪 30 年代，日本侵略者踏进华夏大地后，曾利用一切手段迫使中国人学习日语、穿和服……貌似取得了阶段性的"成果"，但华夏儿女并未真正认可那些"洋垃圾"，坚信的仍是中国传统文化的"仁义礼智信"。

穆罕默德·阿卜杜胡提出的改革思想，修正了人们因缺少文化知识而对传统文化精髓的误读和因误解导致与传统文化精神不相符合的因素，也避免了律例学家因理解和处事角度的差异对某些律例问题的解决方案有不同的看法。他提出了大家都能接受的某种确实可行的划时代做法——具有划时代性的"法塔瓦"，以引导民众较易履行律例之规定。其实，学者要达到如此状态，确需以深厚的知识底蕴和超越前人的胆识做后盾，进行某学科的创新。穆罕默德·阿卜杜胡就具备了这些素质和才能。

三 多改革蓝图引领新时代

纵观穆罕默德·阿卜杜胡提出的改革蓝图，涉及教育、司法等多个领域，且因当时社会偏见而谁都不想触及的妇女问题更是他关注的焦点，亦提出改善教育、婚姻、家庭等多方面的改革意见，甚至还提出议会制度以限制政治独裁等。从表面看，这些领域各自独立，实则不然。每一领域像一盏明灯照亮着人们前进的道路，多领域的多盏灯势必将推动社会的理性发展，引导民众走向崭新时代。

研读穆罕默德·阿卜杜胡改革措施时看到，为了修正 19 世纪后半叶埃及司法领域中诸如有法不依、执行不力、管理不济等实际情况，他从司法工作者、普通民众两个层面进行实地改革，让懂法者去执行法律，使民众信服；另外，他通过教育使民众了解律例规定的法律义务不可置疑和践踏。为敦促当时埃及司法的有序实施，他制定了不少的管理制度。

基于此，笔者认为穆罕默德·阿卜杜胡不仅规范了司法程序，更重要的是他对于管理现代化提出了一个较为超前的范式，今天再详读那些制度，仍不觉得过时。

当穆罕默德·阿卜杜胡任埃及总穆夫提时，曾对埃及全国的清真寺进行了深入细致的调研，根据实际情况制定了埃及各地清真寺管理意见，使清真寺的活动成为国家监督之下的公众行为。此举为埃及人自接纳阿拉伯人之后的首创。信仰是个人的行为，而国家管理宗教活动场所主要是监督该场所中的职业工作者能自负其责，让民众了解每个职业者的责任和义务。即便今天，这种详尽的制度仍很有普遍的现实意义。

穆罕默德·阿卜杜胡曾作为埃及政府代表，参与了爱资哈尔的教育改革。欲在素有"阿拉伯语言与伊斯兰教传统科学的基地"① 的千年爱资哈尔进行教育改革，不是一件容易的事情。穆罕默德·阿卜杜胡克服了重重困难，冲破来自各方的阻力，推动增设人文学科课程，以拓宽学生的知识面。此举奠定了埃及现代教育的基础。假如没有穆罕默德·阿卜杜胡对爱资哈尔的教育改革，没有其追随者担任爱资哈尔谢赫期间，冲破各方阻碍推广恩师的遗志，埃及现代教育的实施一定会推迟若干年。

穆罕默德·阿卜杜胡提出的妇女改革意见，犹如一个重磅炸弹，在埃及曾引起了不小的震动。该意见虽在当时没有明显的效果，但以当下的视角反观之，确实是一个伟大的构想。它一方面厘清了父系社会遗留下来的残余观念，另一方面以传统文化宗教精神再次呼吁公众尊重女性，并赋予她们应有的社会地位，刺激了女性在国家建设中发挥不可低估的重要作用。尤为重要的是，他提倡女性接受教育的建议，使不少埃及乃至其他阿拉伯国家的女性有了接受教育的权利，从此远离了愚昧和无知所造成的个人、家庭和社会的痛苦。按照埃及当时的本土理念，女性只能委屈深居后宫（即阿拉伯语"Harim"，英语"Harem"），且因会引发"事端"②，故她们不能走到前台。由于诸多原因，女性的教育在某些地区

---

① Jamal M. Ahmed, *The Intellectual Origins of Egyptian Nationalism*, London：Oxford University Press, 1960, Preface, vii.

② 这种观念今天在一些地区仍有市场。详见 Margot Badran, *Feminists, Islam, and Nation：Gender and the making of modern Egypt*, New Jersey：Princeton University Press, 1995, p. 5。

确实存在一些问题，尤其在近代，普及女性教育业已成为社会进步的主要特征之一。穆罕默德·阿卜杜胡确已意识到了这一点，且大胆提出了相应的改革意见和计划，因为他明白"传统文化鼓励其追随者用科学知识及社会知识使自己变得开明"① 的确切含义。该旷世杰作不仅与其提出的教育改革理念相呼应，还以科学的视角拯救了女性，尤为不可否认的是，举措催生了埃及女权运动的产生与发展，开辟了整个阿拉伯世界女性运动的先河。有趣的是，埃及开罗尚有一条街道以"胡达·莎阿拉维"命名②，足以说明穆罕默德·阿卜杜胡当初设想的成就。

四　前沿实用的改革措施惠及全社会

19 世纪末至 20 世纪初，是埃及社会"传统文化思想及其社会应用"③ 亟须普及的重要时段。从穆罕默德·阿卜杜胡调查埃及民众教育状况所划分的类型就可以看出，绝大多数民众尚处于文盲或半文盲的状态。向普通大众宣传程序化教条化的宇宙观和生活律例，让他们用较短时间能理解并履行基本义务，实属不易。事实证明，穆罕默德·阿卜杜胡制订的埃及民众教育实施方案基本解决了这一棘手问题。依照民众的基础知识结构所设定的实施教育的课程方案，自始至终都未放弃宇宙观和生活律例及与之匹配的道德修养相关联的课程。这种做法的目的就是要在埃及民众中普及传统文化信念的基本知识。显而易见，该改革措施的最大特点就是让知识大众化与实用性程度得到进一步的提升。

经济与百姓生活密不可分，尤其是当人类进入资本主义社会后，个人、集体乃至整体社会的运行都须依赖经济；穆罕默德·阿卜杜胡在遵守教义和教律的前提下，运用理智解决现实所需和律例间的矛盾。在当时那个特殊环境中，他的这种超乎寻常的做法确实让人敬佩。透过这一

---

①　Haifaa A. Jawa, *The Rights of Women in Islam：An Authentic Approach*, London：MacMillan Press LTD, 1998, p. 16.

②　Margot Badran, *Feminists, Islam, and Nation：Gender and the making of modern Egypt*, New Jersey：Princeton University Press, 1995, Preface, viii.

③　H. A. R. Gibb, *Modern Trends in Islam*, Chicago：The University of Chicago Press, 1947, pp. 8 - 9.

现象，笔者认为，他的做法实则是对一些教条主义者和守旧主义者提出的无声挑战。

穆罕默德·阿卜杜胡主持当时的爱资哈尔教育改革时，建议将西方近代思想家及其思想介绍给学生，使那些常年接受单一传统教育的学生获取了别样的社会科学信息。拓展思维，开阔眼界，积淀信息，增加兴趣，丰富知识。这一建议不但惠及了当时在校的爱资哈尔学子，还有益于来自五湖四海的未来学人们。在这一举措的影响下，爱资哈尔破天荒地开设了医学和工程专业①，使其向现代化综合大学迈出了坚实的一大步。

担任埃及总穆夫提期间，穆罕默德·阿卜杜胡深入各地了解民情与司法情况，针对行业中存在的各种弊端，提出职业培训，旨在弘扬"术有专攻"。之后完善清真寺的整改细则，意在告诫从业者"恪尽职守"，避免"人在曹营心在汉"的懒汉思想。

穆罕默德·阿卜杜胡利用理性思维模式注释经典，使一些难以理解的经文更加易懂。"他的现代主义特征的世界观和原则，将人们从停滞、颓废和落后的境地解救出来，以强大的理念引导人们获取有益的科学技术。"② 有学者评价说：

> 在埃及，没有人不对穆罕默德·阿卜杜胡的改革称赞叫好。……来自各领域的他的追随者，在其改革动力的影响下，运用不同形式传递着他的思想，如艾哈迈德·鲁特菲·赛义德（1872—1963）、哈桑·班纳（1906—1949），还有哲玛勒·阿卜杜·纳赛尔（1918—1970）等。穆罕默德·阿卜杜胡的历史性角色是打开了一扇门，使发霉的传统得到新鲜水流的冲洗。③

---

① Muhammad Qasim Zaman, *Ulama in Contemporary Islam: Custodians of Changes*, Princeton: Princton University, 2002, p. 60.

② Ahmad N. Amir, Abdi O. Shuriye, Ahmad F. Ismail. Muhammad Abduh's Contributions to Modernity. アシエンヅロナルオフメネケゲメントサイネセゾアナドエグケサン. April 2012, pp. 66 - 67.

③ Malcolm H. Kerr, *Islamic Reform: the Political and Legal theories of Muhammad Abduh and Rashid Rida*, Berkeley&Los Angeles: University of California Press, 1966, p. 15.

研读穆罕默德·阿卜杜胡的改革方略，很容易看到其思想的开拓性、实用性、易操作性、前瞻性与时代性。甚至在他去世后的半个世纪里，但凡到爱资哈尔大学留学者，无不为他的思想所影响。可见，他的改革观念不但惠及埃及本土民众，还对其他地区或国家的民族产生了一定的影响。

五　再议其改革思想的现实意义

19 世纪，阿拉伯世界处于民族觉醒的启蒙时期。20 世纪上半叶，阿拉伯世界以民族自强、国家独立为主要目标；之后的半个世纪里，几乎所有的阿拉伯国家才将社会建设提到国家日常事务议程。笔者以为，至 21 世纪的第一个 10 年，阿拉伯世界仍然处于一个社会大变革的艰难时期，社会动荡时有发生。又因阿拉伯世界具有非常重要的战略位置，一直是列强和超级大国觊觎的目标，且一些利益集团会不时地在该地区制造一些人为事端，以激起鹬蚌相争，从中渔利。因而在这种特殊的社会转型期，要想掌握社会改革的航标，唯有立足现实，反思不足，超越困境，勇于探索。此乃阿拉伯志士仁人发自内心的呼喊，也是对埃及乃至阿拉伯世界逐渐走向富强的衷心希冀。

当下阿拉伯世界所处的困境，不亚于 18 世纪末 19 世纪初殖民者入侵时所经历过的困难。埃及、苏丹、阿尔及利亚、叙利亚、黎巴嫩、伊拉克等地区，虽然那时没有像今天这般整齐划一的国界与界碑，但至少人们能齐心协力地对付一切胆敢入侵者；虽然那时没有常规武器装备，但人们却有视死如归的精神；虽然那时人们尚未拥有电子设备，而能心平气和地坐下来共商民族兴旺大计……尽管外部环境险恶，如果能真正从自身寻求突破口，转型期的阿拉伯世界一定会拥有光明的前景。反过来，不同历史时期，任何种族都有各自特殊的文化语境，谋求民族昌盛的话语体系不会因时间与环境的差异而发生丝毫的改变。其实，阿拉伯学界对近几十年所发生的诸事作了深刻的反省，业已洞悉阿拉伯世界传统教育模式滞后所造成的习惯性恶果。有些人不能正确地理解宇宙观和生活律例的原则，对传统文化真谛缺乏足够的了解与认知，往往从主观判断出发，对一些突发事件私自妄言，误导甚至助长了不该发生的事情。令人难以置信的是，一些仅对传统文化真谛略知一二者，还沾沾自喜地把自己看成权威，自认为能担当起"安拉在大地上的代治者"的责任，随意散布许多不够"中和"的观点，贻害众人。①

穆罕默德·阿卜杜胡倡导以文化为基础的民族内部改革是抵抗外来侵入者的先决条件，也是推动社会向前发展的基础与保障。19世纪末20世纪初，有人曾祈求法英殖民者能伸出援助之手帮助埃及人民渡过难关。而现实与当事人的愿望大相径庭，背道而驰，残酷的结局使其为天真幼稚的行为悔恨不已，需要为"他者"的诺言付出沉重代价。

百余年前的穆罕默德·阿卜杜胡，是当时有着超越时代伟大精神的诸多社会精英的聚合者。他不再是单个意义的自然人，而是具有复合含义的社会改革思想的集大成者。离世后，他的忠实继承者将其思想进一步补充、完善后形成了一个较为完整的社会改革思想体系。假如没有穆罕默德·莱西德·里达，以更科学理性的态度继续穆罕默德·阿卜杜胡的改革伟业；穆罕默德·扎瓦西里担任爱资哈尔大学谢赫期间，将西方人文学科引进教育体系；塔哈·侯赛因任埃及教育部长时，竭尽全力推动现代教育理念。噶西姆·艾敏著述呼吁女性的社会地位与教育、家庭权利；穆罕默德·鲁特菲·祝玛（1886—1953）继续巩固穆罕默德·阿卜杜胡开创的埃及司法体系；赛尔德·扎格鲁勒引导华夫脱党以推动埃及政治现代化……恐怕穆罕默德·阿卜杜胡改革思想的影响不能持续很久。

虽然今天的阿拉伯世界国家众多，但相同的文化背景、语言思维、行为模式是各国达成共识的最好基础。尽管各国的经济基础、政治制度有一些差异，且社会现代化程度也不尽相同，但民族文化的精髓似乎没有多大的差别。基于此，重新研究穆罕默德·阿卜杜胡提出的各项社会

① 埃及爱资哈尔大学教授伊斯玛仪·阿卜杜·拉赫曼博士针对"当下阿拉伯世界肆虐流窜的极端思想和恐怖主义"的解读，2014年6月7日，http://www.muslem.net.cn/bbs/portal.php? mod = view&aid = 11590。

改革理念；依据各国实际情况，制订民族文化复兴的长期规划，利用现有科技手段，鼓励青年人学习有益于民族未来发展的知识，提升民族文化自豪感，发展民族工业，消除对"洋品牌"的过度依赖；如果每个人能扎扎实实的从自身做起，摒弃急功近利的做法，以民族自强、国家强盛、社会进步为己任，阿拉伯世界一定能克服社会转型期的各种困难。当下阿拉伯世界深受西方意识形态的各种渗透，通过"援助项目""非政府组织""文化交流""扶持政治反对派"和"利用国际货币基金组织强行推广市场改革，扰乱经济秩序，使很多年轻人失业，从而引发对社会和政府的不满情绪"等手法，使一些人尤其是"部分社会精英思想出现混乱，导致部分阿拉伯国家丧失政治改革主导权"。① 笔者在此借用上海社会科学院国际关系研究所王震研究员对 2011 年发生在阿拉伯世界的社会动荡所作的深刻分析。他说："在西方国家的意识形态渗透面前，非西方国家必须提高警惕，既不能被西方国家鼓吹的所谓'普世价值'所蒙蔽和误导，更不能对那些披着西方'援助'与'合作'外衣的隐性意识形态渗透掉以轻心。非西方国家要规范和引导西方非政府组织在本国的活动，使其能够成为本国改革与发展的一种有益补充而非颠覆性力量。"② 因而，阿拉伯世界诸国应直面各自国家所存在问题；以保证自身建设为基准，接受外来的援助或合作；以各自国家文化"软实力"为前提，防范一切有悖于民族文化的意识形态。

　　这就是笔者对处于社会转型期的阿拉伯世界谋求发展与进步所作的个人假设，恳请与诸位识家商榷。虽阿拉伯国家有各自的国情与管理模式，但国强民富的愿望始终不会因谁主导国家的政权而发生变化；不论谁利用自己的权限以何种方式向百姓发布政令，都应以现实为基础，切勿自不量力，信口开河，急于求成，让这些诺言最终成为被攻击的把柄。对于百姓而言，不论谁主事国家，都不要将生活的所有寄托于他，因为政客们只能看到百姓一日三餐的食物类型，而不能

① 王震：《"阿拉伯之春"与西方意识形态渗透》，《现代国际关系》2012 年第 6 期，第 15 页。

② 同上书，第 36 页。

探究其中的真正内涵；也不要追思先辈的丰功伟绩而忘却现在的自己对生活应有的职责；更不要因自己是某显赫家族的后裔而沾沾自喜，常以正信者自居，陶醉在"天堂"美轮美奂的圣境中，忽视对传统文化的深刻领悟与恒久实践；汲取他人之长，补足自己之短，以长远的目光审视自己，以主人翁的态度积极投入到国家建设中，以谦逊的姿态谋求社会变革，以中和的方式与他人合作，积少成多，日积月累，相信整个社会环境一定会有较大的改善。

附录一

穆罕默德·阿卜杜胡的学术历程

1849 年，生于埃及布海逸拉省舍波拉黑特县纳赛尔村。

1856 年，年仅 7 岁，开始在村子的私塾学习识字。

1862 年，入坦塔艾哈迈迪耶清真寺学习经典朗诵。1864 年，学习文化常识课。后辍学。

1865 年年底复学。

1866 年 2 月，入开罗爱资哈尔学习。

1871 年，在开罗遇阿富汗尼，受影响较大，后成为他的追随者。

1876 年，在《金字塔报》发表文章。年仅 27 岁。

1877 年，从爱资哈尔毕业，年仅 28 岁。后留校任教，讲授逻辑学和哲学课程。另，在业余时间为学生开设世界古代和现代思想史，如法国基佐（François Guizot）的《欧洲与法国文明史》，阿拉伯学者米斯凯维的《伦理训导》。

1878 年，被任命为知识学院（دار العلوم）历史课教师，讲授伊本·赫勒敦的《历史绪论》，讲授哲学、历史等课程，并编写《社会与文明学》讲义；后又被聘任为开罗语言学校的阿拉伯语课程老师。期间仍在众多刊物上撰文宣传现代科学，如《金字塔报》上的《人类的安排与圣神理智的谋划》。

1879 年 7 月，因参与阿富汗尼组建的"祖国党"被迫离开教师岗位，回乡。

1880 年 7 月 19 日，获赦，后被任命为《埃及时事报》第三编辑。

是年 10 月 9 日，晋升为该报编辑，负责印刷事务。

1881 年 5 月 18 日，筹建埃及教育部委员会，任该委员会委员。

1881 年 9 月 9 日，参与阿拉比组织的反殖民活动。

1882 年 9 月，因反殖民活动失败，被囚禁 3 个月。1882 年 12 月 24 日，被判流放至贝鲁特 3 年，其实长达 6 年。是年 34 岁。期间在《埃及时事报》撰写大量的文章，如《埃及节日与幸福将现》《人需要结婚》《多妻的法律制度》《我们的政府与慈善组织》《爱戴穷人还是愚弄农民》《宗教基金部负责人应戒除异端》《贿赂的危害》《知识与社会》《大麻》《公正与科学》《政府学校的培育》《谁是我们国家真正的穷人?》《武力与制度》《政治生活》《协商与独裁》《政府限制民族幸福的法律条款》，等等。

1883 年年底，受阿富汗尼之邀，赴巴黎创建《坚柄报》。

1885 年，重返贝鲁特，创建"宗教密切协会"，汇集了三大天启宗教的有志之士，商讨宗教的共性。

1885 年，被贝鲁特皇家学校聘请为教师，讲授阿拉伯语语法和文化基础课程。为学生开设修养课程，即后来编纂成册的《伊斯兰教一神论大纲》。期间，撰写《奥斯曼教育改革条例》《叙利亚改革条例》，注释了《埃及教育改革条例》、哈姆达尼的《麦卡姆》《辞章之道》等。另外，还翻译了阿富汗尼的《驳无神论者》。在贝鲁特的欧麦尔清真寺讲授《古兰经》经注，其理性思维方式的解读奠定了后来《光塔经注》的基础。

1889 年，获赦回到埃及。被任命为法官，进入埃及司法部门工作。

1891 年，被任命为埃及上诉法庭顾问。

1892 年，参与创建埃及"慈善协会"，1900 年任该协会主席。

1895 年，被任命为爱资哈尔委员会成员，代表埃及政府对该大学进行教育改革。

1899 年，被任命为埃及司法部门总穆夫提，后成为埃及宗教最高委员会委员，6 月 25 日被任命为埃及法律协商委员会委员。之后，对埃及民众生活中的现实问题做了很多全新的伊斯兰司法解释。

1899 年，开始在爱资哈尔教授经注课程，直至去世。还注释了图斯的逻辑学专著《努赛里耶明鉴》、居尔贾尼的《雄辩例证》和《阿拉伯修辞秘籍》；并翻译了斯宾塞法语版的《教育论》。

1899 年，与噶西姆·艾敏合著《解放妇女》。

1900 年，创建"阿拉伯文化复兴协会"，编辑出版了不少阿拉伯典籍。

1900 年，在埃及《穆埃仪德》杂志上发表驳斥法国人哈腾曲解伊斯兰文化的论文。撰写《专制者与公正者》《东方伟人》《穆罕默德·阿里对埃及的影响》等文章。

1902 年，与安东尼就伊本·鲁士德的哲学问题进行了辩论。

1905 年 5 月，因埃及总督的政治需要，辞去了埃及爱资哈尔委员会职务。

1905 年 7 月 11 日去世，享年 57 岁。

附 录 二

穆罕默德·阿卜杜胡的作品

序号	名称	时间/地点	出版时间	备注
1	رسالة الواردات	1874 年，开罗	1908 年，1925 年	首版被收录在其传记第二册的 1—25 页
2	حاشية على شرح الدواني لكتاب «العقائد العضدية» «للإيجي»	1876 年，开罗	1905 年	慈善协会印刷
3	العقيدة المحمدية	1877 年，开罗	1925 年	与书信集合刊
4	العروة الوثقى	1884 年，巴黎	1910 年，1923 年	首版贝鲁特陶菲印务社，穆斯塔法·阿卜杜·拉兹格作序，贝鲁特民间印务社第二版第三次印刷
5	حديث سياسي مع مندوب جريدة بال مال جازيت	1884 年 10 月 17 日，伦敦	1911 年，1940 年	收录在 1911 年布伦特的《戈登在苏丹》中，奥斯曼·阿敏博士译为阿拉伯语，刊于 1940 年 10 月 6 日的《文化》期刊
6	شرح كتاب نهج البلاغة		1885 年	贝鲁特首版，后多次在开罗再版
7	الرد على الدهريين		1886 年	（译作，系阿富汗尼之作）贝鲁特首版，后多次再版

续表

序号	名称	时间/地点	出版时间	备注
8	شرح مقامات بديع الزمان الهمذاني	1889 年，贝鲁特		
9	رسالة التوحيد	1897 年，布拉格		首次由皇家印务社出版，后穆罕默德·莱西德·里达整理，1908 年光塔印务社再版
10	شرح كتاب البصائر النصيرية	1897 年，布拉格		原为欧麦尔·本·赛哈拉尼·萨维的逻辑学专著，皇家印务社出版
11	حقق المخصص	1898 年		原为伊本·赛义德的语言学专著，17 卷，与谢赫善根推合作校注
12	تقرير في إصلاح المحاكم الشرعية	1900 年		光塔印务社
13	الإسلام والرد على منتقديه	1900 年 5 月	1905 年，1909 年	首刊于 "المؤيد"，被译为法语 "L'Europe etl'Islam"；1909 年，穆·阿敏·罕吉整理，开罗陶菲克文学印务社出版
14	الإسلام والنصرانية مع العلم والمدنية	1901 年	1902 年	首次收集于《光塔》期刊，1902 年出版
15	صحح أسرار البلاغة		1902 年	原为阿卜杜·嘎迪尔·居尔贾尼著的阿拉伯语修辞书，由光塔印务社出版
16	صحح دلائل الإعجاز		1903 年，1913 年	原为阿卜杜·嘎迪尔·居尔贾尼著的阿拉伯语修辞书，与谢赫善根推合作校注，由光塔印务社出版

续表

序号	名称	时间/地点	出版时间	备注
17	تفسير سورة العصر		1903 年，1926 年	1903 年光塔印务社出版，在《光塔》中刊出，1926 年第三版时增加了"伊斯兰科学与教育"的内容
18	«حديث فلسفي مع هربرت سبنسر» عن الله والحق والقوة..	1903 年夏		收集在布伦特的《日记》第二辑第 69 页
19	تفسير جزء عم	1903 年 10 月，日内瓦	1904 年	伊斯兰慈善协会赞助出版，1922 年开罗第三版
20	تفسير سورة الفاتحة		1905 年	与"人的行为自由""花花公子的故事"和"宰乃布的问题"同刊，1926 年光塔印务社第三版
21	تفسير القرآن الحكيم	1905 年		去世时只完成至妇女章第 125 节，穆罕默德·莱西德·里达继续注释
22	تاريخ الأستاذ الإمام محمد عبده			各刊物上公开发表的谈话汇集，由穆罕默德·莱西德·里达整理，1926 年光塔印务社第二版
23	رسائل سياسية إلى بلنت	1904 年	1907 年伦敦	收集于布伦特的《英国侵略埃及秘史》第 628—634 页

序号	名称	时间/地点	出版时间	备注
24	فتوى اجتماعية		1904 年，亚历山大	见安东尼主编的《大学》期刊，涉及社会问题的诸多伊斯兰法学解释，并与论文"艾布贾法尔本图费勒的哲学"同刊，第12—16 页
25	وصية سياسية		1905 年，巴黎	包括穆罕默德·阿卜杜胡用法语谈论有关埃及司法、行政管理和教育问题，见"دو جرفيل"的《新埃及》第201—208 页

附录 三

穆罕默德·阿卜杜胡的书信[*]

一 致以撒·泰勒 (القس إسحق طيلر, Pastor Isaac Taylor) [①]

鄙人之书信是写给真理的感召者、诚实的布道者，尊敬的以撒·泰勒神父阁下，但愿您的愿望能够实现，使您兑现诺言时储资丰盈。

您在伦敦 (مدينةلوندره)[②] 宗教聚会上发表的有关阿拉伯传统文化的演讲稿已收悉。该演讲中闪烁着真理的光芒，是您以敏锐的洞察力和超人的智力研读真理的结果。但愿您能走向正道。您已认知了和平的精神、良好特质，以及对人的心灵的影响；您还领悟到传统文化通过完美信念体系培育最优秀人格的作用。为此，您以一个智者的良知对它作了诠释，为众多不明真相者提供了解伊斯兰的最好形式，让他们目光所至，详尽感悟；与此同时，您还呼吁您的教友不要诋毁人们，又真诚地劝告他们不要因憎恨和愤恨人们而谎言四起，更不要否定他们的信仰。您曾允诺您的教友，如果他们能接受您的忠告，停止对传统文化的中伤，穆罕默

---

* 见《穆罕默德·阿卜杜胡全集》第二卷，第355—402页。共收录了25封信函。其中发出的信函18封，回复函7封。

① 该信函是穆罕默德·阿卜杜胡对待三大天启宗教的观点，是他侨居贝鲁特时创建的"团结与亲近社团 (جمعية التأليف والتقريب)"的基本宗旨之一。泰勒（1829—1901）神父是语言文学家（Philologist）、地名学家（Toponymist），从1885年起担任约克郡英国圣公会成员（Anglican Canon of York）。他于1887年在沃尔弗汉姆普顿（Wolverhampton）举办的第27届英国基督教教会年会（Church Congress）上作了有关阿拉伯传统文化的演讲。穆罕默德·阿卜杜胡针对泰勒神父的演讲内容复函给他。

② 该词语疑为法语的阿拉伯语音译。其实是英国中部城市沃尔弗汉姆普顿。

德（愿安拉赐福他）就能助佑耶稣，用优美的言辞赞颂基督教。所有这些，证明了您的内心充盈着阳光，是您获得真理的迹象。为此，我向您表示祝贺，您已因对教友的忠告得到莫大的福祉。真理之光照耀着您和我未来前行的道路，我们携手尽可能多做正面积极的宣传，消除无知者对传统文化的误解和曲解，使穆斯林和基督徒成为两群伟大的教众。其实，您对两个宗教的理解业已至极。我们曾有过友善的握手与亲切的拥抱，长期困扰在双方教众之间的争战利剑理应缴存。

您是第一位向教友宣传真理的领袖。您拥有数量众多的支持者，不少智者肯定了您演讲中的正确主张与观点。您所做的事情，确实益处多多。我们预感不久的将来，穆斯林与基督教徒会共同迈向同一个正道。如果您孤单一人，任何事情只能独自去做；反之，志同道合者会愈来愈多。假如把这种形式比喻成一个良性的种植工作，有朝一日所种之物便会发芽，相互辅佐交错生长，产品的市场价值是一样的，耕作者一定很高兴。诚然，我们认为《新约》《旧约》和《古兰经》是不相矛盾与真实可靠的经卷，穆斯林与基督徒都认真研习，宗教领袖也很尊重之。造物主的浩恩泽及大地，真理惠及每位教民。我不怀疑您有把自己的想法与主张传播给东西方民众的想法。我们已急切地翻译了您的演讲词①，并在当地的阿拉伯文报纸②刊登。假如您还有其他大作，期望您能寄来，我们试着翻译后在阿拉伯、土耳其及其他东方民众之间发表。若有可能，您最好能派遣几位同仁协助您到东方诸地，尤其是叙利亚创建一些学校，在不同阶层人群的洁净的心灵里绘制崇高的（平等交流的）画卷，发芽，开花，结果。鄙人随时准备协助您在穆斯林与基督徒间建立友好关系方

---

① 穆罕默德·阿卜杜胡曾责成米尔扎·巴基尔（Mirza Baqir, میرزا باقر）译了该信。据说，米尔扎·巴基尔祖籍阿富汗，父辈是穆斯林；而他从小受基督教洗礼，后成为一名出色的基督教传教士。哲玛鲁丁·阿富汗尼赴希贾兹途中遇见米尔扎，当即受到基督教的宣传；遭反驳后，米尔扎又对伊斯兰教的圣人进行诽谤，被阿富汗尼的同行者教训了一顿。在巴黎时，米尔扎因阿富汗尼的教化成了一名穆斯林。从此，成为《坚柄报》的创办者之一，并任秘书；负责翻译一些英文或法语资料。据说，米尔扎·巴基尔 1844 年出生于阿斯塔纳，1913 年卒。见 http://www.alwaraq.net/Core/dg/dg_topic? ID = 236；另见 Mark Sedgwick, *Muhammad Abduh*, Oxford: Oneworld Publications, 2010, p. 62。

② 贝鲁特当地的《艺术果实》（ثمرات الفنون）。

面，尽绵薄之力，将不辞效劳。祝福正道的行进者！

二 致以撒·泰勒神父的复函

亲爱的和平的演讲者——神父阁下：

我造访尊贵的古都斯时，看到那里汇聚了三大天启宗教的崇敬者。每位来访者都认为，纯正的宗教犹如一棵大树，分蘖众，枝杈多；各枝叶的质量、品相、源头因树叶与枝条的分散而不会损害树木的整体质量与形象；最后，才好从颜色和味道再去界定源自该树木的果实是否可口。无疑，阿拉伯传统文化是为众多根茎提供养分的基石。古都斯城亦是如此，她诚恳欢迎每位造访者，尊敬所有来者；其终极目标就是践行信主独一的信条。诚然，每个单纯的个体都是宇宙万物中的一份，其中的差异也不能超越宇宙定律的界限，因而没有必要对那些个体加以限制。

我从贝鲁特回来后，见到了您通过我的朋友哲玛鲁丁·贝克给我的亲笔函件。信中谈论了有关离婚、多妻和奴隶等问题。您认为宗教学家对上述问题的看法是至关重要的，还列举了诸问题的一些例证；在宗教原理中，穆斯林是不探讨那些问题的。假如您能够了解他们所遵循的律例学派的相关知识，您就会找到那些疑惑的最好答案，不需要学者对那些问题作出相应的法学解释或说明。其实，阿拉伯学者曾有不少专著能专门解答您的疑惑，但宗教原理学者不会对生活律例问题作出解释。所以，这些问题不属于您和我之间讨论的范畴。

阿拉伯的宇宙观，是承认安拉独一，确信穆罕默德是他的使者，经典是真主的语言。最重要的事情，就是他们要以诚实的心灵渴望得到真理。他们也很乐意听到阁下您对此确信无疑的表白。同时，您在信函中谈及的非洲人，他们在言行中都有很明显的诚信。"那一日，穆民以安拉的胜利而喜悦。"[1] 您所看到的每件难事都将被克服，您所描述的每个麻烦都将远离而去。我不认为英国人统辖岁月的百姓生活比追求传统文化时的日子幸福。倘若学者成为他们（英国人）的侍从，那安拉的伟大军队就会战胜他们，便会完成欧洲人想要终结奴隶的愿望，让妇女们心满

---

① 罗马章第4节。

意足。那便是传统文化提倡的最完美社会情况。亲爱的，让我们在原则问题上达成共识吧，使我们在枝节上统一认识；俗话说，前人团结，益于后辈统一。也就是说，结果来自前提，而不是前提源于结果。另外，令人高兴的是，阁下您已经与我的朋友米尔扎·巴基尔建立了良好的关系；若经常通信，往后还会好上加好。但愿如此，顺祝安康！

三　致托尔斯泰①

开罗郊外艾因·舍姆斯，1904 年 4 月 18 日

尊敬的贤哲托尔斯泰先生：

无缘与您面晤，但阻止不了我们心灵相识的机缘。您闪光的思想照耀着我，明确的观点使我的眼前光明一片，使崇高的理智与厚重的秉性相依共存。造物主引导您获得了众人拥有秉性之秘密、佑助您得到了人类知识的巅峰，而您明白了人类来自造物主的真理，只有用知识和实践才能得到真理的结果，而该结果能让人的心灵安逸，不辞辛苦磨炼人性；您感觉到人类遇到的困苦，那是他们远离人的本性的后果，他们使用武力——不以为戒反以为荣——搅乱了心境，使信念摇摆不定。

您对宗教有悖于传统的观点，实质上关乎信念的本质（حقيقةالتوحيد）问题，您大声呼吁人们应朝着造物主指引的道路前进，并率先垂范。您曾倡导理智，在具体工作中鼓励意志和确定目标，您的观点犹如照亮黑暗的一盏明灯，您以身作则引领追随者，为他们树立工作的榜样。您教育了富有者，也关照了赤贫者。

最精美的言辞，劝告和引导之后最应得到的报酬，竟被冠以"囚禁"和"隔离"，也只有那些您了解的教会之首领们才明白您不是步入歧途的民众。感谢造物主，您远离了他们的流言蜚语，也脱离了他们的信仰和

---

① 《穆罕默德·阿卜杜胡全传》（阿拉伯文），穆罕默德·欧玛尔校注，曙光出版社 2006 年版，第 359—360 页。列夫·托尔斯泰（俄语：Лев Николаевич Толстой，英语：Leo Tolstoy，1828－1910），俄国最伟大的文学家之一，也是世界文学史上最杰出的作家之一，他的文学作品在世界文学中占有重要的地位。代表作有《战争与和平》《安娜·卡列尼娜》《复活》等长篇小说。他 16 岁在喀山大学的东语学院学习阿拉伯语和土耳其语，后因对哲学感兴趣而放弃了语言的学习。他主张"非暴力"与"和平主义"的社会改革，曾遭到当局的"限制"和东正教会的"革除教籍"。

工作。

我渴望能看到您未来的岁月有更多的新作。我祈求安拉增加您的寿数，精神饱满，启迪心灵，彻悟所言，为众生树立榜样。

祝好！

埃及总穆夫提 穆罕默德·阿卜杜胡

又及，若您回信，请最好用法语。因鄙人只懂欧洲的法语。——穆罕默德

四　致托尔斯泰的第二封信

灵智者，虽然您从天空降到了地面，但您还是托尔斯泰的躯体。最初，连接身体的灵智仍然很强大，您的躯体不需要您内心的呼唤，您没有被众人忘却，依然是光明的智者。您曾经一遍又一遍地凝视着，目光一次又一次地回顾着它，您停在了本性的秘密点，您明白，人是需要学习的被造物，学习、劳动，而非懒惰、马虎的愚者。

五　致马格里布国王——阿卜杜·阿齐兹

当我们得到阁下您关注问题的消息时，我们当时就在这块土地上。您决意要对国家进行改革，制定改革方案与措施，进而在王室成员中公布。我们已经看到该计划的规则周密，足以证明了您想让您的国家成为有希望的国度，您忙于谈论各种问题，并发表演讲。阁下您期望的改革应以伊斯兰教为启动点，回归到经典和穆罕默德的时代，以清廉先贤的言行为参照，并将之贯彻于现代人的工作之中。阁下您的改革愿景，理应关注传统文化诸学科知识，让曾经失去的东西重生，传播经典中被隐藏了的真理，教人礼义，明确缘由，启迪心智。基于此，有理由相信您的崇高的改革目标，是造物主让您给我上了最好的一课。它与我们创建的埃及的“阿拉伯知识复兴协会（Jameyat liIhaya' al-ulum al-arabiay，جمعية لإحياء العلوم العربية）”的宗旨是一致的。该协会的主要职责就是找回失去的先辈经典，修正卷册，再印刷出版，使人受益。让人们重新从先辈们的知识中获得精神食粮，摒弃后代们的许多无谓的新奇事情。例如，该协会已经打算出版安达鲁西亚学者阿里·本·赛义达（Ali Ibn Saida，

علي بن سيده，1007—1066）的阿拉伯语专著《特征》（المخصص），最近就可以面世。另外，眼下搜寻马立克（Al-Imam Malik，الإمام مالك，711—795）的《法学汇集》（المدونة）时，找到了一个原版的卷册，不久的将来可能还会再版；其实，该专著在埃及和其他地区都留存着不同的版本，协会将能找到的不同版本的卷册保存，并作相应的校正；遗憾的是，至今还没有看到一个完整的版本能让人确信其中内容的准确性。以愚者拙见，菲斯的格尔维因清真寺（Jamia al-Garwyen，جامع القرويين）里保存着伊玛目马立克的完整版的《法学汇集》卷册。如果阁下您愿意提供帮助，则不是一件难事——安拉赐福您，也是做了件好事，使我们苦苦搜寻该专著的完整版的举动有个圆满的结果；如果您言语一声，清真寺就会把保存的版本寄给我们，让我们把手头现有版本中的缺失内容作相应的订正和补充；待校正完毕，我们一定原样奉还，并赠送 10 册新印刷的成品；假如贵方不乐意一次性寄来所有卷册，我们逐册校正补充完后，送回清真寺再索取另一册。上述两种方式哪种可行，我们恭候您的答复，并致以崇高的谢意。我们的期盼会实现的，愿您的善举能成全我们的想法和愿望。

六　致菲斯的律例官

以安拉之名，赞颂归独一的安拉。

尊敬的法官阁下——完人的楷模，我尊贵的毛拉伊德里斯·本·毛拉阿卜杜哈迪先生，安拉护佑您。

您完美的人格，崇高的品格，时常行善与急人所急之举令我们敬佩。因对您了解不够，便不好冒昧写信相求，央求您能成全我们的愿望，妥靠安拉。

想告诉您的是，有埃及学人打算出版现在已经不多见的先辈们著述的典籍文集，如阿拉伯语言学家阿里·赛伊达的《特征》。我们急需类似的典籍，市场难觅；众智者仍不停地在各地搜寻文献典籍。他们认为，前辈们的遗作是最宝贵的文献，理应得到保护和抢救，让那些曾经有益人的典籍重现光辉。又如，学者们还在努力地搜寻伊玛目马立克的《法学汇集》，以实现他们使其再现的目的，可问题是他们竟然没有在埃及找见该专著的完整本，突尼斯也没有，他们为之曾付出了艰辛的努力，甚至在一些扎维耶里也找了；而他们偶然发现了一册非常完整的，就在菲斯城的格尔维因清真寺。为此，这一消息引起了我向您写信求助的欲望，希望您能和该清真寺的管理者沟通，能否把那册寄给我们，整本寄来，或部分地寄都行。我承诺，印刷后免费为格尔维因清真寺赠送10本。

我的申请寄出后，有人提醒我要牢记您的美德和品格。阁下，我相信您一定会帮助我实现我的愿望。为此，我急忙写了这封信给您，希望您能帮我获取那本典籍，或者其他的文献资料。事后，我保证完璧归赵；并赠送10册给格尔维因清真寺，或曾协助我实现我的愿望的人。顺致诚挚的谢意！祝您一切安好！

七 致某学者①

尊敬的英勇之士，美德留史、世人牢记的著名学者穆罕默德·瓦隋里（Muhammad Wāsil, محمد واصل）阁下：

之前无缘与您谋面，也没有机会拜读您的大作。您高深的论述和纯洁的美德让我顿生敬佩。阁下，您用最真实的言辞和通俗的诠释向人们传递了我的恩师——哲马鲁丁先生的观点，诚然，所有都得益于安拉的关照。于是，我立意要成为众人中非常渴望学习您的优点，并以您为楷模而获得幸福的一个人。我曾给恩师的侍从——阿里福·阿凡迪·艾布图拉比（Ārif Afandī Abū Turāb, عارف أفندي أبو تراب）先生写信征求去印度一事的意见，想必他已转告了您。我盼望成行的时刻，希冀在造物主的协助之下得到喜悦的瞬间。我有一种强烈的愿望，梦想着能在印度与您谋面，与您相识，所以便寻求会晤的召唤。最近，我遇到了一些小麻烦，便安慰自己将在今年的秋季实施印度之行的计划。如果我确定了行程，会即刻告知您。

您给阿里福·阿凡迪的复信中提醒众人，要有主动保护自身免受危险和免遭死亡威胁的意识。在此，我想有必要写信与您探讨蒙昧时代古代阿拉伯人的境遇。总之，那时候的社会状况不佳，而圣人被遣后各处

---

① 印度海德尔阿巴德城的一位学者。他曾是阿富汗尼得力的助手，与他一起和现代无神论者就信仰问题进行过辩论。他将阿富汗尼的《驳斥无神论者》翻译成阿拉伯文。

洋溢着善举和美德。这些都能从穆罕默德传记和四大哈里发时期的史料中得到证实，无须再次赘言。后来，众人的使命就是呼吁建立像那时候的社会风尚的生活，而不是以纷繁嘈杂的生活形态为参照。但愿我们在这方面能获得成功。

《驳无神论者》已翻译成了阿拉伯语，在付梓之际。我们还打算把您和恩师之间的通信都翻译了，并将那些书信汇集成书信集。完成后，及时寄给您。

《辞道之章》已经印刷，按您的要求，将给您寄去100册。邮寄可能会花一些时间，先寄至孟买，再到海德尔阿巴德；因为再没有其他合适的途径邮寄了。每册的价钱按印度银行发行的纸钞计算为250卢比，其中包含邮寄的费用。这一点想必您已经明白了。相互帮助是伊斯兰教多提倡的，鄙人没有从中赚取任何好处和差价。

希望我们能经常联系，保持通信。安拉助佑您！顺祝安好！

八　致沙姆地区某学者①

很客观的讲，您的民众对我荣任埃及总穆夫提一职感到很高兴。但愿他们的感受能够长久。我将尝试着改变人们以往不正确的信仰习惯，让他们减少曾经所关注的那些不为传统文化所认可的事情，引导他们抓住和熟练掌握信仰的美好时机，以获取心目中的理想，或宣传真理，以免他们内心的妒忌作祟，相互恶毒地诽谤与侮辱。其实，每个宗教都蔓延着我所看到的问题。而我已经下定决心在具体的工作中实现我的愿望，尤其是要阻止人们不惜耗费宝贵的时间和精力而去无缘无故的杀戮。

我的民众，我不容他们邻近我，让他们走得远远的。因为他们不但猜忌我，还置疑我的作为——我觉得他们对待我有失公允。每当他们还未完全了解某事时，便急促地加以评判；误解满天飞，流言到处跑，责备声一波高过一波；容不得我的任何解释，甚至我向他们打招呼，跟没听见一样；我试图指出他们的不足，他们视而不见听而不闻，看不到改

---

① 此信是复信。穆罕默德·阿卜杜胡时任埃及总穆夫提，该学者写信表示祝贺，他回信并在信中谈及了当时的工作情况及所面临的危机。

正的任何迹象；他们却昂首挺胸地大踏步走近被毁灭的境地，只会呼喊、哭泣、吵闹、大呼小叫，而无其他良策。正如有诗歌所描写的：

纵然我的民众数量甚多，劣根性常暴露无遗，无一丝荣光。

对他们的感受，我很无语。

他们待我的情形，就像兄长愚弄胞弟，后代忤逆父亲，亲人不怜悯小孩一样无情与可怕。我本人确是一个被虐待者。而他则是众人的救星与依靠。或许，对他的伤害有可能导致他们利益的损失，一旦他们产生了要伤害人的意图，便无法停止。尽管如此，他还是一如既往地坚守他的梦想，仍然给那些玩世不恭者及游荡不羁者提供生活的必需品。

在这种困境中，我做到了极大的忍耐——感谢我的养主！遇到窘境，我舒展胸怀、坚守信念、坚定梦想；即便有时处理某些棘手事情时有过胆怯，但我会坦然接受现实。例如，当我想在毫无生机的大地上劳作，天空降下甘霖能使大地长出庄稼，而我绝不奢望着在那里种植树木。其实，我很害怕忆起那些不愉快的事，使我自己陷入忧伤中。那时候，我的心已碎。静心思量后明白，主是不会不眷顾那些坚韧者的；敬业者的劳作是不会亏本的。渐渐地，我的心情变得很平静，自始至终地按照自己的意愿努力工作；但愿事情会变得容易。我能向谁诉苦呢？当我竭心尽力地解释某些问题的时候，人们大声喧哗，像愚者一样喋喋不休地说些无用之言；假如他们能洗耳恭听，悉心领会，之前尚未明白的事情也就会迎刃而解，容易很多。人的最大灾难就是不能驾驭自身，那些人远离真理，却自诩是真理的宣传者；他们不断地撕裂传统文化的内在本质，却妄言是文化的维护者。总之，那些人可以划分为两类：第一类是盲目地自信者，他们视真理为谬论，把正确当成错误，颠倒是非，混淆黑白；第二类是自高自大者，私欲作祟，贪婪成性，财迷心窍，谎言四溢，诚实褪色，不讲实话。

但愿我能诉说我心里的真实感受——学者无知、众人愚蠢。我曾想，那些民众的境况或许与之前阿拉伯人的愚昧没有两样；幸亏至圣教诲并引导，否则他们的行为可谓迷茫至极；然而，我走近他们后，发现那些人的理解非常敏锐。当给他们一束光，就即可触及；当宣传真理之音到达他们的耳际，马上就会有回应。真理一旦叩响灵魂，坚硬的心便会软化，恶性随即减少，冷酷便被热情与怜悯替代。只有很少的一伙人依然很顽固，那伙人，他们知晓真理但不屑一顾；他们逃避真理，害怕更深层次了解；即便他们聆听了，也明白了真理所言，就是不顺从真理。诚信科学与否定认知有相似之处，很少有人能拥有两者（诚信科学和推崇认知）。当下，我要抱怨的是那些领悟差、智力弱、意识体系紊乱、遇事先入为主，缺乏公正科学研判的人。那些人，口齿愚钝，不善辞藻，却期盼别人的褒奖，即使他们什么都不做，且不假思索地用貌似科学的方式对所问胡乱地作出解答，信口雌黄，甚至有问必答，答非所问；其目的是为了提升自己，打压他人；假如听众欲进一步了解所讲内容的真谛，他便绕过话题不回答；即便想就此再作些辩论，他却极力阻止，让辩论无法进行。他就是不想让人把事情搞明白，从源头上隔绝对话，消灭对话的念头，扼杀理性。

谢赫阿卜杜热扎格·拜伊塔里（Abdu Razzāg al-Baitār，عبد الرزاق البيطار，1837—1916，伊历 1253—1335 年）① 让我成为他的两位伙伴中间的第 3 人，但我很少关注他俩的私事，反而对他俩能力的了解甚多。

恩泽浩荡，幸福满满，感激不尽。阿里先生善待同伴的怜悯之心，让我们彼此的心灵更近了，友谊倍增，尊敬至极，他优秀的品质对我的影响颇大，良好的修养让我倍感受益。先生与我的关系不错，我对他的信任无可置疑，并最大限度地支持他的工作。他精细的处事方法定将成为我日后学习的榜样，让我成为他的优秀的团队的一员。愿我们友谊天长地久。顺祝安好！

九　致叙利亚斗士②

亲爱的孩子：

---

① 奥斯曼帝国统治时期叙利亚大马士革的著名学者，曾积极参与社会改革活动，协同他人组建多所学校，让孩子接受启蒙教育；并于 1878 年创建大马士革扎哈里亚图书馆（الظاهرية بدمشق），专门收藏沙姆地区的文献资料。他是沙姆地区 19 世纪末 20 世纪初主要的社会改革者之一。

② 该信是穆罕默德·阿卜杜胡在埃及写给阿卜杜·哈米德·扎哈拉维（السيد عبد الحميد الزهراوي）的。他居住在叙利亚的霍姆斯，是 1916 年奥斯曼帝国镇压阿拉伯民族斗争中处死的斗士之一。

我曾想，与你近距离接触是我的荣耀，你的品行犹如财富使我享用终生。所以，理应感谢引导我们走向正道的主，让我们在各种选择中做出正确的判断；你在你的位置上为民众做出了最有益的事情，使他们每天能享受你工作的成果，使他们消除日常生活中形成的疏忽习惯。你用积累的智慧劝解他们，让他们接受了真理的教诲，以规避谬误的侵蚀。愿你的罪过日渐消减，提升你因作为获得的地位。至于我们的关系，是建立在希冀与工作之间，这也是人们之间最佳和最成功的一种关系。愿你的生活更美好，让你终生美满享福。

附言

1. 个人陋习能让公众形象消亡殆尽。
2. 忽略谬误，真理永存。
3. 谁掌握了绝对的真理，就不会受到攻击。
4. 只有勇敢者才有资格被称为忠诚和真挚的人。
5. 卑微者是扼杀意志的人。
6. 无诚信之人，既损自己，又害别人。
7. 年轻人要承担历史重任。

十 致哈菲兹·伊布拉欣①

你因辛勤劳作理应受到感谢，你在翻译过程中为了达意而做的文字创新，是必须称赞的。我奋笔疾书，只为你崇高的作为深表谢意，那是你的美德该得的最高奖赏。你对读者的影响深远，阿拉伯语使用者无不受到你的学术研究精神的感染。

你将西方的智慧当做新娘送给了阿拉伯人，使他们非常迷恋，逐渐成为他们日常生活的要素。他们静静地接受那些西方智慧，使之沁入心扉。他们中的一些人内心冷酷，牢骚满腹，缺乏表率，有待矫正。另一些人智慧满满，且慷慨地与善于发掘智慧的人尽情分享。尽管获得者为

---

① 哈菲兹·伊卜拉欣曾翻译了法语小说《贫穷》第一部，并将之作为礼物赠予穆罕默德·阿卜杜胡。译者在信中畅谈他关注该小说的缘由，即与小说主人公有相似的阅历。

获取的智慧乔扮盛装，犹如为文人雅士披上绫罗绸缎，只为让人赏心悦目。随后，再以此作为矫正人们修养的样板，进而用知识武装众人的头脑，让大家心里充满爱；崇尚知识，乐于理解，勤于鉴赏，与智者同思索；通常不会对相关话题产生误解或分歧，除非涉及某些敏感的议题。

之前，有人尝试翻译外文作品，那仅是刚入行。有些人做翻译，是兴趣使然。据知，目前尚无人将全套外文作品翻译成阿拉伯文。究其原因，主要是译者对外文作品的把控不足，难以驾驭其中优雅的措辞，完美的表述。与他们不同，你对原文的理解超乎常人，又不苛求学生阅读外文小说的志趣。如果要查阅经典作品的翻译风格，请你关注伊本·穆格法尔（Ibn Muqfa'a，المقفع إبن，724—759，伊历106—142 年）①，他的行文风格最棒。对你而言，他的文学翻译风格是一种最新的模式。但愿你能从中汲取好的翻译思路，为日后高质量的翻译做好储备；抑或可为后来者开辟一种全新的翻译路径。相信你能像前辈学者那样，给译界后生们做出表率。我认为，轻松驾驭阿拉伯语，避免混杂外来词语，即便是普通的名字——人名和地名——也不应失去阿拉伯语的特色；其实，意义名词和种类名词的翻译，最好脱离"洋味"。普通著述只能得到好的评价，而完美的论述才是巅峰之作的标志。阿拉伯谚语云：

假如我酷爱永久却昙花一现，渴望厮守终生则分道扬镳；

没有地方容我享受绵绵细雨，彩云不仅益于这块田地。

你说，小说作者的个人和家庭境况让你决定翻译那部小说，因为他和你对生活的感是相同的，你和他对贫苦的感受与理解没有多大差别。或许，你的感受是对的。小说的作者在那种明智的状态下遭遇贫穷，而你却选择从中反观那些奢靡享受生活者的状况。愿你有足够战胜那些疾苦的能力，顺利完成你的译事，并从中获取更多的财富。祝好！

附言：

独行者在阿斯塔纳不能找到工作，也得不到任何好处；每个有信仰

---

①　波斯学者，原为拜火教徒，后皈依伊斯兰教。将古波斯文翻译成阿拉伯文，著有《大礼集》和《小礼集》。前者讲述统治者和百姓的关系，后者讲个人的修养问题。而《卡里来和笛木乃》被誉为 8 世纪最经典的阿拉伯文散文，影响深远。

的人，在其中定会损失自我与追求。我在那里什么都没有学到，让人眼花缭乱。①

十一　致布斯塔尼②

尊敬的苏莱曼·阿凡迪·布斯塔尼（سليمان أفندي البستاني）先生：

你和我的朋友都邀请我到安奈斯·贝克（الأنس بك）处相聚——祝贺你花费数年时光完成了一件伟大的译作——还请求我和大家一起为你的辛勤付出表示谢意。为译好该小说，你忍受了常人难以想象的困难；选择规范的语言，让读者满意；为使用阿拉伯语言者奉献了一份大礼——最好的文学创作典范。

我曾想，如果安奈斯·贝克接纳我和大家，我就能愉快地接受邀请。因为他乐于待人，厌恶责备。

你完成了希腊著名诗人荷马（Homer，هوميروس，公元前800—公元前600）的《伊里亚特》，且习惯性地为该译作编写了前言。该作品是希腊语的，与我们的阿拉伯语极为相似，其中包含的信息非常丰富，我们知道的仅是文学范畴的素材。因而，获取其中的精华是我们最美好的愿望。不论是阿拉伯人的文学修养普遍低下的时代，还是对之兴趣盎然的岁月，都应就近汲取，即便劳作有加。故，你应感谢那些晓得该作品价值并推动你完成翻译的人，于是，你为阿拉伯科学大观园填补了一项空白。

自伊历3世纪以来的数百年间，阿拉伯人都在关注希腊艺术宝藏——很多失散的宝物，阿拉伯语得到了希腊人无数的恩惠，使之成为阿拉伯语引用词语，就像希腊的宗教和智慧用语。

学术权威曾认为，那些希腊艺术是他们获取知识的源泉。在这一点上，西方学者和阿拉伯地区学者的观点是一致的。其实，阿拉伯人和非阿拉伯人也有同样的认知；甚至他们还认为，民族的生活习俗与他们的文化素养不是一回事，文化素养的权重远远大于生活习惯，因血缘关系

---

① 此为穆罕默德·阿卜杜胡从欧洲写给谢赫莱西德·里达信中的话。

② 原知识出版社的合作者。布斯塔尼先生翻译完《伊里亚特》后，叙利亚学者和作家们在埃及开罗举办祝贺会，穆罕默德·阿卜杜胡为其撰写的祝贺信。

而有差异。但该观点尚未延伸至希腊诗学界的雄辩本能，因为希腊人不像波斯人和印度人那样钟爱辩论。阿拉伯人继承古希腊文化的精华，还发扬古印度和波斯文化。在此基础上，创造了令世人瞩目的雄辩技能。因而，后辈不少人热衷研究阿拉伯雄辩技巧。我来告诉大家，我曾为拜尼·阿巴斯（بني عباس）国王补足了缺欠的工作，让他高兴地同意了有关请求，并开始关注小集团的事务。所以，我期望他能够接纳你的译作，并从中获益，以资鼓励你的辛劳，消除他人的苦阿。祝好！

十二　致穆斯塔法·阿卜杜·拉兹格　（الشيخ مصطفى عبد الرازق）

礼贤后生：

佳话适时宜，静心叙殷鉴。拜读君之诗作——感赞安拉——十之七业已稳居巅峰，犹如天使栖身之星辰；其余诗句，则似流星，照亮智者，引导迷茫。

君已感受到了现代知识的甘美，这令我非常愉悦。而你周围的人尚无你的意识。祝福你，为你的父亲而骄傲！假如你父亲能允许当面恭贺你，我定当呈上寰宇间最美好的褒奖。但是，我以最忠诚的祝福而自足，让我分享你良好开端之后的最终成果，引导你在正道上因诚信而获取的成就，以你的本领团结众人。

顺祝安好！

十三　致哈乃斐·纳绥夫　（حنفي ناصف）

心爱的徒儿：

您给我的信函韵味十足，或许渴望我的回信也用骈文的格调，似乎您尚未听说我已弃绝骈文，即便付梓也罢。那我能为您做点什么，因您的礼貌我将毁坏我曾经的誓言？

重读您的信函，发现其中所述恰如我自己在斋戒日子里的作为一般。事情一个接着一个，善辩者暂时休论。白昼不多，开斋临近，终于可以逃离那些将永居火狱者不休的抱怨和相互攻击的罪恶之地，平安回家，使我忐忑的心稍得安慰，水已备好，饭食随后。您关注我已受累良多，又渴望与我畅谈。而我却如临大敌，汗流浃背，饮水润喉，填饱肚子，心情愉悦，致谢主人。赞颂安拉使您书写了骈文，我祈求他让您远离与人夜谈中的无稽之言，闲聊至封斋时辰，因为这些会损害躯体，诱发颓废，浪费宝贵时光，毁灭理解力。愿安拉护佑您免遭灾难。

换个话题，我谨寄300基尔什与您，后附借条。我向您及艾哈迈德·拉菲尔先生致以最真诚的祝福。

穆罕默德·阿卜杜胡
伊历1315年斋月9日①

附言：

正道之冠别墅那里既无智慧，亦无实事。庆幸的是允许寄送必要的经注，逃离真理者得到了理智的反驳，灾难得到了拯救。

我未曾见到任何一个地方像正道之冠别墅那样对待租住者，对于向每个书写者收取租金的事情，我实在不敢恭维。我曾在一些零碎的时段里阅读各类报纸，便觉得那里是较好的休闲之地，可以呼吸新鲜的空气，尤其在长久劳累之后。

当我离开地中海向红海出发之际，我曾期待刊登我的观点的《光塔》期刊到手，在两海之间坐了一整天。②

十四　致作者③

尊敬的先生：

未及时复函，实属不敬，谨表歉意。我把该书作为礼物送给同行，因其中彰显着你的智慧和创新，且能以最好的形式公正地表达你的想法。后来者会仿效你改进想法，尊重理智，而你工作中的各种习惯却丝毫不会改变，辛劳的价值也绝不会降低。你整理该大作让读者更易理解的创举令人敬佩，使其中所述更接近科学的真实性。现在，我确已通过你掌

---

① 即1898年2月1日。
② 此函是穆罕默德·阿卜杜胡从正道之冠别墅写给谢赫莱西德·里达的。
③ 穆罕默德·阿卜杜胡写给某作者的信，褒奖其大作。

握了原来隐藏于众人中的那些秘密。"经典"为阿拉伯人确定了表达思想的模式，成为他们表达方式新途径的参考。那种新途径能让人们从业已形成的狭隘的状态中获得解放，远离固有的工作习惯。所以，你已经积累了一套行之有效的办法，坚守决意要做的事情，减少那些无意的依靠。你曾做过的善举总会有一个美好的结局，但愿你为民众所做的每一项工作都有好结果。顺祝安好！

附言：

一般来说，人们面对有益者略显愚钝与冷漠；而对有害的事却异乎热心，黑白颠倒。所以，人们不愿分享《光塔》期刊里的美文，请勿奇怪，也不要忧心忡忡。《光塔》的诉求是尽最大可能改变人们的现状，最终达到修正人们品行的目标；应从往昔的失误中汲取教训，积累走向成功的经验。这件事对富有者的作用很小，而贫穷者又不能为此付出更多精力，但获得成功的决心不会因此而削弱。①

十五　致谢赫伊卜拉欣·雅兹吉 (الشيخ إبراهيم اليازجي)

（一）

来信收悉，你饱含歉意之言已被接受；信函中透露了你艰辛付出之后获得成功的喜悦。或许你也知道，我只关注你自己。你回归本真，你的怜悯之心理应受到感谢。假如你有疑问，不会被疏忽；假如所求有歧义，不会置之不理。我今天没有谴责你的意思。我们的生活充满着主的爱，而爱延伸至忠诚里。我们最幸福的时刻，就是看到生活中活跃着那种爱的精神，盛开着忠诚的鲜花；主不像普通人那样随便离弃你，但愿你远离生活中的各种危难，以免你美好的灵魂受到高傲自大秉性的教唆与玷污。见到你是一件幸事，你受主的喜爱是你最高的荣耀；问候你和你的家人，希望日后多交流。祝安好！②

---

① 穆罕默德·阿卜杜胡从埃及曼苏尔写给莱西德·里达的信函。

② 该函件是穆罕默德·阿卜杜胡写给叙利亚贝鲁特的雅兹吉先生的。主要反映了当时阿拉伯文学家以诗歌的形式反映阿拉伯民族英雄反抗奥斯曼帝国统治的情形。正如诗歌所云：阿拉伯人啊！请注意啦，请醒来吧！说教已泛滥成灾，拉起战马冲锋吧！该诗集被阿拉伯民族秘密协会出版发行。该协会活跃于19世纪末20世纪初在奥斯曼帝国统治下的阿拉伯叙利亚地区。

（二）

尊敬的善辩精英、学者楷模们，主护佑诸位！

我习惯长话短说。即便是请求表达歉意之语，笔头却羞涩难书。你正执行回国的计划，但那里的气候很讨厌；医治那种气候环境的良药已经确定，所以没有必要再为此道歉。如果这样的话，你就可以从那种煎熬中得到解脱，希望你能接受建议。但愿那个不顺心的时刻很快过去，欣慰的日子即将到来。你的礼貌温存且富有感情，假如我无法体验，则会感到更加寂寞；如果你我之间没有共同话语，我一定会生活得孤单无助。愿我的这一箭直指那些禁令。①

（三）

尊敬的文坛领袖②，愿你平安！

谢赫馈赠的大作让我受益匪浅，使我不能忘却其文采。从信中获知，您正在享受洪福；这让我更有信心友好地联系。谢赫稳定乐观的心态让我欣喜若狂，而在生活中遇到了狂风暴雨式的困苦，使我心神不安。俗话说，是祸躲不过，但也不会深陷其中。兄长③很快就会痊愈，愿您和家人免受困难的折磨。

我难以忍受您的大作迟迟不到，或因路途遥远使之缓缓未到。所以，我只能耐住性子寂寞地等待它的到来。直到某个时刻，您的大作宛如一把利剑以胜者的姿态出现，让我吃惊不小；瞬间击碎了我的耐心。至此，我不想做更多的口头感谢，只把深刻的记忆埋藏心里。

那件事情的结局让我吃惊不小。谢赫伊卜拉欣·雅兹吉为民族复兴所做的伟业被扼杀在摇篮之中，邪恶势力恼羞成怒，对当事人的误解甚多。民族复兴伟业尚处在襁褓之中，而邪恶势力却让它走进了坟墓。这件事情发生后，有人还帮邪恶势力煽风点火，贬损知识，中伤人们的智慧；整个社会中充斥着虚伪，流行着愚昧。好人无所适从，只能求助上苍。但愿真理将至，虚伪远行，日后社会变得更好一些。

---

① 伊历 1306 年（1889）2 月 15 日，穆罕默德·阿卜杜胡被赦免回埃及后，书写的这封信。

② 伊历 1306 年（1889）4 月 22 日，穆罕默德·阿卜杜胡书写的这封信。

③ 指谢赫哈里勒·雅兹吉，谢赫伊卜拉欣的亲弟弟，他曾患病。

（四）

贤俊英才①，愿您安康！

坚守信念，其实是为后代们做表率。恪守信仰，才能为同伴步入正道做出引导。漫步行进于正道，抑或每天都会遇见背信弃义者，每时每刻则要提防暗箭。如何在社会中不与那些离心离德和背信妄为者交流？世事都是颠倒的，唯有您对他们的情感始终没有改变，尽管他们常以谩骂、诽谤、欺压等手段对待您，而您以真理的姿态祥和地施恩他们，且让您成为他们中的一员，避免与他们发生冲突。您在他们中间永远处于制高点，他们的争斗日益激烈，而您却是他们的领袖，让他们认为有能力战胜一切邪恶，并穿上盔甲随时准备战斗，静候冲击到来的时刻。恕我记不清楚，亚里士多德是否说过：人们最愚蠢的行为，是欢呼雀跃地迎接新生命的到来，却哭哭啼啼地送别一个人的离去。假如让他们公平的行事，恐怕他们就会黑白颠倒了。其实，逝者的结局是伟大的，忧伤的痛苦是躯体远离尘世，而生者所忧愁的仅是心灵的不安，所在区域永远失去了他那样一位灵魂高尚的学者。人们厌倦生活中的困苦，讨厌英雄，而他的邻居也成为被厌恶的对象。生者的面容活跃在人们的视线里，总想着用尽办法清除对立面。忍耐是根除忧伤的最好方法，坚忍是医治悲伤的良药。其实，我给您写信时，总会絮絮叨叨说很多，因为您和我的心是相通的，感受是一样的，或许这就是您和我之间的感同身受。对逝者最好的关怀就是让他的孩子接受到最好的教育，多操心孩子的生活，关注他们的权益。对此，我们应节哀顺变。而您作为家属，应对今后的生活多做盘算，因为前辈的荣耀已经失去。对此，希望您们能尽快从失去亲人的忧伤和悲痛中走出来。祈求安拉赐福！

（五）

挚友②，您好！

鉴于挚友您的美德，我应长长的给您写一封信以表达我的谢意与感

---

① 此函是穆罕默德·阿卜杜胡从叙利亚写给谢赫伊卜拉欣·雅兹吉的安慰信，因他弟弟哈里勒·雅兹吉因病去世。

② 一次旅行返回埃及后书写给谢赫伊卜拉欣·雅兹吉的信。

受。我已经平安返回埃及，而您的美德已经成为我未来的指南；掌管后世的主宰能记住我所说的话。希望保持联系，敬致问候。祝福有思想精华者！

伊历 1310 年 2 月 16 日①

十六　致谢赫阿卜杜·勒麦基德·哈尼的两封信函②

（一）

感赞人类的养主。

您的来函收悉。您漂泊他乡，生活环境令人厌恶，却坦然面对，欣然接受现实。而我之前对您的状况还有一丝担心与不安。假如尚无心留意此事，那些突发的信息就会让我震惊不小，或理不睬，或表现不出感激不尽与大加赞扬的心情。令我高兴的是，先生您对人们无微不至的关爱，让他们坚定信心一定要为您效劳。彼此间那些美好时刻的感受，恰似相逢时的盛事，更是实现愿望时内心的喜悦。

您在信函中对我提出的温馨忠告使我感到很愉悦，而更让我欣慰的是从中知道了您身体健康的好消息。但愿能经常听到彼此的佳音，看到各自美好的生活状况。亲眼未见不能说明危难中没有高尚之举。我侨居在一个幽静之地，终日修身养性，无人监视，亦没人看守；甚至比贾希兹 (الجاحظ)③ 还能言善辩的谢赫侯赛因·哈菲兹 (الشیخ حسین الحافظ)④ ——他乐于在所有人面前演说，也不来造访。当他来访时，总是说个不停，除非插话询问才略作停顿。

先生您知道，我是普通的读者，肯为大作家效力。我认为自己具备最好的条件与能力，因从小受到了良好的培育，精心研习，未有疏忽，尤其是和先辈贤哲们的通信，使我获取了更完美的知识结构。因而，不

---

① 1892 年。

② 这两封信函是穆罕默德·阿卜杜胡被流放贝鲁特时写给大马士革一位文人儒士——谢赫阿卜杜·勒麦基德·哈尼的。第一封信能从另一个侧面反映他在流放地生活的基本状况。

③ 阿拔斯王朝著名的阿拉伯文学家，伊历 159 年生于伊拉克的巴士拉，卒于伊历 255 年。留下了不少的阿拉伯语语言学、修辞和文学名著。

④ 穆罕默德·阿卜杜胡同时代的文人雅士，以超强记忆和善言著名。

能不心存感激，敬请您等先辈接受我最崇高的谢意，或者其他能作为回报的方式。我确实不知道以后日子会有什么变化。我曾经历了危难与不公，而您第一个鼓励我战胜困难。您是智者中的贤哲，您激励我的言辞让我勇敢地站在了战胜困难的巅峰。我做了贫仆应做的事情，不论我做得好与坏，错与对，但凡有诉求必得回应。每当想到那些，便会反问自己，难道就应该宽恕。因为一时没有答案，也就不去多思考先生您在生活的年代里书写的信函，像巴蒂尔·扎玛尼（بديع الزمان）① 玛卡姆文集中常见的语言规则和散文风格。如果我没有对您的敬重，就不能向您回信述说感受。请您能原谅其中的草率。我确实对其中可能出现的不妥之处诚惶诚恐，

很高兴在《艺术成果》② 报纸上看到您的大作，非常感谢您。大作不仅是几个字那么简单，与我在埃及想做的事不谋而合；因故与曾经的愿望失之交臂，而且还受到了惩戒。假如在某个美好的时段能遇见您，或者某个国度可以容纳我，那人们之间的关爱就不会显得陌生与冷酷。愿好人一生平安，永远受到爱戴。

谢赫关心的那件私事已办妥。真言所叙，诚信于书。您或许还不知道结果从何而来，但事出有因。③或许就在眼前的某个角落，全不费功夫，不攻自破，轻松获胜；伊卜拉欣先生有可能会失算，细心观察，皆为零碎的信息，于是谢赫的私密也就跃然纸上。若无相互了解，就不会有彼此的信服。所言目的明确，但其中一些晦涩难懂词语是外来词，不必过多追究。

请替我亲吻您父亲的双手，并转达我的问候给穆罕默德·帕夏、穆哈云鼎·帕夏先生，以及阿卜杜·噶迪尔王子殿下的亲属④，谢赫穆罕默

---

① 阿拔斯王朝著名的阿拉伯文学家，全名是 "أبو الفضل أحمد بن الحسين بن يحي بن سعيد"，以 "بديع الزمان الهمذاني" 著称。伊历 358 年/公元 969 年生于今伊朗的哈姆达尼，伊历 395 年/公元 1007 年卒于今天阿富汗的希赖（هراة）。他以撰写 "玛卡姆" 文体得到世人的赞誉。

② 阿卜杜·噶迪尔·古巴伊主编的贝鲁特地方性报纸，穆罕默德·阿卜杜胡侨居那里时，曾做过编辑。

③ 信函中未说明，疑是隐私。

④ 法国侵占阿尔及利亚时与侵略者进行了长达 17 年斗争的阿尔及利亚将军，后寄居大马士革。

德、谢赫艾哈迈德·阿卜杜·贾瓦迪、穆哈云鼎·阿凡迪·哈马德、伊卜拉欣·阿凡迪、穆罕默德·阿凡迪·华嘉、穆罕默德·阿里·阿凡迪等好友。我打算周四（伊历 8 月 16 日）到大马士革，当面表达我最真诚的谢意和最好的记忆，愿您的工作愉快，顺祝安康。

（二）

赞颂人类的养主。

英明的养育者，请指导我这个优秀的仆人书写您的伟大与友善。因您带给他荣耀，使他感受友善，让他享受恩惠与给养，赐予他生活的智慧。讲述者能口齿伶俐地说道，用恰到好处的修辞表达感受，清楚地描述所想，仿佛生活在先辈们的年代。我却显得很稚嫩，无名无实，故祈求养主引导我走向光明，让我更加诚实、友善、洁净，以便多多地赞颂您。

兄弟：我没有想过我们俩还能像原来那样联系。我们曾经的联系是以精神为媒介，而不掺杂任何其他信息，精神支撑着我们之间经常性的沟通，却没有留下任何躯体的印记。主啊！表面的感触能使人疏忽花样的外表，让人对洁净的本体惊讶不已。我的精神和喜悦源自您永远贞洁的精神恩泽之中，我对世界的感受出自您赐予用来在无限的混沌与惊奇中寻找的触觉与感觉。我们每日经历的生活都趣事连连，对您而言就像节日一样美好，而每刻听到有关您健康的信息都会产生新的快乐。

十七　致某学者

尊敬的先生：

你我之间的秘密注定深藏不露，心思不必书写。我曾数百次试着给你写信，却就像要攻占一座城堡或者清除异端一样困难重重。也就是这个礼拜五，我下定决心给你写完信后再离开我的位置。谢谢你的举动，让我感受到了欣喜，从中领悟到了很多。希望你不要把我排除在你已开始的嘉言懿行之中，也不要让这件好事就此停步。祝你平安。

十八　致某施恩者

若要赞扬①，邀请是必需的；美好的守约，努力服务他人。开启仁爱之门者理应受到感谢；他们创建的正信观念易于众人去履行，鄙人亦是践行者之一，有能力实践那些正信；仁爱是自然规律之密码，善举是现实世界的规则之一。行善者的所有行为是天地运行的一种模式，为此伟大的善举开启了广阔空间的门户。我自己只能先享受你们善举的成果，再向众人讲述和宣传你的善行。

慷慨能让尊贵的兄弟满意多多，友谊便是慷慨的最好馈赠。

另外，请您原谅我寥寥数语的复函。因为我最近确实有点忙，多个接连不断的突发事故让人疲惫不堪；还好，事情都过去了。所以，没能在节日向你们表示祝贺，深表歉意。对于穆民，每天都是节日，愿安拉使你快乐开心，肯定你们所做的有益他人的工作。请把我的问候带给你的孩子和家人，安拉护佑你们。

十九　致一位朋友②

亲爱的朋友：

挚友的书信让我很受益。其文字字珠玑，宛如微笑的珍珠；其恰似一位具有资深鉴赏力的传述人，用智慧的光芒探寻世人忘却的珍宝。其仿佛是一座幽静的官邸，下榻之后美景即刻映入眼帘，宾来客往热闹非凡。思念将至，脚步临近，本能和欲望驱使他远行到心想之地，于是便开始长途旅行，等待着一场从未有过的劳顿。12 天后，信才到我手上。其中，多有不实言辞，却外表光鲜，严谨不在；因需作假现象偶发，求证旁注的公信度较差。坦率地讲，我不会居高临下，也不会气势逼人；若以友好的姿态寻得确凿的证据，就倍感心满意足。相反地，撰写者的书信素材，大话连篇，花言巧语，使我无言能答。裁决者与独裁者对那

---

① 此函件是兄弟般情谊的信件，是写给一位即将来访的施恩者。
② 此函是一封回信。其中彰显出穆罕默德·阿卜杜胡使用阿拉伯语修辞"对偶"和字面修饰的形式。

件事情的最终判定不服人心，争议颇多。有人对那件事情的执行不到位，甚至为逃跑者出谋划策，关心的只是战利品的分配问题；但却向人们诉说"劳作与辛苦"，实际在卖乖取巧，机关算尽，被利益所迷惑。那类人为了私利不择手段，把贪婪的目光投向所及之地。他的诚信丧失已尽。终获演讲机会，却不顾听者的心情，听众是听众，演讲者是演讲者；演讲者的言辞让人昏昏欲睡，他却信心十足，感觉良好，说话冗长，思绪混乱，幻想悠然。最令人担心的是，他的行为抑或成为追随者的参照，终成人们责备的靶子。

您的信函让我明白，如何从虚影中甄别实体，从病体里析出细菌；或者说，如何让智慧表达思想、心灵述说内心的秘密。莫把生活中的腐朽与完整混为一谈，应泾渭分明，表里清晰；要远离争斗和抵抗，减轻自身的伤害；要追寻友善的真谛，避免恐吓责难，团结起来，不要分裂。我们曾在这块宝地上和朋友度过了美好的青春，成熟的人生；理立坚守正义，享用恩泽，接受有益知识的引导、正确智慧的洗礼。我愿成为像您一样的学者，而现在还是一个尚未成形的毛坯。您的信函让我更加确信了您的慷慨的本性、对民众的忠诚与厚爱，即便以前的人，也对您的恩惠记忆犹新，您的大恩大德没有人会忘却，而那些不知感恩者们例外。而您的功绩——像光上之光——在众人心目中仍历历在目。它记载了您真挚的作为，理应受人感谢的努力，经常让自身满足的生活福禄，以及让听众心满意足的乐曲。

很高兴从您的信函中获悉，您的双亲身体健康，兄弟生活安逸，家庭成员安好，子女乖顺。

二十　致部分挚友

（一）

尊敬的先生阁下[①]，安拉厚爱您。

来信收悉。其中无不凸显您的文学素养，充满您的智慧人生，闪烁着您笃信和诚实的光芒。主对我最大的赏赐莫过于此，深受您的关照，

---

① 此为穆罕默德·阿卜杜胡从埃及给叙利亚的一位学者的回信。

重视真理，摈弃谬误。只言片语难以倾诉您对我的恩情，千言万语不能书尽您的善举。祈求安拉使您付出艰辛的工作得到应有的回报，让后人们通过舌头或者笔头记住您的作为。

（二）

您的来信①已收到。我未曾忘却，也没有疏忽。自从认识您的那一刻起，就非常崇拜您，一直以您为榜样。

能够从您身上发掘的优点，绝不会在我的身上找到。为此，有理由向众人举荐您。事实上，您已经拥有很多长处，谦虚替代张扬，温顺的心态美化了人的心灵，无暇顾及到处宣传。就这一点而言，便是兄弟们学习的楷模，为提升民族文化内涵付出的艰辛会被历史所记载。无疑，您的生活会越来越富裕，身体会很健康，心情更加愉快。您的诚实让我受益良多，引导我不断追求真理。只有真理，才能让人活得更好。祝安好！

（三）

假如②要述说我的生活，其中不乏王子的尊贵、富豪的装扮、贤哲的忠诚。而我却不偏爱忠诚，自我设定为最幸福者的一员。这就是我的秉性——但愿能够被接受，只为生命延续的精华所在。因此，你便会明白了解我秘密的意义。就像你写给我的信所言，为了大爱，你曾付出很多艰辛与努力，这是值得感谢的，如果可以计算酬谢，心灵获取的回报远比双手与双脚的回赠要多。我曾给你写信谴责你的过失，后又以最好的心态向你说明，现在看来不是一件坏事。事情都过去了，今天的你不是原来我见到的样子，祝贺你的进步和成熟。顺祝安好！

二十一 致谢朋友③

您品质高尚令我心生崇敬，人格完美须做赞颂，作为真诚使人自豪。您和我之友善，无限致远，无垢无痕，不因所需而重建；只求日益牢固，

---

① 此为穆罕默德·阿卜杜胡给一位朋友的回信。

② 此函是朋友间互相责备后写给埃及的。其中，那位朋友修补了自己的一些过失。

③ 选自艾哈迈德·哈希米：《文学的本质》，知识出版社1923年版，第89页。

不以距离而疏远，勿以不知而破坏。

是呀，假如心里还有您，那正是您的美德所显，您的高尚和慷慨所至，那种恒定的亲善是良知的永驻，而非躯体的弑杀。

至此，我已拜读了您的大作，窃喜不已。其中的友情表露无遗。它勾起了我们曾缺失的记忆、获取的信息、公断的事件。总之，还是要感谢您的慷慨邮寄，以及美好诺言。祈求安拉赐福于您。

二十二　复函

心爱的孩子①

感谢您先给我写信，以及送来的珍贵礼物。感赞安拉，让我认知您，是新的福祉。您的友善忠诚尽显他的恩泽之中。为此，我们祈求安拉使众人以此为目标，为大众做好事。祝安！

祝贺取得进步

纳吉布先生②：

您荣任法官，我内心甚为高兴。我无法用言辞表达我的心情。您第一次获得这个职务，说明您已经为此做足了准备。祝好！

1893 年

二十三　吊唁函

（一）

尊敬的先生③——穆罕默德·帕夏王子及穆哈因丁·帕夏王子殿下：

这是至慈安拉的约定，众使者的承诺是可信的。难道所有事情在他那里不是最好的？应对致命打击的最好办法是忍耐。

悲哀来临，灾难突袭。今天的灾难，不仅亲属要面对，且同胞们也

---

① 此信是穆罕默德·阿卜杜胡从埃及写给穆罕默德·贝克·纳吉布·巴卡尔（محمد بك نجيب）先生的回信。

② 该信函是穆罕默德·贝克先生荣升三等法官后写信给穆罕默德·阿卜杜胡后得到的回音。

③ 即穆罕默德·阿卜杜胡从叙利亚写给阿尔及利亚王子的吊唁信，因老国王离世。

要经受考验。沾亲带故的人和教胞都很伤心；悲伤的消息不胫而走，坊间都在谈论国王阁下漠视社会生活、重视个性修养的美德。他在幻境中修炼灵魂，在真境中寻求奇迹的归宿。国王选择了安排虔诚归主，并得到光亮的照耀。那一刻，将受到威严的审视，使之荣登属于他的权位。国王归向了他的养主，却没有给普通的穆民留下任何能指明他们本该拥有的荣耀的遗嘱。你们是他的子嗣，若无正信，你们就不能秉承他的优点；或许留存下的仅是自己良好的感觉。而你们坚守了他生前的选择，所讲的每句话不受任何观点和想法的限制。国王在豪华帐篷里办公，治国理政的思想与智慧由此地而生。他的功劳万言难书，只因他是阿尔及利亚国王阿卜杜·噶迪尔殿下。所有描述者无言以对，赞颂者的美言已经用尽。正信者经受了严峻磨难，现在却成了无王之民。对他们遭受的考验表示安慰。希望众人能继承老国王的美德。

（二）

通常，突发事件①都是考验心智，磨炼意志的。这件事故使你们的意志得到了磨炼。经过日久天长的煎熬，你们的心智会更加坚强，灾难就会过去，不留一丝痕迹，即便回想那些不愉快的事情也莫担心。此外，一切灾难都会一跃而过，不要因其持续发酵而束手无策，恐慌不已；也不要因其细枝末节而遭受蛊惑，幸灾乐祸。所有这些应该得到安慰的事情都与我有关。贤惠妻室的离去是你们莫大的痛苦与灾难，这样的烦恼不是瞬间就能消失的。

你们确信他，接受前定。美好的生活中添加了离别的忧伤，那确是苦楚的滋味。有人离开你们，走向养主，在那里享受邻近安拉的美好感受，是前人中最荣幸的一位，还是所有邻近主的人中品级最高的一个。由于生前亲手造就了常人无法逾越的荣耀和高贵，所以在后世享受因善举换得的倍增的福祉，无忧无愁。安拉赐福最好的乐园，永久享受生活。事实上，磨难来临时，你们忧伤的正是我们的忧伤所在，你们痛苦的亦是我们感受到的痛苦。你们要节哀顺变，内心应接受这个现实；须知道，其归宿是众人喜悦的正信者的乐园。

---

①　该信是从叙利亚写给埃及的一位朋友，凭吊他的妻子辞世。

这就是我给你说的话，是对你了解的点滴记录。除此之外，我还悄悄告诫自己凡事要有耐心，面对不幸的遭遇更要有坚忍的心态。安拉最明白我听说那个不幸消息时的真实感受，好在之前对其有所觉察，接下来的噩运让我无暇顾及消息的真实与否，没多久不幸还是如期而至。我不是一个健忘的人，对所发生的事情没有一丝记忆；我不是一个割裂生活的人，在迁至他乡的岁月尽量美化生活。坚忍是美好的。亲爱的，请原谅我对你的怠慢，希望能把我的问候带给元首陛下。安拉使你们互相爱戴，荣耀永存。

（三）

奉理应赞颂安拉——定夺世间的美好与磨难——之名[1]。

这是至慈主的约定，众使者的承诺是可信的。万物只因他而消亡，他有裁决权，万物终归于他。对于前定，人们无计可施；人们无法减少他所喜悦的。只有你坚强的信仰、闪光的信念、完美的理智才能保证向他悔过自新，希冀得到最多的报酬丰厚的回赏，静心等待他的公判。感恩的心，纪念的舌。损失和灾难来临，须多做劝诫及修炼内心。他为坚忍者许诺了高贵的归宿和美好的等级。坚忍足以得到益处，行事者能够像历代先知和亲近安拉的天使们一样获得特别的恩惠。"请告知那些坚忍者们，一旦他们遭受磨难就会说'我们来自安拉，终归于安拉'。他们将获得来自他的祝福和赏赐，他们是遵循正道者。"[2]死亡是前行与后来者都争相归结之路，所有人都将在那里接受生前行为的清算。

你只能看到那里的漫长岁月，考验无处不在，故友分道扬镳

阁下你每当在生活中遭遇难题和灾难的时候，不会祈求别人的安慰与至交的开导。现实使我们无法永远牢记你的功绩，这一点你是明白的。我们能够向他人介绍你的是你所拥有的最崇高的品质。这些只是我们安慰的话语，是我们感受到的痛苦的想法啊，和你共同接受安拉考验我们耐性的定夺，检验我们的信念和你们的信念。"以检验你们当中谁的工作最优秀。"愿你们福气满满，补偿因忍耐所失去的东西；赏赐你们失去爱

---

① 此函件写于叙利亚，给一个失去爱妻的朋友的悼念信。
② 第二章第 155 节。

妻而得到额外的福气，提升你生活的品级，延长你的寿命，让你的荣耀永存。我祝福你万事如意，致以崇高的敬意。

二十四　吊唁函的复信

灾难来袭①是我们自己所为，我们所厌恶的是我们亲手酿造的。生活本来就是一个混合体，罪恶与善举相伴，福祸难分，苦难与享福相随，好坏混杂，美丑相生。时光考验了我，我也消磨了岁月；生活磨炼了我，我亦闯荡了社会，最终我被磨得失去了棱角。其实，不仅仅是这些；我已无力面对生活，只为头疼医头。无法应对人们种植的恶果与创造的幸福，心无丝毫的愉悦，仅有别人丢弃的残羹剩饭，其余的全是他人的喜好。即便如此，我还是坚定信念驱赶心头的阴云，决心不让苦闷撕裂意志。倘若那些没有让我从灾难中得到解脱，就不可能成为一个高雅的人。他使我们的生活富裕，儿孙满堂，事业后继有人。祈求他遮蔽你身边的那些不幸之事。

二十五　致谢赫阿里·莱伊塞

尊敬的先生（祈求安拉赐福您）：

谨致以崇高的问候！

我已拿到了仁慈正直的您写给我的珍贵家书，获悉您身体康健，确是造物主眷顾我而赐予的福祉。

您于我的恩泽、知识和幸福，手握笔杆难以倾述。您供给了我上等、足够的营养，在此我不想赘言，以免笔头羞涩难书，童趣不再。因为您寡言少语，只为照应和补充所需。

我今天就给舍基布先生寄去王子的书，即便迟了也不应责怪，因为邮局每周只营业一天。今天，我收到了他的信，信中嘱托我替他亲吻您的双手②。谁能让我在聚会之日成为你们中的一员?! 我从王子的话语中觉察到了您们会面后他的变化，我很欣赏他优雅甜美的言辞，这是您的

---

①　此函件写于叙利亚，给一个失去爱妻的朋友的悼念信；当时他正流落在叙利亚。
②　阿拉伯人问候长辈时，一般亲吻手背。

功劳。似乎您提供给他的居住空间比提供给我的要好，他汲取知识的愿望比我强了许多，他潜心学习，增长才干。这是他努力的最好回报，也是像您一样的前辈所期望的。

谢赫阿卜杜·勒克里木·赛里曼、赛尔德·阿凡迪·扎格鲁勒二位，生活安好。他们向您致以亲切的问候，没有忘却您的恩德与帮助，祝愿您健康。期望某日在某地能看到您的尊容，并聆听您的教诲。

您要不断地用您的知识滋润我们。祈求安拉使您长命百岁，保护您的尊严。请求您考虑能否在十月初接见我们后辈，恭候佳音。

顺祝安康！

穆罕默德·阿卜杜胡

伊历 1308 年 2 月 9 日①

---

① 即公元 1890 年 9 月 1 日。

附 录 四

国外学界研究穆罕默德·阿卜杜胡的成果
（部分，按时间排序）

1. محمد رشيد الرضا: تاريخ الإمام الأستاذ الشيخ محمد عبده. الجزء الأول، الثاني، الثالث، دار الفضيلة، القاهرة، الطبعة الأولى 1311م، الطبعة الثانية، 2006م.

2. عبد المنعم حمادة: الأستاذ الإمام محمد عبده. مطبعة الاستقامة، القاهرة، 1945م.

3. مصطفى عبد الرازق: محمد عبده. دار المعارف، القاهرة، 1945م.

4. د. سليمان دنيا: الشيخ محمد عبده بين الفلاسفة والكلاميين. دار احياء الكتب العربية عيسى البابي الحلي وشركاه، القاهرة، 1958م.

5. عباس محمود العقاد: عبقرية الإصلاح محمد عبده. مكتبة الانجلو المصرية، القاهرة، 1961م.

6. عباس محمود العقاد: الإسلام في القرن العشرين، حاضره ومستقبله. دار الكتاب العربي، بيروت، الطبعة الثانية 1969 م.

7. د. محمد عمارة: محمد عبده: سيرته وأعماله. دار القدس، بيروت، 1978م.

8. عبد الحليم الجندي: الإمام محمد عبده. دار المعارف، الطبعة الثانية، القاهرة، 1978م.

9. د. السيد تقي الدين السيد: محمد عبده أديبا وناقدا. نهضة مصر للطباعة والنشر التوزيع، الفجالة ـ لقاهرة، 1989م.

10. محمد عبده: الأعمال الكاملة، الجزء الأول، الثانى، الثالث، الرابع والخامس. دراسة وتحقيق: د. محمد عمارة، دار الشروق، القاهرة، 1993م.

11. د. عثمان أمين: رائد الفكر المصري الإمام محمد عبده. المجلس الأعلى للثقافة، القاهرة، 1996 م.

12. د. محمد عمارة: الإسلام والمرأة في رأي الإمام محمد عبده. دار الرشاد، القاهرة، 1997م.

13. أ. د. محمد محمد البهي: الإمام محمد عبده دراسة لمنهجه التربوي من أجل الوعي ونهضة الأمة. المجلس الأعلى للشؤون الإسلامية، القاهرة، 1999م.

14. عبد الرحمن البدوي: الإمام محمد عبده والقضايا الإسلامية. الهيئة المصرية العامة للكتاب، القاهرة، 2005م.

15. د. محمد عمارة: الإمام محمد عبده مجدد الدنيا بتجديد الدين. دار الشروق، ، القاهرة، 1988 م.

16. محمد فوزي عبد المقصود: الفكر التربوي للأستاذ محمد عبده وألياته في تطوير التعليم. النهضة المصرية، القاهرة 2007م.

17. د. محمد عمارة: المنهج الإصلاحي للإمام محمد عبده. دار السلام للطباعة والنشر والتوزيع والترجمة، القاهرة، 2009م.

18. عبد العاطي محمد أحمد: الفكر السياسي للإمام محمد عبده. الهيئة المصرية العامة للكتاب، القاهرة، 2012م.

19. Charles C. Adams, *Islam and Modernism in Egypt: A Study of the Modern Reform Movement Inaugurated by Muhammad Abduh*, Oxford: Oxford University Press, 1933.

20. Malcolm H. Kerr, *Islamic Reform: the Political and Legal Theories of Muhammad 'Abduh and Rashīd Riḍā*, Los Angeles: California University Press, 1966.

21. Elie Kedourie, *Afghani and Abduh: An Essay on Religious Unbelief and Political Activism in Modern Islam*, London: Routledge, Reprinted, 1997.

22. Mark Sedgwick, *Muhammad Abduh*, London: Oneworld Publications, 2010.

参考文献

一　专著类

阿拉伯语文献：

1. إبراهيم أحمد العدوي(دكتور): رشيد رضا: الإمام المجاهد. الدارالمصرية للتأليف والترجمة،القاهرة، 1964م.

2. أحمد أمين: زعماء الإصلاح في العصر الحديث. المكتبة العصرية، بيروت، 2007م.

3. أشرف فوزي صالح: شيوخ الأزهر.القاهرة، الشركة العربية للنشر والتوزيع، ج 1-1997،6م.

4. أمنة حجازي(دكتور): الوطنية المصرية في العصر الحديث نشأتها ونموها حتى عام 1914. تقديم: د. يونان لبيب رزق. الهيئة المصرية العامة للكتاب، القاهرة،2000م.

5. برهان الدين أبي الوفاء إبراهيم: تبصرة الحكام في أصول الأقضية ومناهج الأحكام. الجزء الأول، دار الكتب العلمية، بيروت، 1995م.

6. جاك كرابس: كتابة التاريخ في مصر القرن التاسع عشر دراسة في التحول الوطني. ترجمة: عبد الوهاب بكر(دكتور). الهيئة المصرية العامة للكتاب، القاهرة، 1993م.

7. جمال الدين الأفغاني والشيخ محمد عبده: العروة الوثقى والثورة التحريرية الكبرى. التحقيق : صلاح الدين البستاني. دار العرب للبستاني،القاهرة، الطبعة الثالثة ،1993م.

8. إبن خلدون: مقدمة. تحقيق: درويش الجويدي، المكتبة العصرية، بيروت، 2010م.

9. سعد زغلول: مذكرات سعد زغلول. تحقيق: عبد العظيم رمضان. الهيئة المصرية العامة للكتاب، القاهرة، 1991م.

10. السيد تقي الدين السيد(دكتور): محمد عبده أديبا وناقدا. نهضة مصر للطباعة والنشر التوزيع - الفجالة لقاهرة، 1989م.

11. سهل بن رفاع بن سهيل العتيبي(دكتور): التيار العقلي لدى المعتزلة وأثره في حياة المسلمين المعاصرة. PDF

12. شوقي ضيف(دكتور): الأدب العربي المعاصر في مصر.دار المعارف، القاهرة،الطبعة الثالثة عشرة، 2004 م.

13. ألإمام الصادق المهدي. المرأة وحقوقها في الإسلام. دون الناشر، 1985م.

14. الطاهر أحمد الواوي: أعلام ليبيا. دار المدار الإسلامي. بنغازي ، الطبعة الثانية، 2004م.

15. عباس محمود العقاد. سعد زغلول: سيرة وتحية. مطبعة حجازي، القاهرة، 1936م.

16. عباس محمود العقاد(دكتور): عبقري الإصلاح محمد عبده. مكتبة الانجلو المصرية، القاهرة، 1961م.

17. عبد الحليم الجندي: الإمام محمد عبده. دار المعارف،الطبعة الثانية، القاهرة، 1978م.

18. عبد الرحمن البدوي: الإمام محمد عبده والقضايا الإسلامية. الهيئة المصرية العامة للكتاب،القاهرة، 2005م.

19. عبد الرحمن الرافعي: ثورة 1919: تاريخ مصر القومي من 1914 إلى 1921م. الهيئة المصرية العامة للكتاب، القاهرة، 1999م.

20. عبد العاطي محمد أحمد: الفكر السياسي للإمام محمد عبده. الهيئة المصرية العامة للكتاب، القاهرة، 2012م.

21. عثمان أمين(دكتور): رائد الفكر المصري الإمام محمد عبده. المجلس الأعلى للثقافة، القاهرة، 1996م.

22. عثمان بن عبد الرحمن بن عثمان الشهرزوي: أدب المفتي والمستفتي. PDF ,دون تاريخ وناشر.

23. عرفه عبده علي: القاهرة في عصر إسماعيل. دار المصرية اللبنانية، القاهرة، 1997م.

24. علي بن حسن بن علي بن عبد الحميد الحلبي الأثري: العقلانيون أفراخ المعتزلة العصريون. مكتبة الغرباء الاثرية، المدينة المنورة السعودية، 1413هـ.

25. علي بن محمد الشريف الجرجاني: كتاب التعريفات. مكتبة لبنان، بيروت،1990م.

26. عمر سليمان الأشقر(دكتور): تاريخ الفقه الإسلامي: دار النفائس، الطبعة الثالثة ،عمان الأردن، 1991م.

27. غالب بن علي عواجي(دكتور): المذاهب الفكرية المعاصرة ودورها في المجتمعات وموقف المسلم عنها. الجزء الأول، المكتبة العصرية الذهبية، جدة السعودية، 2006م.

28. قاسم أمين: تحرير المرأة. كلمات عربية للترجمة والنشر، القاهرة، 2012م .

29. قاسم أمين: المرأة الجديدة. كلمات عربية للترجمة والنشر، القاهرة، 2011م .

30. قسم أصول التربية معهد الدراسات التربوية جامعة القاهرة: تاريخ التربية ونظام التعليم في مصر. الزعيم للخدمات المكتبية والنشر، الجيزة، 2013م.

31. لويس جرجس: يوميات من التاريخ المصري الحديث 1775-1952. الهيئة المصرية العامة للكتاب، القاهرة، 1998م.

32. علامة الشام الأستاذ محمد جمال الدين القاسمي: الفتوى في الإسلام. تحقيق: محمد عبد الحكيم القاضي، دار الكتب العلمية، بيروت، 1986م.

33. الإمام محمد أبو زهرة: تاريخ المذاهب الإسلامية في السياسة والعقائد وتاريخ المذاهب الفقهية. دار الفكر العربي، القاهرة، 1970م.

34. محمد محمد البهي (دكتور): الإمام محمد عبده دراسة لمنهجه التربوي من أجل الوعي ونهضة الأمة. المجلس الأعلى للشؤون الإسلامية، القاهرة، 1999م.

35. محمد محمد البهي (دكتور): الفكر الإسلامي الحديث وصلته بالاستعمار الغربي. مكتبة وهبة، عابدين،الطبعة الحادية عشرة(مزيدة ومنحقة)، 1985م.

36. محمد الجوادي (دكتور): الأستاذ الإمام محمد عبده. ابحاث ووقائع المؤتمر العام الثاني والعشرين، المجلس الأعلى للشؤون الاسلامية، دون التاريخ.

37. محمد رشيد الرضا: تاريخ الإمام الأستاذ الشيخ محمد عبده. الجزء الأول، دار الفضيلة، القاهرة، الطبعة الثانية، 2006م.

38. محمد رشيد الرضا: تاريخ الإمام الأستاذ الشيخ محمد عبده. الجزء الثاني، دار الفضيلة، القاهرة، الطبعة الثانية،2006م.

39. محمد رشيد الرضا: تاريخ الإمام الأستاذ الشيخ محمد عبده. الجزء الثالث. دار الفضيلة، القاهرة، الطبعة الثانية، 2006م.

40. محمد رشيد الرضا: تفسير القرآن الحكيم. المجلد الأول، دار الكتب العلمية، بيروت، الطبعة الثانية،2005م.

41. محمد رشيد الرضا: حقوق النساء في الإسلام. تحقيق وتخريج: أحمد فريد المزيدي. دار الكتب العلمية، بيروت،2005م.

42. محمد سهيل طقوش (دكتور): تاريخ العثمانيين من قام الدولة إلى الانقلاب على الخلافة. دار النفاس للطباعة والنشر والتوزيع، بيروت،الطبعة الثانية مزيدة ومنحقة، 2008م.

43. محمد فؤاد شكري: السنوسية دين ودولة. دار الفكر العربي، القاهرة، 1948م.

44. محمد فوزي عبد المقصود: الفكر التربوي للأستاذ محمد عبده وألياته في تطوير التعليم. النهضة المصرية، القاهرة 2007م.

45. أبو منصورعبد القاهر بن طاهر بن محمد البغدادي: الفرق بين الفرق وبيان الفرقة الناحية منهم عقائد الفرق الإسلامية وأراء كبار أعلامها. دراسة وتحقيق: محمد عثمان الخست. مكتبة إبن سينا، القاهرة، 1988م.

46. محمد عبد المنعم خفاجي (دكتور) : الأزهر في ألف عام . الجزء الأول، مكتبة الكليات الأزهرية ، الطبعة الثانية، القاهرة، 1988م.

47. محمد عبد المنعم خفاجي (دكتور) : الأزهر في ألف عام . الجزء الثاني، مكتبة الكليات الأزهرية ، الطبعة الثانية، القاهرة، 1988م.

48. محمد عبده: الأعمال الكاملة، الجزء الأول. دراسة وتحقيق: د. محمد عمارة، دار الشروق، القاهرة،1993م.

49. محمد عبده: الأعمال الكاملة، الجزء الثاني.دراسة وتحقيق: د. محمد عمارة، دار الشروق، القاهرة، 1993م.

50. محمد عبده: الأعمال الكاملة، الجزء الثالث.دراسة وتحقيق: د.محمد عمارة، دار الشروق، القاهرة، 1993م.

51. محمد عبده: الأعمال الكاملة، الجزء الرابع. دراسة وتحقيق: د. محمد عمارة، دار الشروق، القاهرة،1993م.

52. محمد عبده: الأعمال الكاملة، الجزء الخامس.دراسة وتحقيق: د. محمد عمارة، دار الشروق،القاهرة، 1993 م.

53. محمد عبده: رسالة التوحيد. دراسة وتحقيق: د. محمد عمارة، دار الشروق، القاهرة ،1993م.

54. محمد عبده: الإسلام دين العلم والمدنية. تحقيق ودراسة: طاهر الطناحي. دار الهلال، القاهرة، 1960م.

55. محمد عبده: دروس من القرآن الكريم. التقديم: الشيخ مصطفى عبد الرازق، الهيئة العامة لقصورالثقافة، الطبعة الثانية، القاهرة، 2011م.

56. محمد عبده: مقامات أبي الفضل بديع الزماني الهمذاني وشرحها للعلامة الفاضل الإمام محمد عبده المصري الهيئة العامة لقصور الثقافة. القاهرة، 2013م.

57. محمد علي التهانوي: موسوعة كشاف اصطلاحات الفنون والعلوم. ج2، مكتبة لبنان، بيروت،1996م.

58. محمد عمارة (دكتور): تيارات الفكر الإسلامي، دار الشروق، القاهرة، 2011م.

59. محمد عمارة (دكتور): الإمام محمد عبده مجدد الدنيا بتجديد الدين. دار الشروق،الطبعة الثالثة، القاهرة،2009م.

60. محمد عمارة (دكتور): الإسلام والمرأة في رأي الإمام محمد عبده. دار الرشاد، القاهرة، 1997م.

61. محمد عمارة (دكتور): الشيخ رشيد رضا والعلمانية والصهيونية والطائفية. دار السلام، القاهرة، 2011م.

62. محمد عمارة (دكتور): محمد عبده: سيرته وأعماله. دار القدس، بيروت، 1978م.

63. محمد عمارة (دكتور):جمال الدين الأفغاني موقظ الشرق وفيلسوف الإسلام.دارالشروق،الطبعة الثانية،القاهرة، 1988م.

64. محمد عمارة (دكتور): المنهج الإصلاحي للإمام محمد عبده. دار السلام للطباعة والنشر والتوزيع والترجمة، القاهرة، 2009م.

65. محمد عمارة (دكتور): السلف والسلفية. مطابع الاهرام التجارية، قليوب مصر،2008م.

66. محمد عمارة(دكتور): العرب والتجدي. المجلس الوطني للثقافة والفنون والأداب، الكويت،1980م.

67. محمد عمارة (دكتور): الشيخ المراغي والإصلاح الديني في القرن العشرين. دار السلام، القاهرة، 2011م.

68. مسعود الندوي: محمد عبد الوهاب مصلح مظلوم ومفتري عليه. ترجمة: عبد العليم وعبد العظم البستوي، مراجعة وتقديم: محمد تقي الدين الهلالي. وزارة الشؤون الإسلامية والأوقاف والدعوة والإرشاد السعودية، الرياض، 1420هـ.

69. مصطفى لبيب (دكتور): نظرات في فكر الإمام محمد عبده. الهيئة المصرية العامة للكتاب، القاهرة، 2010م.

70. نوال بنت عبد العزيز العيد(دكتور). حقوق المرأة في ضوء السنة النبوية . دون الناشر، 2006م.

71. وهبة الزحيلي (دكتور): الفقه الإسلامي وأدلته. دار الفكر، الجزء الاول، الطبعة الثانية، دمشق، 1985م.

72. وهبة الزحيلي (دكتور): الفقه الإسلامي وأدلته. دار الفكر، الجزء السادس، الطبعة الثانية، دمشق، 1985م.

英语文献：

1. Aita L. P. Burdett Edited, *The Arab League British Documentary Sources 1943 – 1963*, Oxford: Archive Editions, 1995.

2. Amina Wadud, *Qur'an and Woman: Rereading the Sacred Text from a Woman's Perspective*, Landon: Oxford University, 1999, 2nd Ed.

3. Charles C. Adams, *Islam and Modernism in Egypt: A Study of the Modern Reform Movement Inaugurated by Muhammad Abduh*, Oxford: Oxford University Press, 1933.

4. Clinton Bennett, *Muslims and Modernity: An Introduction to the Issues and Debates*, London: continuum, 2005.

5. Daniel W. Brown, *Rethinking Tradition in Modern Islamic Thought*, Cambridge: Cambridge University Press, 1996.

6. Deliar Noer, *The Modernist Muslim Movement in Indonesia 1900—1942*, Oxford: Oxford University Press, 1973.

7. Elie Kedourie, *Afghani and Abduh: An Essay on Religious Unbelief and Political Activism in Modern Islam*, London: Routledge, Reprinted, 1997.

8. E. Van Donzel, B. Lewts and Ch. Pallta Ed, *The Encyclopedia of Islam*, New Edition. Leiden E. J. Brill, 1997.

9. Haifaa A. Jawa, *The Rights of Women in Islam: An Authentic Approach*,

London: MacMillan Press LTD, 1998.

10. H. A. R. Gibb, *Modern Trends in Islam*, Chicago: The University of Chicago Press, 1947.

11. Jason Thompson, *A History of Egypt from Earliest Times to the Present*, New York. Anchor Books, Random House, Inc. , 2009.

12. Jamal Mohammad Ahmed, *The Intellectual Origins of Egyptian Nationalism*, Oxford: Oxford University Press, 1960.

13. John J. Donohue and John L. Esposito Ed, *Islam in Transition: Muslim Perspectives*, Oxford: Oxford University Press, 1982.

14. John L. Esposito, Ed, *The Oxford Encyclopedia of the Modern Islamic World*, New York: Oxford University Press, 1995.

15. Judith E. Tucher, *Women, Family and Gender in Islamic Law*, London: CambridgeUniversity Press, 2008.

16. Margot Badran, *Feminists, Islam, and Nation: Gender and the making of modern Egypt*, New Jersey: Princeton University Press, 1995.

17. Muhammad Khalid Masud, Brinkley Messick, David S. Powers Ed, *Islamic Legal Interpretation: Muftis and Their Fatwas*, Massachusetts: Harvard University Press, 1996.

18. Muhammad Qasim Zaman, *The Ulama in Contemporary Islam: Custodians of Change*, Princeton: Princeton University Press, 2002.

19. Mark Sedgwick, *Muhammad Abduh*, London: Oneworld Publications, 2010.

20. Malcolm H. Kerr, *Islamic Reform: the Political and Legal Theories of Muhammad 'Abduh and Rashīdā*, Los Angeles: California University Press, 1966.

21. Nikki R. Keddie, *Sayyid Jamal ad-Din al-Afghani: A Political Biography*, Los Angeles: University of California Press, 1972.

22. Nathan J. Brown, *Post-Revolutionaryal-Azhar*, Carnegie Endowment for International Peace Publications Department, Washington, D. C. , 2011.

23. Shirley Guthrie, *Arab Social Life in Middle Ages: An Illustrated Study*, London: Saqi Books, 1995.

24. Suha Taji-Farouki and Basheer M. Nafi Ed, *Islamic Thought in the Twenti-

eth Century, London: I. B. Tauris & Co Ltd. 2004.

25. Suraiya Faroqhi, *The Ottoman Empire and the World Around It*, London: I. B. Tauris & Co Ltd, 2004.

26. Thomas Chenery, *Assemblies of Al Hariri*, Vol Ⅰ, Errata, London: Forgooten Books, FB & C. Ltd, 2014.

汉语文献

1. ［法］拿破仑:《拿破仑日记》,伍光建译,商务印书馆1931年版。

2. ［埃］穆罕默德·阿卜杜胡:《回教哲学》(汉译本),马坚译,商务印书馆1934年版。

3. ［埃］加麦尔·阿卜杜勒·纳赛尔:《革命哲学》,张一民译,世界知识出版社1956年版。

4. 马坚译:《埃及共和国宪法》,法律出版社1957年版。

5. ［埃］伊斯玛仪勒·奥库斯:《在纳赛尔总统领导下的新埃及》(汉译本),中国埃及友好协会1958年版。

6. ［埃］侯赛因等:《埃及简史》,方边译,生活·读书·新知三联书店1958年版。

7. 国际关系研究所编:《中东问题文件汇编》(1945—1958),世界知识出版社1958年版。

8. 纳忠:《埃及近现代简史》,生活·读书·新知三联书店1963年版。

9. ［英］安东尼·纳丁:《纳赛尔》,范语译,上海人民出版社1976年版。

10. ［叙利亚］莫尼尔·阿吉列尼:《费萨尔传》,何义译,商务印书馆1977年版。

11. ［苏联］安东诺娃、戈尔德别尔格、奥西波夫主编:《印度近代史》(上),北京编译社译,生活·读书·新知三联书店1978年版。

12. ［美］费西尔:《中东史》(上册),姚梓良译,商务印书馆1979年版。

13. ［美］希提:《阿拉伯通史》(下),马坚译,商务印书馆1979年版。

14. ［英］伯纳·路易:《历史上的阿拉伯人》,马肇椿、马贤译,中国社会科学出版社1979年版。

15. 孟祥才：《梁启超传》，北京出版社 1980 年版。

16. ［埃］穆罕默德·艾尼斯、赛义德·拉加卜·哈拉兹：《埃及近现代简史》（中译本），商务印书馆 1980 年版。

17. ［德］黑格尔：《小逻辑》，贺麟译，商务印书馆 1980 年版。

18. ［巴基斯坦］赛义德·菲亚兹·马茂德：《伊斯兰教简史》，吴云贵等译，中国社会科学出版社 1981 年版。

19. ［英］詹森：《战斗的伊斯兰》，高晓译，商务印书馆 1983 年版。

20. 杨灏城：《埃及近代史》，中国社会科学出版社 1985 年版。

21. 万光：《苏伊士运河》，世界知识出版社 1985 年版。

22. 赵淑慧：《苏丹马赫迪起义》，商务印书馆 1985 年版。

23. ［英］诺·库尔森：《伊斯兰律例律史》，吴云贵译，中国社会科学出版社 1986 年版。

24. 马云福、杨志波编：《爱资哈尔》，湖南教育出版社 1988 年版。

25. 庞士谦：《埃及九年》，中国伊斯兰教协会 1988 年版。

26. ［清］马德新：《朝觐途记》，马安礼译，纳国昌注，宁夏人民出版社 1988 年版。

27. ［德］汉尼希、朱威烈等：《人类早期文明的"木乃伊"——古埃及文化求实》，浙江人民出版社 1988 年版。

28. 王怀德、郭宝华：《伊斯兰教史》，宁夏人民出版社 1992 年版。

29. ［日］简井俊彦：《伊斯兰教思想历程——凯拉姆·神秘主义·哲学》，秦惠彬译，今日中国出版社 1992 年版。

30. ［美］马吉德·法赫里：《伊斯兰哲学史》，陈中耀译，上海外语教育出版社 1992 年版。

31. 吴云贵：《伊斯兰教律例概略》，中国社会科学出版社 1993 年版。

32. 李振中、白菊民编著：《开罗大学》，湖南教育出版社 1993 年版。

33. 李平：《世界妇女史》，海南出版社 1993 年版。

34. 吴云贵：《穆斯林民族的觉醒：近代伊斯兰运动》，中国社会科学出版社 1994 年版。

35. ［埃］艾哈迈德·爱敏：《阿拉伯伊斯兰文化史》（第四册，中译本），朱凯译，商务印书馆 1995 年版。

36. 李振中、王家瑛主编：《阿拉伯哲学史》，北京语言学院出版社 1995 年版。

37. 杨怀中、余振贵主编：《伊斯兰与中国文化》，宁夏人民出版社 1995 年版。

38. 蔡德贵、仲跻昆主编：《阿拉伯近现代哲学》，山东人民出版社 1996 年版。

39. 宛耀宾主编：《中国伊斯兰百科全书》，四川辞书出版社 1996 年版。

40. 郭应德：《阿拉伯史纲（610—1945）》，经济日报出版社 1997 年版。

41. 杨灏城、江淳：《纳赛尔和萨达特时代的埃及》，商务印书馆 1997 年版。

42. 白寿彝主编：《回族人物志》（近代），宁夏人民出版社 1997 年版。

43. 张秉民主编：《近代伊斯兰思潮》，宁夏人民出版社 1998 年版。

44. 陈嘉厚等：《现代伊斯兰主义》，经济日报出版社 1998 年版。

45. 纳忠：《阿拉伯通史》（下卷），商务印书馆 1999 年版。

46. 张铭：《现代化视野中的伊斯兰复兴运动》，中国社会科学出版社 1999 年版。

47. 黄心川主编：《东方著名哲学家评传》，山东人民出版社 2000 年版。

48. 王铁铮、林松业：《中东国家通史：沙特阿拉伯卷》，商务印书馆 2000 年版。

49. 王有勇：《阿拉伯语言风格学》，上海外语教育出版社 2000 年版。

50. 李宏图、郑春生、何品：《拿破仑帝国》，三秦出版社 2000 年版。

51. 李振中编著：《学者的追求：马坚传》，宁夏人民出版社 2000 年版。

52. ［英］阿诺德·汤因比：《历史研究》（修订插图本），刘北成、郭小凌译，上海人民出版社 2000 年版。

53. 吴云贵、周燮藩：《近代伊斯兰教思潮与运动》，社会科学文献出版社 2000 年版。

54. ［美］爱德华·W. 萨义德：《文化与帝国主义》，李琨译，生活·读书·新知三联书店 2001 年版。

55. ［埃］侯赛因·卡米勒·巴哈丁：《无身份世界中的爱国主义——全球化的挑战》，朱威烈、王有勇译，上海外语教育出版社 2001

年版。

56. 曲洪：《当代中东政治伊斯兰：观察与思考》，中国社会科学出版社 2001 年版。

57. 蔡德贵主编：《当代伊斯兰阿拉伯哲学研究》，人民出版社 2001 年版。

58. 陈万里、王有勇：《当代埃及社会与文化》，上海外语教育出版社 2002 年版。

59. ［美］爱德华·萨义德：《知识分子论》，单德兴译，陆建德校，生活·读书·新知三联书店 2002 年版。

60. 雷钰、苏瑞林：《中东国家通史：埃及卷》，商务印书馆 2003 年版。

61. 马克垚主编：《世界文明史》（中），北京大学出版社 2004 年版。

62. 颜海英著：《守望和谐——古埃及文明探秘》，云南人民出版社 2004 年版。

63. 努尔曼·马贤、伊卜拉欣·马效智：《伊斯兰伦理学》，宗教文化出版社 2005 年版。

64. 毕健康：《埃及现代化与政治稳定》，社会科学文献出版社 2005 年版。

65. 王有勇编著：《阿拉伯文献阅读》，上海外语教育出版社 2006 年版。

66. 马福德：《近代伊斯兰复兴运动的先驱——瓦哈比及其思想研究》，中国社会科学出版社 2006 年版。

67. ［美］斯坦福·肖：《奥斯曼帝国》，许序雅、张忠祥译，青海人民出版社 2006 年版。

68. ［英］弗兰克·麦克林恩：《拿破仑传》，唐建文等译，世界知识出版社 2006 年版。

69. ［美］斯塔夫里阿诺斯：《全球通史》（第 7 版），董书慧等译，北京大学出版社 2006 年版。

70. ［美］爱德华·萨义德：《东方学》，王宇根译，生活·读书·新知三联书店 2007 年版。

71. 孙承熙：《阿拉伯伊斯兰文化史纲》，昆仑出版社 2007 年版。

72. ［法］拿破仑：《拿破仑日记——一代王者的心灵史》，［美］约翰斯顿英译，萧石忠、许永健汉译，中央党史出版社 2007 年版。

73. 林丰民：《文化转型中的阿拉伯现代文学》，北京大学出版社 2007

年版。

74. ［古阿拉伯］布哈里：《布哈里圣训实录全集》（全四卷），祁学义译，朱威烈、丁俊校，宗教文化出版社 2008 年版。

75. 许利平等：《当代东南亚伊斯兰：发展与挑战》，时事出版社 2008 年版。

76. 金宜久主编：《伊斯兰教史》，江苏人民出版社 2008 年版。

77. 令狐若明：《埃及学研究：辉煌的古埃及文明》，吉林大学出版社 2008 年版。

78. 丁俊主编：《阿拉伯人的历史与文化》，甘肃人民出版社 2009 年版。

79. ［英］罗素：《宗教与科学》，徐奕春、林国夫译，商务印书馆 2009 年版。

80. 孙红彦编著：《影响世界历史的 100 女性》，武汉出版社 2009 年版。

81. 仲跻昆：《阿拉伯文学通史》（上下卷），译林出版社 2010 年版。

82. 努尔曼·马贤：《碧海探珠》（上册），宁夏人民出版社 2011 年版。

83. 王京烈：《解读中东：理论建构与实证研究》，世界图书出版公司 2011 年版。

84. 哈宝玉：《伊斯兰律例：经典传统与现代诠释》，中国社会科学出版社 2011 年版。

85. 昝涛：《现代国家与民族建构：20 世纪前期土耳其民族主义研究》，生活·读书·新知三联书店 2011 年版。

86. 马云良编著：《马联元经学世家》，云南民族出版社 2011 年版。

87. ［日］羽田正：《"伊斯兰世界"概念的形成》，刘丽娇、朱莉丽译，上海古籍出版社 2012 年版。

88. 马玉秀：《伊斯兰经济思想概论》，上海社会科学院出版社 2013 年版。

二 论文类

1. Ahmad N. Amir, Abdi O. Shuriye, Ahmad F. Ismail, "Muhammad Abduh's Contributions to Modernity", アシエンヅロナルオフメネゲメントサイネセゾアナドエグケサン, April, 2012.

2. Hala Shukrallah, "The Impact of Islamic Movement in Egypt", *Feminist*

Review, No. 47（summer, 1994）.

3. M. Abdullah, S. Arifin, & K. Ahmad, "The Influence of Egyptian Reformists and its Impact on the Development of the Literature of Quranic Exegesis Manuscripts in the Malay Archipelago", *Arts and Social Sciences Journal*, Vol. 2012：ASSJ – 52.

4. P. J. Vatikiotis, "Muhammad Abduh and the quest for the Muslim Humanism", http：//www. ramadhan. co. uk/ ~ salaam/ knowledge/ muhammad_ abduh. pdf.

5. 马和斌：《穆罕默德·阿卜杜胡宗教改革思想研究》，《阿拉伯世界研究》2014 年第 4 期。

6. 王海利：《本土埃及学发展探析》，《西亚非洲》2013 年第 4 期。

7. 王震：《"阿拉伯之春"与西方意识形态渗透》，《现代国际关系》2012 年第 6 期。

8. 阿里·祝玛：《穆夫提之条件》（阿文），2011 年 5 月 11 日，http：// www. alwafd. org。

9. 胡秋妍：《浅析藏族婚姻习惯法》，《四川民族学院学报》2011 年第 6 期。

10. 白胜军：《论蒙古古代婚姻制度——从现代法视角审视古代蒙古族的婚姻制度》，《内蒙古民族大学学报》2011 年第 7 期。

11. 张维真：《试析穆罕默德·阿布杜的改革思想与理性思辨》，《高原》2009 年第 4 期。

12. 蔡伟良：《赛来菲耶思潮探微》，《阿拉伯世界研究》2008 年第 1 期。

13. 赵光锐、游浩云：《纳赛尔的阿拉伯统一思想及其当代影响》，《阿拉伯世界研究》2008 年第 2 期。

14. 马福元：《浅谈穆罕默德·阿布笃的"信仰理性"观》，《西北第二民族学院学报》2008 年第 5 期。

15. 哈全安：《埃及现代政党政治的演变》，《南开大学学报》2007 年第 4 期。

16. 王冰：《试论纳赛尔埃及与阿拉伯联盟之关系》，《华东师范大学学报》（哲学社会科学版）2007 年第 4 期。

17. 马福元：《浅谈穆罕默德·阿布笃的"存在神学"观》，《西北民族研究》2006 年第 3 期。

18. 雷明光：《近代藏族婚姻家庭研究》，《中央民族大学学报》2003 年第 2 期。

19. 姚继德：《中国留埃回族学生派遣始末》，《回族研究》1999 年第 1 期。

20. 西德基：《中国与阿拉伯文化交流的使者——马坚先生诞辰 93 周年纪念》，《思想战线》1998 年第 10 期。

21. 汪辉：《梁启超论科学与信仰》，《金秋科苑》1997 年第 2 期。

22. 蔡德贵、王佃利：《穆罕默德·阿布笃的宗教改革和现代主义》，《宁夏社会科学》1996 年第 4 期。

23. 罕戈：《战后阿拉伯世界伊斯兰研究的发展与变化》，《阿拉伯世界》1996 年第 3 期。

24. 李振中：《纳赛尔与泛阿拉伯主义》，《阿拉伯世界》1992 年第 3 期。

25. 纳忠：《纪念马坚教授归真十周年——子实与阿拉伯语和〈古兰经〉》，《中国穆斯林》1989 年第 1 期。

26. 杨灏城：《评埃及民族领袖扎格卢勒——纪念埃及 1919 年革命 70 周年》，《世界历史》1989 年第 2 期。

27. 吕大吉、李文厚、金泽：《宗教与科学》，《云南社会科学》1988 年第 4 期。

28. 彭树智：《纳赛尔与阿拉伯世界》，《学术界》1988 年第 5 期。

29. 陈万里：《埃及 1919 年革命与扎格鲁勒》，《阿拉伯世界》1985 年第 2 期。

30. 张志华：《近代埃及伊斯兰教改革派人物——穆罕默德·阿卜杜》，《阿拉伯世界》1985 年第 4 期。

31. 国少华：《埃及妇女运动的先驱——胡达·什阿拉维》，《阿拉伯世界》1985 年第 5 期。

32. 王少奎：《华夫脱和埃及民族独立运动（1919—1922）》，《历史教学》1981 年第 1 期。

名词对照表

一　人名

穆罕默德·宰克利亚·陶菲克，Muhammad Zakriyā Tawfik，محمد زكريا توفيق

穆罕默德·阿卜杜胡，Muhammad Abduh

艾哈迈德·宰克利亚·舍勒格，Ahmad Zakriyā al-Shalaq，أحمد زكريا الشلق

艾哈迈德·阿拉比，Ahamd l- Husaini Arābi，أحمد الحسيني عرابي

阿卜杜·阿勒，Abdu Al-ālī，عبد العال

大阿里·贝克，Ali bake al-Kabīr，علي بك الكبير

谢赫·穆贾希德，Al-shaikh Mujāhidu，الشيخ مجاهد إمام المسجد

谢赫戴尔维士·赫多拉，Al-Shaikh al-Darawesh Khadari，الشيخ الدرويش خضري

阿里什，Al-Shaikh Alish，الشيخ عليش

穆罕默德·吉萨威，Muhammad al-jizāwi，محمد الجيزاوي

哈桑·里多瓦尼，Al-Shaikh Hasan Ridawāni，الشيخ حسن رضوان

穆斯塔法·阿卜杜·拉齐格，Al-Shaikh Mustafa Abdu-Rāzig，الشيخ مصطفى عبد الرازق

谢赫哈桑·塔维勒，Al-Shaikh Hasan al-Taweel，الشيخ مصطفى عبد الرازق

穆罕默德·麦德尼，Muhammad al-Madnī，محمد المدني

谢赫艾布·艾哈迈德·阿拉比·德尔噶维，Abu Ahmad al-arabī al-daragāwī，أبو أحمد العربي الدرقاوي

伊本·西那，Abū ʿAlī al-Ḥusayn ibn ʿAbd Allāh ibnAl-Hasan ibn Ali ibn Sīnā，أبو علي الحسين بن عبد الله بن الحسن بن علي بن سينا

艾布·拜克尔·阿鲁斯，Abū Bakr al-Arūs，أبوسأبكر العروس

谢里夫·拉达，Al-sharīf al-Radi，أبو بكر العروس

艾布·阿卜杜拉·纳伊里，Abū Abdullah al-Nāilī，أبو عبد الله النائلي

谢赫阿卜杜·勒克里姆·塞勒玛尼，Al-Shaikh Abdu-lkarim Salmān，

الشيخ عبد الكريم سلمان

艾哈迈德·本·罕百里，Amad ibn Muhammad ibn Hanbal，

أحمد بن حنبل

伊本·阿拉比，Ibn Al-arabi，أبو بكر محمد بن علي محي الدين بن العربيّ

谢赫阿卜杜拉·谢尔噶威，Al-Shaikh Abdu Allah ibn Hijāzī ibn Ibrāhim

al-Sharqawi，الشيخ عبد الله الشرقاوي

谢赫穆萨·塞尔西，Al-Shaikh Musa al-Sarsi，الشيخ موسى السرسي

穆罕默德·阿卜杜勒·穆纳埃姆·侯法吉，الدكتور محمد عبد المنعم خفاجي

安萨里，Al-Shaikh Abū Hāmid al-Ghazāli，الإمام أبو حامد الغزالي

简井俊彦，Toshihiko Izutsu

苏格拉底，Socrates

笛卡尔，René Descartes

斯宾诺莎，Baruch de Spinoza

莱布尼茨，Gottfried Wilhelm Leibniz

康德，Immanuel Kant

培根，Francis Bacon

休谟，David Hume

黑格尔，Georg Wilhelm Friedrich Hegel

约翰·施泰纳，Sir John Steiner

亚当·梅茨，Adam Mez

哈密尔顿，Sir Hamilton Alexander Rosskeen Gibb

马克·萨迪格维克，Mark Sedgwick

詹森，Godfrey H. Jansen

伏尔泰，Voltaire François-Marie Arouet

卢梭，Jean-Jacques Rousseau

雨果，Victor Hugo

歌德，Johann Wolfgang von Goethe

赫伯特·斯宾塞，Herbert Spencer

威尔逊，Woodrow Wilson

爱德华·萨义德，EdwareWaefir Saaid

托马斯·威廉·钱内里，Thomas William Chenery

弗朗西斯·约瑟夫·斯坦噶斯，Francis Joseph Steingass

阿尔伯特·奥古斯特·贾波里勒·哈腾，Albert Auguste Gabriel Hano-
taux，ألبرت أوغست غابرييل هانوتو

若昂一世，John I，جواو الأول

卡洛斯二世，Carlos II，كارلوس الثاني

安东尼，Farah Antun，فرح أنطون

堂·阿方索六世，Afonso VI，ألفونسو السادس

德·布里尼叶利，De Blignieres

若弗鲁瓦·圣伊莱尔，Étienne Geoffroy Saint-Hilaire

伊本·赫勒敦，Ibn Khaldum，عبد الرحمن بن محمد بن خلدون الحضرمي

艾布·哈桑·阿里·艾什尔里，Abu Hasan Ali al-Asharī，أبو حسن علي الأشعري

伊斯玛仪勒，Isma'il Pasha ibn Ibrahim ibn Muhammad Ali，
الخديوي إسماعيل بن إبراهيم بن محمدعلي

穆罕默德·安巴比，Al-Shaikh Muhammad Husain al-Anbābi，
الشيخ محمد حسين الأنبابي

哈立德·本·沃里德，Khālid ibn Walīd，خالد بن الوليد

穆尔台绥姆，Al-Mu'atsimu Bi'llah，محمد المعتصم بالله بن هارون الرشيد

瓦西格，Al-Wāthiq bi'llah，الواثق بالله بن محمد المعتصم

陶菲克，Khedive Tawfik Pasha，الخديوي توفيق بن إسماعيل باشا

哈苏奈特·纳瓦威，Hasunat al-Nawawi，الشيخ حسونة النواوي

艾哈迈迪·扎瓦西里，al-Ahmadi al-Zawaheeri，
محمد بن إبراهيم الأحمدي الظواهري الشافعي

赛尔德·扎额鲁勒，Sa'ad Zaghloul，سعد زغلول

瓦格迪，Abu` Abdullah Muhammad ibn Omar Ibn al-Waqidi，
أبوعبد الله محمد بن عمر بن الواقدي

居尔贾尼，Abu BakrAbd al-Qāhir ibn Abdar-Rahman al-Jurjānī，
عبد القاهر الجرجاني

马立克·本·艾奈斯，Mālik ibn Anas ibn Mālik ibn Abī ʿĀmir al-
Asbahī，الإمام مالك بن أنس

艾布·赛义德，Abū Saīd Abdu Al-Salām Sahnūn ibn Saīd ibn Habīb al-
Tanūkhī，أبو سعيد عبد السلام سحنون بن سعيد بن حبيب التنوخي

伊本·杜莱德，IbnDurayd，أبو بكر محمد بنالحسن بن دريد بن البصري الدوسي

海勒福王子，Khalf ibn Ahmad，خلف بن أحمد

哈里里，Abū Muhammad al-Qāsim Ali al-Hariri أبو محمد القاسم بن علي الحريري

穆斯台兹希尔，Al-Mustazhir，أبو العباس أحمد المستظهر بالله

伊萨·本·希沙姆，Isa ibn Hishamu，عيسى هشام

艾布·法塔赫，Abū Fatah，أبو الفتح الإسكندري

哈里斯·本·海玛姆，Harisi ibn Hammām，الحارث بن حمّام البصري

艾布·宰依德，Abū Zaid al-Sarūjī，أبو زيد السروجي

艾布·哈尼法，Abu Hanifah，أبو حنيفة

哈桑·巴士里，Al-Hasan al-Basri，الحسن البصري

苏富杨·本·欧耶奈，Sufyān ibn Oyainah，سفيان بن عيينة

马利克·本·艾奈斯，Mālik ibn Anas，مالك بن أنس

埃勒奥伍扎依，Abū Amrū Abdu Rahamān ibn Amrū ibn Yuhmad Al-
Auzāai`，أبو عمرو عبد الرحمن بن عمرو بن يُحمد الأوزاعي

沙斐仪，Al-Shāfi`，الشافعي.

伊本·罕百勒，Ahmad bn Hanbl，أحمد بن حنبل

穆罕默德·哈立德·麦斯欧德，Muhammad Khalid Masūd，محمد خالد مسعود

纳斯尔·本·穆罕默德·艾哈迈德·伊卜拉欣·撒马尔甘迪，
Abū al-laith Nasr ibn Muhammad ibn Ahmad ibn Ibrāhīm al-Samargandī，
أبو الليث نصر بن محمد بن أحمد بن إبراهيم السمرقندي

伊本·赛姆阿尼，Ibnu al-Samaˋnī，ابن السمعاني

谢赫哈苏乃特·纳瓦维，Al-Shaikh Hasūnat bn Abdullah al-Nawāwi al-
Hanafi，الشيخ حسونة بن عبد الله النواوي الحنفي

阿伊莎, 'Ā' ishah bint Abī Bakr, عائشة بنت أبي بكر

法蒂玛, Fatimah Bint Muhammad, فاطمة بنت محمد

噶西姆·艾敏, Qasim Amin, قاسم أمين

胡达·沙阿拉维, Hudā al-Shaʿrāwī, هدى الشعراوي

麦莉卡·哈尼夫·纳赛福, Malak HanfiNāsif, ملك حنفي ناصف

穆罕默德·苏勒坦尼, Muhammad Sultān, Pasha, محمد سلطان باشا

阿里·沙阿拉维, Ali al-shaʿrāwī, علي الشعراوي

茜扎·娜柏拉维, Sīzā Nabrāwī, سيزا نبراوي

法蒂玛·妮阿玛特, Fādimah Niamah, فاطمة نعمت راشد

希克迈特·艾比·栽德, Hikmat Bint Abī Zaid, حكمت بنت أبي زيد

阿卜杜·阿蒂, Abdu al-Adi Muhammad Ahmad, عبد العاطي محمد أحمد

阿里·法哈米, Ali Fahmi Bake, علي فهمي بك

穆罕默德·谢立夫·帕夏, Muhammad Sharīf Pasha, محمد شريف باشا

欧麦尔·鲁特菲·帕夏, Omar Lutfi Pasha, عمر لطفي باشا

艾哈迈德·鲁特菲·赛义德, Ahmad Lutfi al-Sayyid, أحمد لطفي السيد

穆罕默德·马哈茂德, Muhammad Mahmūd, محمد محمود

福阿德一世, Fuad I ibn Ismāil, فؤاد الأول بن الخديوي إسماعيل

阿巴斯二世, Khedive 'Abbās Ḥilmī II, الخديوي عباس حلمي الثاني

宰伊努·阿比丁·本·阿里, Zaine al-Ābidīn Ben Ali, زين العابدين بن علي

穆罕默德·侯斯尼·穆巴拉克, Muhammed Hosni Mubārak, محمد حسنى سيد مبارك

穆阿迈尔·卡扎菲, Muammar Muhammad Abū Minyār al-Gaddāfī, معمر محمد أبو منيار القذافي

巴沙尔·阿萨德, Bashar Hafez al-Assad, بشار حافظ الأسد

阿里·阿卜杜拉·萨利赫, Ali Abdullah Saleh Afāshe, علي عبد الله صالح

穆罕默德·穆尔西, Mohammad Mursī Isa al-eyāt, محمد مرسى عيسى العياط

伊卜拉欣·吉巴里, Al-Shaikh Iblahim al-Jabali, الشيخ إبراهيم الجبالي

穆罕默德·赖西德·里达, Muhammad Rashid Rida, محمد رشيد رضا

穆恩兹·丁, Al-Muazzu lidin allah, المعز لدين الله

阿巴斯·马哈茂德·阿卡德, Abbas Mahmud al-Aqqad, عباس محمود العقاد

穆罕默德·欧玛尔, Muhammad Omarah, الدكتور محمد عُمارة

阿卜杜·哈里姆·军迪, Abdu lhalīm ljundī, عبد الحليم الجندي

奥斯曼·艾敏, Othmān Amīn, الدكتور عثمان أمين

阿卜杜·拉赫曼·穆罕默德·拜德威, Abdu Rahamān Muhammad Badwī, عبد الرحمن محمد بدوي

穆罕默德·拜哈, Muhammad al-Bahi, الدكتور محمد البهي

穆斯塔法·赖比布, Mustafa Labīb, الدكتور مصطفى لبيب

里法阿·塔哈塔威, Rifāah al-Tahtawi, رفاعة الطهطاوي

哲玛鲁丁·阿富汗尼, Sayyid Jamāl ad-Dīn al-Afghānī, جمال الدين الأفغاني

哈菲兹·穆罕默德·哈伊德尔·贾尔柏里, Hafiz Muhammad Haidar al-Jaʼbarī, حافظ محمد حيدر الجعبري

穆罕默德·拉吉布·沃齐尔, Muhammad Ragab Muhammad Mahamud El-Wazir, محمد رجب محمد محمود الوزير

阿卜杜克里姆·穆罕默德·哈桑·杰伯勒, Abdu lkarīm Muhammad Hasan Gabal, عبد الكريم محمد حسن جبل

侯赛因·卡米勒·巴哈丁, Husain Kāmil BahāiDin, حسين كامل بهاء الدين

阿拉乌丁·凯基巴德一世, Kayqubād Ⅰ, علاء الدين كيقباد الأول

素丹穆罕默德二世, Al-Fatih Sultan Mehmed II, السلطان الغازي محمد الفاتح الثاني

素丹赛里姆一世, Selim I, السلطان سليم الأول

奥斯曼二世, Othman II, السلطان عثمان الثاني

穆拉德七世, MurādⅦ, مراد السابع

赛里姆三世, SalīmⅢ, السلطان سليم الثالث

马哈茂德二世, Mahamūd II, السلطان محمود الثاني

阿卜杜·麦吉德一世, Abd-Lmajīd Ⅰ, السلطان عبد المجيد الأول

麦斯欧德·纳德威, Masud Alim al-Nadwi, مسعود عالم الندوي

赛尔德·本·艾比宛噶斯, Sad bin Abī Waqqās,

سعد بن أبي وقاص مالك القرشي الزهري

贝尔格莱福, William Gifford Palgrave

拿破仑·波拿巴, Napoleon Bonaparte

恺撒, Gaius Julius Caesar

加斯帕·蒙日，Gaspard Monge

让·巴蒂斯特·傅立叶，Jean Baptiste Joseph Fourier

克劳德·路易·贝托莱，Claude Louis Berthollet

让·弗朗索瓦·商博良，Jean Francois Champollion

海因里希·布鲁格施，Heinrich Brugsch

奥古斯特·马里耶特，Auguste Mariette

伯纳德·刘易斯，Bernard Lewis

尼基·凯迪，Nikki R. Keddie

伊丽莎白一世，Elizabeth I

以撒·泰勒，Ishaq Taylor,

费西尔，Sydney Nettleton Fisher,

克罗莫勋爵，Lord Cromer

伊弗林·巴林，Evelyn Baring

艾卜·拜克尔·艾哈迈德，Abu Bakar Ahmad Wohashiyeh, أبو بكر أحمد بن وحشية

阿卜杜·莱蒂福·巴格达迪，Abd al-Latif al-Baghdadi, عبد اللطيف بن يوسف البغدادي

艾哈迈德·卡米勒，Ahmad Kāmil, أحمد كامل

哈桑·本·艾哈迈德，Hasan bin Ahmad, حسن بن أحمد

卡迈勒·马拉赫，Kamal al-Mallākh, كمال الملاخ

阿卜杜·勒穆哈辛·拜克尔，Abdu-Mohasin Makri, عبد المحسن بكر

扎西·哈瓦斯，Zāhi Hawas, زاهي حواس

穆罕默德·阿里，Muhammad Ali, محمد علي

赛义德·哲玛鲁丁·阿富汗尼，Sayyid Jamal al-Dīn al-Afghānī, السيد جمال الدين الأفغاني

赛义德·阿里·提尔密济，Ssaid Ali al-tarmizi, السيد علي الترمذي

阿里·本·艾布·塔里布，Ali bin Abi Tālib, علي بن أبي طالب

赛义德·塞弗泰尔，Ssaid Saftar, السيد صفتر

侯赛因·本·阿里，al-husayn bin Ali bin Abī Tālib, الحسين بن علي

埃米尔·多斯特，Al-Amir dust Muhammad Khan, الأمير دوست محمد خان

阿卜杜·阿齐兹·马哈茂德，Abdu al-Aziz Muhamud, عبد العزيز محمود

利亚德·帕夏，Riyād Pāshā, رياض باشا

埃迪布·伊斯哈格，Adib Ishāq 刘易斯·萨班基，John Louis Sabunji

亚古柏·萨努阿，Yaqub Sanūa

穆罕默德·陶菲克·帕夏，Muhammad Taufik Pāshā，محمد توفيق باشا

米尔扎·巴基尔，Mirzā Bāqir，ميرزا باقر

阿里夫·艾卜·土拉布，Arif Abu Turab，عارف أبو تراب

杰玛勒·贝克，Jamāl Bake，جمال بك

穆埃仪德·穆勒克，Muaid al-Mulk，مؤيد الملك

哈桑·汗，Hasan Khan，حسن خان

阿卜杜勒·哈米德二世，Abdu Hamīd Ⅱ，عبد الحميد الثاني

布尔古格，Al-Zāhir Saif Dīn Bargūg，الظاهر سيف الدين برقوق

伊斯玛仪勒，Al-khadīwī Ismāīl Pasha，الخديوي إسماعيل

叶基德，Yazīd bin Mu‘āwiya，يزيد بن معاوية بن أبي سفيان

突厥人，The Turkic peoples，الشعوب التركية

埃尔图格鲁勒，Ertugrul，أرطغرل

塞尔柱人，Seljuk，السلاجقة

日耳曼，Germān

高卢，Gaul，الغول

奥斯曼，Sultan Osman Gazi Ertugrul，عثمان الأول بن أرطغرل

乌尔汗，Orhan of the Ottoman Empire，أورخان بن عثمان

塔哈·侯赛因，Tah Husain，الدكتور طه حسين

伊本·阿拉比，Muhay Ddin bn arabī，محي الدين بن عربي

穆罕默德·塔希尔·本·阿述尔，Muhammad al-Tāhir Bn Ashūr，
محمد الطاهر بن عاشور

伊本·鲁世德，Ibn Rushd，ابن رشد

穆阿威耶，Mu'āwiyah ibn Abī sufyān，معاوية بن أبي سفيان

萨拉丁，Salāh ad-DīnYūsuf al-Ayyūbī，صلاح الدين الأيوبي

西可索斯人，Hyksos

拜哈杰·勒·拜伊塔尔，al-shaikh Bahjatu al-Baitār，الشيخ بهجة البيطار

勒南，Ernest Renan，إرنست رينان

阿尔贝特·胡拉尼，Albert Hourani

马尔科姆·科尔，Malcolm H. Kerr

伊列·凯道瑞，Elie Kedourie

劳伦斯，Thomas Edward Lawrence，

汉密尔顿·吉布，Sir Hamilton Alexander Rosskeen Gibb，

汤因比，Arnold Joseph Toynbee，

约翰·唐纳休，John J. Donohue

埃斯波西托，J. L. Esposito

瓦提考提斯，P. J. Vatikiotis

艾哈迈德·埃米尔，Ahmad N. Amīr

阿布迪·舒里叶，Abdi O. Shuriye

艾哈迈德·伊斯玛仪勒，Ahmad F. Ismāil

伊卜拉欣·艾布·拜克尔，Ibrahīm Abu Bakar

阿斯维塔·泰齐尔，Aswita Taizir

阿卜杜拉，M. Abdullah

阿里芬，S. Arifin

艾哈迈德，K. Ahmad

杰米斯·安德森，JamesAnderson，

本杰明·富兰克林，Benjamin Franklin，

华盛顿，George Washington

布什，George Bush

鸠山一郎，Ichiro Hatoyama

戈尔巴乔夫，Gorbachev

麦当娜，Madonna

米尔雅姆·法勒斯，Myriam Fares

拉菲勒·鲍格，Raphael Borg

马克·吐温，Mark Town

穆罕默德·鲁特菲·祝玛，Muhammad Lutfi Juma'a, محمد لطفي جمعة

穆罕默德·瓦隋里，Muhammad Wāsil, محمد واصل

阿里福·阿凡迪·艾布图拉比，Ārif Afandī Abū Turāb, عارف أفندي أبو تراب

阿卜杜热扎格·拜伊塔里，Abdu Razzāg al-Baitār, عبد الرزاق البيطار

穆斯塔法·卡米勒, Mustafā Kāmil, مصطفىكامل

达·伽马, Vasco da Gama

辛努塞尔特三世, Senusret III

大流士一世, The Great Darius I,

图拉真, Marcus Ulpius Nerva Traianus, تراجان

斐迪南德·雷塞布斯, Ferdinand Marie Vicomte de Lesseps

艾哈迈德·鲁特菲·赛义德, Ahmad Lutfi Sayyid, أحمد لطفي السيد

哈桑·班纳, Hasan al-Banna, حسن البنا

穆罕默德·法里德, MuhammadFarīd, محمد فريد

噶西姆·阿敏, Gāsm Amīn, قاسم أمين

阿卜杜·阿齐兹·法哈米, Abdu al-AzizFahami, عبدالعزيزفهمي

雷杰纳德·温盖特, Reginald Wingate

二 地名

凯富尔·谢赫, Kafr el-Sheikh, محافظة كفر الشيخ

布海逸拉省舍波拉黑特县麦哈拉图·纳赛尔村,

قرية محلة نصر بمركز شبراخيت مديرية (محافظة) البحيرة

阿布·基拉, Abū Gīr, أبو قير

埃斯尔德·阿巴德, Asad Abād, أسعد أباد

汗·赫里勒, khan al-khalīli, خان الخليلي

布尔·塞尔德, Port Said, بور سعيد

阿斯塔纳, al-Astanah, الأستانة

圣彼得堡, St. Petersburg, سان بطرسبرج

慕尼黑, München, ميونيخ

伦敦, London, لندون

巴黎, Paris, بارس

伊斯坦布尔, اسطنبول

伊斯兰堡勒, اسلامبول

贝鲁特, Beirut, بيروت

休达, Ceuta, سبتة

呼罗珊，Khorasan，خراسان

亚美尼亚，Armenia，أرمينيا

布尔萨城，Bursa，بورصة

拜占庭，Byzantium，البيزنطية

萨库丹，Sakud，سكود

里斯本，Lisbon，لشبونة

巴尔干半岛，The Balkan Peninsula，جزيرة البلقان

阿勒颇，Aleppo，حلب

大马士革，Damascus，دمشق

开罗，Cairo，القاهرة

巴格达，Baghdād，بغداد

亚丁，Aden，عدن

马斯卡特，Muscat，مسقط

库法，al-Kufah，الكوفة

巴士拉，al-Basrah，البصرة

菲斯，Fiz，فاس

科尔多瓦，Córdoba，قرطبة

格尔纳达，Granāda，غرناطة

塞维利亚，Seville，إشبيليا

托莱多，Toledo，طليطلة

加尔各答，Calcutta，كلكتا

布哈拉，al-Bukharah，البخاري

法科西嘉岛，Corsica Island

圣赫勒拿岛，Saint Helena

哈姆丹，Hamdāni，همدان

苏拉特，Surat

卡尔巴拉，Karbalā，كربلاء

孟买，Bombay，بومباي

班哈，Banha，بنها

锡吉斯坦，Sajastān，سجستان

赫拉特城，Harat，هرات

爱丁堡，EDINBURGH

亚历山大，Alexandria，الإسكندرية

塔坦，Tanta，طنطا

曼苏尔，Mansūrah，المنصورة

杜姆亚特，Demyāte，دمياط

艾弗闪村，أفشنة

费城，Philadelphia

埃斯尤特省，Asyūt，محافظة أسيوط

撒哈勒赛里姆市，Sāhal Salīm，مدينة ساحل سليم

法尤姆，Fayūm，الفيوم

好望角，Cape of Good Hope，رأس الرجاء الصالح

苏伊士运河，Suez Canal，قناة السويس

格莱蒙，Al-galmun，القلمون

哈马姆·苏赛镇，Hammam Sūsah，حمّام سوسة

曼努菲亚省，Muhāfazah al-Manūfiyah，محافظة المنوفية

米苏利哈村，Kafr al-Misliha，كفر المصلحة

苏尔特，Surat，سرت

杰含纳姆，Jahanam，جهنم

萨那，Sna`a，صنعاء

舒尔巴苏，Sharbās，شرباص

纳杰夫，al-Najaf，النجف

马德拉斯，Madras

君士坦丁堡，Constantinple，القسطنطينية

三 著作作品

《驳无神论者》，الرد على الدهريين

《辞章之道》，Nahju-lbalāghay，نهج البلاغة

《伊斯兰一神论大纲》，Risālat al-Tauhid，رسالة التوحيد

《雷撒来图·勒讨黑德》，Risālat al-tawhid，رسالة التوحيد

《圣学复苏》, Ihayāu Ulūm-dīn, إحياء علوم الدين

《麦加的启示》, Al-Futūhāt al-Makkiyah, الفتوحات المكية

《千年爱资哈尔》, الأزهر في ألف عام

《光塔经注》, Tafsir al-Manār, تفسير المنار

《伊斯兰教的复兴》, Die Renaissance des Islâms

《科学文明的伊斯兰教》, Islam Between Science and Civilian,
الإسلام بين العلم والمدنية

《阿拉伯人、波斯人、柏柏尔人及其同时代者之史鉴》,
كتاب العبر وديوان المبتدأ والخبر في أيام العرب والعجم والبربر ومن عاصرهم من ذوي السلطان الاكبر

《战斗的伊斯兰》, Militant Islam

《哲学辞典》, Dictionaries philosophique

《论宽容》, Traitésur la tolerance

《光复沙姆》, فتوح الشام

《修辞奥秘》, أسرار البلاغة

《穆丹沃纳》, المدونة

《玛卡姆》, Al-Magamāt, المقامات

《伊玛目穆罕默德·阿卜杜胡传》, Tārikh al-Ustāz al-Imām al-Shaikh Muhammad Abduh, تاريخ الأستاذ الإمام الشيخ محمد عبده

《改革英才: 穆罕默德·阿卜杜胡》, Abigari al-Isulāh Muhammad Abduh, عبقري الإصلاح محمد عبده

《穆罕默德·阿卜杜胡的生平与业绩》, Muhammad Abduh: Siratuhu wo A'māluh, محمد عبده: سيرته وأعماله

《伊玛目穆罕默德·阿卜杜胡》, Al-Imām Muhammad Abduh, الإمام محمد عبده

《穆罕默德·阿卜杜胡全传》, Al-A'mālu al-Kāmilah lilImām al-Shaikh Muhammad Abduh, الأعمال الكاملة للإمام الشيخ محمد عبده

《伊玛目穆罕默德·阿卜杜胡: 埃及思想先驱》, Rā'idu al-fikri al-misuri al-Imām Muhammad Abduh, رائد الفكر المصري الإمام محمد عبده

《伊玛目穆罕默德·阿卜杜胡与伊斯兰问题》, Al-Imām Muhammad Abduh wo al-gadāya al-Islāmiyah, الإمام محمد عبده والقضايا الإسلامية

《伊玛目穆罕默德·阿卜杜胡：以维新宗教振兴社会的改革家》，Al-Imām Muhammad Abduh Mujadidu al-dunyā Bitajdīd al-ddin，

الإمام محمد عبده مجدد الدنيا بتجديد الدين

《伊玛目穆罕默德·阿卜杜胡的改革计划》，Al-Manhaj al-Islāhi lilImām Muhammad Abduh，المنهج الإصلاحي للإمام محمد عبده

《穆罕默德·阿卜杜胡与埃及民族教育》，Al-Shaikh Muhammad Abduh wo al al-tarbiyah al-gaumiyah fi misr，الشيخ محمد عبده والتربية القومية في مصر

《穆罕默德·阿卜杜胡思想之评价》，Nazāratu fi fikari Muhammad Abduh，

نظارات في فكر الإمام محمد عبده

《了解东方之研究》，Studies in Understand East，دراسات لفهم الشرق

《穆罕默德·阿卜杜胡伊斯兰信仰观及其批评》，Al-Shaikh Muhammad Abduh wo arāuhu fi al-agīdat al-Islāmiyah arad wo nagad，

الشيخ محمد عبده وأراؤه في العقيدة الإسلامية عرض ونقد

《回教、基督教与学术文化》，Islam and Christianity On the Science and Civilian，الإسلام والنصرانية مع العلم والمدنية

《解放妇女》，The Liberation of Women，Or Tahriral-maraáh，تحرير المرأة

《新女性》，The New Woman，Al-Maráh al-jadida，المرأة الجديدة

《社会学与文明》，علم الإجتماع والعمران

《人类的安排与圣神理智的谋划》，المدبر الإنساني والمدبر العقلي الروحاني

《埃及时事报》，الوقائع المصرية

《埃及节日与幸福将现》，عيد مصر ومطلع سعادتها

《人需要结婚》，حاجة الإنسان الزواج

《多妻的法律制度》，حكم الشريعة في تعدد الزوجات

《我们的政府与慈善组织》，حكومتنا والجمعية الخيرية

《爱戴穷人还是愚弄农民》，حب الفقر أو سفه الفلاح

《宗教基金部负责人应戒除异端》，إبطال البدع من نظارة الأوقاف العمومية

《贿赂的危害》，وخامة الرشوة

《知识与社会》，المعرفة والمجتمع

《大麻》，الحشيش

《公正与科学》，العدالة والعلم

《政府学校的培育》, التربية في المدارس والمكاتب المديرية

《谁是我们国家真正的穷人?》, ما هو الفقر الحقيقي في البلاد

《武力与制度》, القوة والقانون

《政治生活》, الحياة السياسية

《协商与独裁》, الشورى والاستبداد

《政府限制民族幸福的法律条款》, احترام قوانين الحكومة من سعادة الأمة

《坚柄报》, العروة الوثقى

《奥斯曼教育改革条例》, لائحة إصلاح التعليم العثماني

《叙利亚改革条例》, لائحة إصلاح القطر السوري

《埃及教育改革条例》, لائحة إصلاح التربية في مصر

《哈姆达尼的麦卡姆》, مقامات بديع الزمان الهمداني

《努赛里耶明鉴》, البصائر النصيرية

《雄辩例证》, دلائل الإعجاز

《阿拉伯修辞秘籍》, أسرار البلاغة

《专制者与公正者》, المستبد والعادل

《东方伟人》, الرجل الكبير في الشرق

《穆罕默德·阿里对埃及的影响》, أثار محمد علي في مصر

《清晨的苏醒》, يقظةالصباح

《现代伊斯兰思想与西方殖民之关系》, الفكر الإسلامي الحديث وصلته بالإستعمار الغربي

《埃及的伊斯兰教与现代主义：穆罕默德·阿卜杜胡开创的现代改革运动》, Islam and modernism in Egypt : A study of the modernreform movement inaugurated by Muhammad Abduh

《开明时期的阿拉伯思想：1798-1939》, Arabic Thought in the Liberal Age 1798-1939

《穆罕默德·阿卜杜胡与赖西德·里达伊斯兰改革的政治法律理论》, Islamic Reform：The Political and Legal Theories of Muhammad Abduh and Rashid Ridā

《穆罕默德·阿卜杜胡与赖西德·里达对重新解读伊斯兰宪法与法律理论的贡献》, Muhammad 'Abduh and Rashid Rida：Contributions to the Reinterpretation of Islamic Constitutional and Legal Theory

《阿富汗尼与阿卜杜胡：论现代伊斯兰无宗教信仰与政治活动者》，Afghāni and Abduh：An Essay on Religious Unbelief and Political Activism in Modern Islam，《英国与中东》，*England and the Middle East*

《变革中的伊斯兰：穆斯林视角》，Islam in Transition：Muslim Perspective

《穆罕默德·阿卜杜胡及穆斯林民族主义问题》，Muhammad Abduh and the quest for the Muslim Humanism

《穆罕默德·阿卜杜胡对现代社会之贡献》，Muhammad Abduh's Contributions to Modernity

《穆罕默德·阿卜杜胡伊斯兰现代主义及其衰败因素的反思》，A Reflection on 'Abduh's Islamic Modernism and its Declining Factors

《埃及改革家及其对马来群岛古兰经文学注释手稿的影响研究》，The Influence of Egyptian Reformists and its Impact on the Development of the Literature of Quranic Exegesis Manuscripts in the Malay Archipelago

《穆罕默德·阿卜杜胡与伊斯兰律例的改革》，Muhammad 'Abduh And The Reformationof Islamic Law

《埃及记述》，Description de l'Egypte

《裨益与考究》，الإفادة والاعتبار

《古迹和书法记忆中的劝诫与考究》，Mawaiz wa al-i'tibar bi dhikr al-khitat wa al-āthār，المواعظ والإعتيار بذكر الخطط والأثار

《阿富汗历史补遗》，Tattimah al-bayāni fi tārikh al-afghani，

تتمة البيان في تاريخ الأفغان

《共济会宪章》，The Constitutions of thc Free-Masons

《欧洲与法国文明史》，History of Civilization in Europe and in France

《伦理训导》，Tahzību al-akhalāgi，تهذيب الأخلاق

《埃及报》，almasry，المصري

《商业报》，alttijārah，التجارة

《东方明镜》，mirātu alsharg，مرأة الشرق

《伦敦条约》，The Convention of London of 1840，مهاهدة لندون

《埃及民族主义绪论》, Intraduction in Egyptian Nationalism,
مقدمة وطنية مصرية

《阿拉伯世界概述精选》, Takhlis al-ibriz fi Takhlis Bārīz,
تخليص الإبريز في تلخيص باريز

《旗帜报》, Al-Alamu Newspaper, جريدة العلم

《伊斯兰女权》, The Human Rights of Women In Islam, حقوق النساء في الإسلام

《崇高的奥斯曼国家史》, تاريخ الدولة العلية العثمانية

四 其他

马穆鲁克, The Mamluk Sultanate, سلطنة المماليك

赛莱夫, Al-Salaf, السلف

赛莱菲耶, Al-Salafiyah, السلفية

噶迪, القاضي

赫梯, Hittite Empire, الحثية

阿拉米, Arameans, الآرامية

亚述, Assyria, الآشورية

哈基姆, الحاكم

提问者, المستفتى عليه

古波斯, Persian Empire, الفارسية

古希腊, Hellenic, الهيلينية

古罗马, Roman Empire, الرومانية

波斯, Persia, بلاد فارس

马德拉斯, Madras

穆夫提, Mufuti, المفتي

伊斯兰教罕百里教法学派, The Hanbalī School in Islamic Law,
مدرسة الفقه الحنبلى الإسلامي

爱资哈尔大学, Al-Azhar University, جامعة الأزهر الشريف

艾因·夏姆斯大学, Aiyin Shams University, جامعة عين شمس

瑞士巴塞尔大学, University of Basel

日本东京庆应大学, Keio University

共济会, Freemason, الماسونية

宗教学者, Religion Scholaor, الإمام، الشيخ

思想家, Thinker, المفكر

政治家, Politics, رجال السياسة

艾哈迈迪耶清真寺, The Masjid of Ahmad al-Badawi, المسجدالأحمدي,
مسجد أحمد البدوي

宰加齐格法院, The Court of Zagāzig, محكمة الزقازيق

阿比丁法院, The Court of Abidin, محكمة عابدين

埃及上诉法院, An Appellate Court of Egypt, محكمة الاستئناف

埃及高等教育委员会, Higher Council of Education in Egypt,
المجلس الأعلى للمعارف العمومية

伊斯兰慈善协会, Islāmic Charity Association, الجمعية الخيرية الإسلامية

埃及最高宗教委员会, Higher Council of Religion in Egypt,
مجلس الأوقاف الأعلى

埃及宪法商议委员会, The Council of Shura in Laws, مجلس شورى القوانين

阿拉伯文献复兴学术社, The Association of Revival of the Arab Science
and literature, جمعية إحياء العلوم العربية

威廉和脑盖特, Williams &Norgate

东方翻译基金, Oriental Translation Fund

大英皇家亚洲学会理事会, The Council of the Royal Asiatic Society

普林斯顿大学, Princeton University

法官, Al-Gādi, القاضي

大英驻埃及总负责人, British Controller-General in Egypt

艾什尔里学派, Al-Ashia`riyah, الأشعرية

存在单一论, وحدة الوجود

官办学校, Governmental Schools, المدارس الأميرية

私塾教育, The Private School, الكتاتيب الأهلية

小学教育, The Official Primary School, المكاتب الرسمية الإبتدائية

中学教育, Secondary School, المدارس الثانوية

高级教育, High School, المدارسة العالية

教法学者, Al-fughāi, الفقهاء

埃及爱资哈尔管理委员会, Azhar Administrative Council, مجلس إدارة الأزهر

爱资哈尔委员会, The Azhar Council, مجلس الأزهر

终极目标课程, The General Requested Courses, علوم المقاصد

阶段性课程, Limited Requested Courses, علوم الوسائل

学者证书, Scholarly Certification, الشهادة العالمية

阿尤布王朝, The Ayyubid Dynasty, الأسرة الأيوبية

讲座圈, Al-halagah, الحلقة

廊柱, الرواق

穆罕默德·阿卜杜胡学术会堂, The Hall of Imam Muahammad Abduh, قاعة الإمام محمد عبده

埃及大学, الجامعة المصرية

科学图书出版社, Dar Al-Kotob Al-ilmiya, دار الكتب العلمية

阿敏, Al-Tamin, التأمين

达德, al-Dad, الظاء

扎乌, al-Za, الضاد

埃及国家上诉法院, An Appellate Court of Egypt, محكمة الاستئناف

埃及总穆夫提, The General Mufuti of Egypt, مفتي الديارالمصرية

埃及国家法律协商委员会, The Council of Shura in Laws, مجلس شورى القوانين

公众法庭, Public Tribunals

国家高等法院, the Supreme Court

伊斯兰教法上诉分院, Shariat Appellate Bench

特设成员, Ad Hoc Member

伊斯兰宗教法庭, the Sharia Court, محكمة الشريعة الإسلامية

司法委员会, Judicial Councils, مجلس العدل

混合法庭, the Mixed Court, محكمة المختلط

民法法庭, National Court, المحكمة الوطنية

现代法规, Modern Codes, قانون الحديث

法国司法模式, French Model

司法部穆夫提, Mufti of the Ministry of Haqqania, مفتي وزارة الحقانية

意见, Al-Rai`, الرأي

推理, Al-Istinbātu, الاستنباط

类比, al-Geyās, القياس

公议, al-Ijmā`, الإجماع

虔诚, Al-Tagwa, التقوى

习惯, Al-Taglid, التقليد

创制, Al-Ijtihād, الإجتهاد

公正, Al-Adāla, العدالة

按章行事, الكف عن الترخيص والتساهل

旁遮普大学, Punjab University at Lahore

麦吉尔大学, McGill Uniersity, Montreal

艾哈迈德·拜鲁大学, Ahmadu Bello University

莱顿大学, Leiden University

现代世界伊斯兰研究国际学院, International Institute for the study of Islam in the Modern World, ISIM

宾夕法尼亚大学, University of Pennsylvania

伊斯兰研究院, Islamic Research Institute, IRI

讲师, Senior lecturer

富布莱特学者, Fulbright Fellow

穆斯林社会、社会科学比较研究理事会, the Committee on the Comparative Study of Muslim Societies, Social Science Research Council

伊斯兰思想体系理事会, The Council of Islamic Ideology

宗教学者, Ulema, العلماء

伊斯兰法, Islamic Law, الشريعة الإسلامية

埃及伊斯兰教教法诠释部门, Dar al-Ifta al Misriyyah, دار الإفتاء المصرية

爱资哈尔学者委员会, The Senior Al-Azhar Scholars, هيئة كبار العلماء الأزهر

基尔什, قرش

干部制度, نظام الكادر

埃及储蓄基金, The Egyptian Savings Fund, صندوق التوفير في إدارة البريد

利息, Profit, الربح

协约合作, Al-Mudārabah, المضاربة

非法所得, الرب

金融机构按照客户的要求购买商品的一种合同形式, Murabah, المرابحة

金融机构与金融机构向提供资金的企业之间的合作关系, Musharaka, المشاركة

埃及杰里沙姆公司, Greshām Company, شركة الجريشام

人寿保险业务, Life Insurance, تأمينات الحياة

卧格夫, Al-Wagfu, الوقف

国家宗教最高委员会, Higher of Awqāf Council, مجلس الأوقاف الأعلى

宗教改革建议, مشروع ترتيب المساجد

伊玛目, Al-Imamah, الإمامة

艾阿扎姆清真寺, الجامع الأعظم

呼图白, The Position of al-Khutbah, وظيفة الخطبة

宣礼人员, The Position of al-Muazanin, وظيفة المؤذنين

总管, Al-Mulahaz, الملاحظ

宣礼塔, Al-Manarah, المنارة

成拜词, Second al-Azan, الأذان الثاني

诵经家, Gira` al-Guran, قراء القرأن

司库员, Al-Khazin, الخازن

艾因·夏姆斯大学, Aiyin Shams University, جامعة عين شمس

瑞士巴塞尔大学, University of Basel

日本东京庆应大学, Keio University,

埃及总噶迪, The General-Gadi in Egypt, القاضي العام في مصر

女性头饰, Hijab al-Nisa`, حجاب النساء

待婚期, Eddah, عدة

儿童协会, جمعية لرعاية الأطفال

妇女代表委员会, لجنة الوفد المركزية للسيدات

埃及妇女联合会, الإتحاد النسائي المصري

国际妇女大会，مؤتمر الإتحاد النسائي الدولي

阿拉伯妇女联合会，الإتحاد النسائي العربي

埃及妇女党，Egyptian Women Party，الحزب النسائي المصري

宗教上层人士，Religionian Scholars，رجال الدين

政府议会议员，Members of Representative Shurah Communitte，
أعضاء مجلس شورى النواب

塞加西亚军官，Turik and Circassian Officers，ضابط الأتراك والشركسيين

埃及青年协会，Eygptian Young Woman Association，جمعية مصر الفتاة

哈勒瓦尼协会，Halwan Association，جمعية حلوان

祖国党，National Party，الحزب الوطني أو الأهلي

开罗迪万，Dewan of Cairo，ديوان القاهرة

自由，Freedom，الحرية

协商，Shurah，الشورى

法律，Law，القانون

主张自由，Freedom in Idea，حرية الرأي

言论自由，Freedom in Speaking，حرية القول

选举自由，Freedom in Election，حرية الإنتخاب

众议，Community Consensus or *Ijmā`*，الإجماع

民族行为，National Active，العمل الوطني

教育大臣，Minister of Education，وزير وزارة المعارف

司法大臣，Minister of Justice，وزير وزارة الحقانية

两院制议会，The Legislative Assembly，الجمعية التشريعية

华夫脱党，Wafd Party，حزب الوفد

首相，Prime Minister，وزير الوزراء

稽查次官，Vice Inspector，وكيل مفتش

陶菲克学校，The School of Taufiqiyah，المدرسة التوفيقية

宗教密切协会，جمعية للتقارب بين الأديان

圣·西尔军械学校，مدرسة سان سير العسكرية

凯鲁万大学，جامع القروين

欧洲西方神秘主义研究学会，European Society for the Study of Western

Esotericism

哈罗公学，Horror School

沃赛斯特学院，Worcester College

卑尔根，University of Bergen

奥胡斯大学，Aarhus University

索邦神学院，Sorbonne University

莫德林学院，Magdalen College

开罗美国大学，the American University at Cairo

旧约系，Department of Old Testament

约翰·霍普金斯大学，Johns Hopkins University

伦敦经济学院，London School of Economics

埃及考古学校，Egyptian School of Archaeology

宰桐奈大学，Zaitunah University，جامعة الزيتونة

曙光出版社，دار الشروق

牛津大学出版社，Oxford University Press

劳特利奇出版社，Routledge Press

自由军官组织，Free Officers Movement，حركة الضابط الوحدويين الأحرار

国务大臣，Minister of State

英美阿拉伯事务调查委员会，the Arab case for the Anglo-American
Committee of Inquiry

危机，Crisis

寻求身份，Reach for Identity

国际扶轮社，Rotary International

东方之星俱乐部，Star of the East Club

丰富，القوي

殖民主义，Coloniaism，الإستعماري

两圣地的仆人，Custodian of the Two Holy Masjids，*Khādim al-ḥara-
mayn al-Sharfain*，خادم الحرمين الشرفين

亚摩利人，The Amorites，الأمورية

耶木哈德王国，Yamhād，مملكة يمحاض

哈姆达尼王朝，The Hamdanid dynasty，الإِمَارَةُ الحَمَدَانِيّة

当地权贵，Local Lords

坦兹玛特，The Tanzimât，التنظيمات

计划，Meşrutiyet，المشروطية

红宫，قصرالحمراء

古埃及的象形文字，Ancient Egyptian Hieroglyphs，الهيروغليفية المصرية

通俗体文字，DemoticScript，الديموطيقية

古希腊文字，Ancient Greek，اليونانية القديمة

伊贾扎，Al-Ijazah，الإجازة

东印度公司，The Honourable East India Company

教育部最高委员会委员，Menmbership of High Council at Minstry of Education，عضو المجلس الأعلى لوزارة المعارف

天文学，Astronomy，علم الفلك

苏菲修养学，Science of Tassauf，علم التصوف

伊斯兰法学，Science of Islāmic Fiqh，علم الفقه الإسلامي

逻辑学，Logic，علم المنطق

哲学，Philosophy，الفلسفة

信仰学，Ilimal-Tauhed，علم التوحيد

法学原理，Science of Principle of Islamic Fiqah，علم الأصول

理想主义者，Rationalist

伊斯兰哲学性的诠释，Philosophical Interpretation of Islam

宗教启发，Religious Appeals

自由祖国党，Free National Party，الحزب الوطني الحر

埃及人的埃及，Eygpt for Eygptians，مصرللمصريين

坚柄协会，جمعية العروة الوثقي

流放，Exile，المنفي

沙兹里耶苏菲道统，الطريقة الشاذلية

伍麦叶王朝，The Umawiyyah Caliphate，الأسرة الأموية

阿巴斯王朝，The Abbasiyah Caliphate，الأسرة العباسية

法蒂玛王朝, The Fatimiyyah Caliphate, الأسرة الفاطمية

炼金术, علم الكيمياوي

占星术, علم النجوم

医学, علم الطب

智慧宫, بيت الحكمة

大英驻埃及总负责人, British Controller-General in Egypt

法塔瓦, Al-Fatwa, الفتوي

阿尤布王朝, The Ayyubiyah Dynasty, الأسرةالأيوبية

苏醒, Revive, اليقظة

复兴, Renaise, النهضة

改良, Refoem, الإصلاح

重建, Rebuild, التجديد

阿拉伯国家联盟, League of Arab States [LAS], جامعة الدول العربية

贝尔福宣言, Balfour Declaration

英国陆军大臣, Secretary of State for War

新祖国党, New National Party, الحزب الوطني الجديد

苏伊士海运运河国际公司, Compagnie Universelle du Canal Maritime de Suez,
الشركة العالمية للقناة البحرية السويس

中间模式, Al-Wasttiyah, الوسطية

阿拉伯语言与伊斯兰教传统科学的基地, The Home of the Traditional
Science of Religion and Language

格尔维因清真寺, Jamia al-Garwyen, جامع القرويين

自由与公正党, The Freedom and Justice, حزب الحرية والعدالة

后　记

拙作是在博士论文的基础上反复推敲与修改而成的。一是对笔者三年（2011—2014年）博士学习成果的修正，二是对多年潜心阿拉伯语言与文化教学和研究的阶段性总结。难免挂一漏万，错误百出，恳请各位识家批评指正。

34年（1984年）前，高考预试失利，我阴差阳错的开始接触阿拉伯语。从西北兰州到首都北京，后随着20世纪80年代的出国潮，到了邻国巴基斯坦（1988年），在那里坚守了近8年。期间，目睹不少的同学迁徙（跳槽）到石油王国，我却硬着头皮苦读着我的书；任凭海浪冲击，我自岿然不动。那样的定力，必须得给一个赞！一路走过，学习阿拉伯语言的坎坷与艰辛至今记忆犹新，历历在目。

21年（1997年）前，我白手在西北民族学院（今西北民族大学）创建阿拉伯语专业，在一片荆棘地上开辟前无古人足迹可觅的新天地，筚路蓝缕，困难重重，可想而知。

14年（2004年）前，我梦想着在国内高校攻读学位，憧憬能得到国内学术研究体系的熏陶与训练，然而这个梦想让我多年不醒。2008年报考之时，上级部门的任命书（副院长）让我放弃了对网络报考信息的最终确认，次年的考试却因英语成绩太差而出局。2011年秋季入学后，发现上外生活区中的我，是唯一大叔级别的学生。

深知自己内存的容量，压根没想着在繁华大都市里浏览世界，拿定主意，认真做一回学生。基于这种信念，穿梭于教室间，聆听大师们画龙点睛的教诲；静坐图书馆，汲取学术海洋中的智慧；尽可能参加与专业学习有关的各类学术研讨会，希冀与各学科成功人士接触，渴望得到学术点拨。有时，会去鲁迅公园，借助健身器材抚慰我瘦弱的脊梁，使其从长时间半弯曲状中得以舒展。即便如此，我的心情依然很愉悦。因为我前行在追梦的征途上，再苦再累，都值得。

毕业论文的选题确实让我纠结了一番，也得到了好心人士的善意提醒。随着写作进度的深入，我动员了一切可以利用的资源，让朋友从英国、美国、埃及和马来西亚等国家帮我寻找与论文撰写相关的资料；通过上海外国语大学图书馆得到了北京大学、南京大学、厦门大学、华东师范大学和上海图书馆的帮助，获得了不少有助于论文撰写的英语资料；甚至还通过朋友取得吉林大学图书馆馆藏的 1933 年版的一本珍贵资料，为顺利撰写论文提供了极大的帮助；需要提及的是，我曾经的学生目前在中山大学、北京大学等学府工作或深造，也协助我收集了很多有价值的资料。甚至，若干年前的同学——现为国家图书馆阿拉伯语资料负责人，也为我寻找即便是一页的阿拉伯语文献资料出谋划策。

三年（2011 年 9 月—2014 年 7 月）的学习生涯结束，但学术研究之路方才开启。虽经历了不少的苦楚、憔悴与疼痛，至少亲自见证了中国高校学术研究的真实境况。透过毕业论文的设计、撰写等环节，积累了以后作学术研究的基础，相信能够作更广阔的相关研究。

短暂的三载学习时光里，坐在前台的我，更多的时间是与学者和书本打交道，并在学术研究上有些许的进步，而支撑我进步的动力则是幕后的老母与妻儿。差不多每一周，年迈的老母就会打电话询问我的生活；妻子则想法托人从家里给我带清真食品，以减少学校生活区对面"西北拉面馆"过量味精对身体的侵蚀。每当想起这些，我就会在学习中投入尽可能大的精力，以期能按时完成学业。

凝结着生活百味的这段时间，"困难比预料的多"，代表学业成绩的论文即将答辩之际，觉得"结果比预想的好"。在长达近两个小时的答辩过程中，各位评审老师博大精深的知识结构与恰如其分的点评，使本论文的终极修改稿没有浪费很多宝贵的时间与精力，也为及时上交代表学业的毕业论文画上一个较为满意的句号。

值得庆幸的是，从毕业论文的设计、撰写、盲审、答辩，到修改，递交等一系列环节，最终发现所设计的论题有极好的研究空间与现实意义。

从 2014 年 9 月份开始，每当有闲暇时光，便坐在尺桌前一遍又一遍地审阅学位论文，逐字逐句地修改，逐段逐页地琢磨，通书推敲，力求使其中很多表达能像中文一样顺畅地展现在众人的面前。经过近 1300 个日夜的不懈努力，从 20 本（篇）资料中获取更新的信息，补充了原本不很完善的表述或论述，终于使单薄的博士论文犹如面容姣好、身体敦实的阳光小子走向室外，接受大众的评判。

2018 年 4 月底，笔者以极大的勇气申报学校重点学术专著资助项目，经多轮残酷评审，拙作终成为受资助的 4 部专著之一。随后，西北民族大学国家民委西亚东非研究中心也给予了出版经费支持。紧接着，笔者便与中国社会科学出版社联系，得到编辑老师的悉心热情指导，使拙作能有一个较好的容颜与人见面。即将付梓之际，理应感谢西北民族大学科研处的相关老师和中国社会科学出版社的编辑老师们。

> 2011 年 3 月底初稿于沪西江湾路 411 号
> 2017 年 4 月底二稿于兰州榆中民大校区
> 2018 年 12 月底终稿于兰州民大佳苑